Der Krieg im Kopf

Theologische Brocken 003

Knut Ebeling

Der Krieg im Kopf

Meditieren mit Bataille

Matthes & Seitz Berlin

Inhalt

Für den, dem die Erfahrung fremd ist,
ist das Vorstehende obskur – ist aber nicht
für ihn bestimmt (ich schreibe für einen,
der in mein Buch einträte und darin wie in ein
Loch fiele, aus dem er nicht mehr herauskäme).
Georges Bataille, *Die innere Erfahrung*, 162

1. TAG oder *Die Methode der Meditation*

Es läutet. Die Morgenglocke wird vor Tagesanbruch geschlagen, ich kritzle noch schnell diese Zeilen auf das Toilettenpapier, auf das ich in Ermangelung anderer Schriftträger schreibe. Zufällig finde ich einen Kugelschreiber in meiner Jackentasche, dessen blaue Tinte von dem weichen Papier aufgesogen wird. So wie das Papier die Tinte aufsaugt, saugt das Schreiben meine Gedanken an sich. Plötzlich bin ich nicht mehr *hier*, in dieser kahlen Kammer, in der es nur Bett, Schrank und Toilette gibt, sondern *dort*, auf dem Papier, im Reich meiner Gedanken. Während ich mich aus dem Realen wegbeame, soll die Meditation mich dorthin zurückbringen – weswegen das Schreiben hier vermutlich keine gute Idee ist, wo ich den Kopf freibekommen möchte. Das denkt auch ein Freund, der früher selbst einmal an der Meditation teilnahm, mit dem ich später über dieses Buch spreche. Er hat ein Problem mit der Verwendung einer spirituellen Praxis für ein philosophisches Buch. Die Argumente, die ich dafür hervorbringe, hören sich im Gespräch entweder lächerlich an (die Authentizität eines Schreibanfalls) oder schwach (die Entdeckung der Meditation bei Bataille). Dennoch wird das Hin und Her zwischen *hier* und *dort*, zwischen Meditation und Reflexion, Tagebuch und Theorie, aber auch zwischen Körper und Geist, Leben und Philosophie, Immanenz und Transzendenz dieses Buch bestimmen. Es changiert zwischen Schreiben und Nichtschreiben, zwischen der Präsenz, die ich zum Meditieren brauche und bei der das Schreiben stört, und der Absenz, die das Schreiben bedeutet – nicht nur das Schreiben über eine Meditation, sondern auch über die zweite Schicht dieses Buches: den meditierenden Georges Bataille.

Die Falle der Meditation

An den ersten Tagen der Meditation, die mit Atemübungen beginnen, geistert mir noch das Gespräch im Grünen Salon in Berlin durch den Kopf, wo ich mit dem Künstler Alex Gross über dessen Arbeit zu Batailles Aktivismus, *Acéphale*, deren Aktionen und Meditationen gesprochen habe. Dabei bin ich ganz froh, die Berliner Eitelkeiten gegen diesen gottverlassenen Ort einzutauschen – wo mich trotzdem die Dinge nicht loslassen, die ich bei der Konferenz *Forschungsmaschinen* in der Volksbühne nicht gesagt habe, weil sie im Rohr meiner eigenen Gedanken krepierten. Ich sagte nicht, dass Batailles Philosophie eine Theorie im Zustand des Außersichseins darstellt und dass diese Theorie weniger abgebildet als verkörpert wird; ich sagte nicht, dass es hier nicht um ein Schreiben über das Außersichsein geht, sondern um eine Notation von Zuständen, direkt aufgezeichnet wie von einem EKG. Und mich verfolgt die Befürchtung, dass viele im Publikum bei Bataille ohnehin denken: War das nicht ein alter weißer Mann? War das nicht dieser französische Bourgeois, der mit dem Glas Rotwein in der Hand pornografische Texte über Frauen geschrieben hat und sich dafür als Philosoph hat feiern lassen? Diese Dinge spuken mir während der ersten Atemübungen im Kopf herum, die man hier *anapana* nennt – ganz zu schweigen von der Frage, ob Batailles wildes Denken und Schreiben heute nicht eine Aktualität besitzt, die sich aus seinem autotheoretischen Changieren zwischen Theorie und Praxis ebenso erklärt wie aus dem Meditieren in Kriegszeiten?

Auch mein Text entsteht während eines Krieges. Wer kann während eines Kriegs meditieren? Und meditiere ich trotz oder wegen des Krieges? Abends komme ich oft gemeinsam mit den Geflüchteten aus der Ukraine auf dem Berliner Hauptbahnhof an – und schon beim Gedanken an sie bin ich abgeschweift, schon habe ich die Meditation verloren. Zwar atme ich noch und folge in der großen Meditationshalle mit unüberschaubar vielen Medi-

tierenden den Anweisungen vom Tonband – doch meine Gedanken, die ich bei der Meditation gerade abstreifen soll, haben sich wieder in den Vordergrund gedrängt. Das gedankenlose Nirwana der Meditation ängstigt mich. Wovor habe ich Angst, wenn ich mich in die Gedankenlosigkeit der Meditation begebe? Warum fällt es mir so schwer, von den Gedanken, von *meinen* Gedanken abzulassen? Und warum empfinde ich das überhaupt als Kontrollverlust? Hat mein Denken mich so sehr im Griff, dass jedes Rütteln an diesem Griff mir Angst macht? Und wiederhole und reinszeniere ich nicht das Drama der Meditation zwischen Körper und Geist mit diesem Text? Wenn ich schreibe und denke, kann ich nicht meditieren und umgekehrt. Selbst wenn ich nur in den Pausen in dem sechzehnstündigen Tagesablauf etwas notiere, setze ich eine Gedankenkette in Gang, die mich vom Meditieren abhält. Meine Gedanken stören die Meditation, sie zerstören sie. Ebendarum müsse man ihre
AS I 233 Sphäre *ruinieren*, wie es in der *Vorbemerkung* zu einem Buch heißt, das mit den Worten beginnt: *Mein Vorhaben […] ist das entlegenste, das man bisher gehegt hat.* Entlegen ist dieses Buch mit dem Titel *Methode der Meditation* nicht deshalb, weil es mit den Mitteln der Philosophie die Meditation lehren möchte, sondern weil es die Meditation nutzt, um die Philosophie zu *ruinieren*. *Das* ist die Methode der Meditation, die weder dazu dient, in

die Philosophie einzuführen noch in die Meditation. Batailles *Methode der Meditation* möchte die
Meditation zur *geschickten Ausschaltung des Geis-* AS I 233
tes nutzen. Schließlich *gibt es kein schnelleres Mittel, um der »Sphäre der Aktivität« (wenn man so
will, der realen Welt) zu entkommen.*

Entkomme ich hier der *realen Welt*, entkomme
ich durch eine Woche Meditation den Berliner Eitelkeiten und meiner Verstrickung in sie, und was
soll an Berliner Konferenzen real sein, warum sollen sie realer sein als diese Meditation hier weit
weg von der Hauptstadt? In einem Landstrich, der
ebenso entlegen war wie jenes Burgund, in das sich
Bataille zum Meditieren zurückzog? Bataille griff
während der Kriegsjahre auf das Mittel der Meditation zurück, weil ihm sein privilegiertes Mittel
zum Entkommen in dieser Zeit nicht so einfach zugänglich war. *Ich denke*, schreibt Bataille in der AS I 237
Methode der Meditation einige Seiten nach der Äu-
ßerung des Entkommenswunsches, *wie ein Mädchen sein Kleid auszieht*. Eine rätselhafte Stelle, die
durchaus Anlass für die Kritik an einem weißen
und männlichen Blick auf den weiblichen Körper
zu bieten scheint. Oder haben Meditation und erotische Exitation in diesem Fall doch mehr miteinander zu tun? Warum tauchen die *Mädchen* nicht
nur in Batailles bekannten pornografischen Texten auf, sondern auch in seinen unbekannteren
theoretischen und meditierenden?

Bataille hat meditiert – heftig meditiert, was kaum bekannt ist. Er hat sogar ein Buch, vielleicht nicht über, aber mindestens mit der Meditation geschrieben, ein schmales Bändchen mit roter Titelei und schwarzem Namen, der über dem Signet des Verlags Édition Fontaine steht, der das Buch 1947 herausbringt: *Méthode de méditation*. Ein merkwürdiges Buch, das sofort wieder in der Versenkung verschwand, nachdem es 1954 in die *Expérience intérieure* aufgenommen wurde, als deren esoterischer Appendix es fortan erschien. Die Meditation im Titel der *Methode der Meditation* wurde nie als solche verstanden, das Buch wurde weder als Bericht über die Meditation noch als meditierendes Buch gelesen – wenn es überhaupt jemals als eigenständiges Buch gelesen wurde. Die Spuren der Praxis verschwanden aus der Theorie – weswegen ich diese Spuren hier verfolgen und wieder sichtbar machen möchte, um Batailles Buch nicht nur als Theorie zu lesen, sondern die Theorie ausgehend von einer Praxis neu zu entfalten, nicht zuletzt vor dem Hintergrund (m)einer eigenen Meditationspraxis, die hier nicht aufhört, nicht zu erscheinen und hinter der Theorie zu verschwinden. Ich werde also keinen ausschließlich theoretischen Text über die Meditation schreiben, sondern in der Form eines autotheoretischen Meditationstagebuches die Grenzen zwischen Theorie und Praxis verflüssigen – und dabei versuchen, meine eigene Meditationspraxis nicht so vollkommen zu überschreiben, wie es hier immer schon geschieht. Schließlich gehe es darum, *die Menschen von einer Praxis und von einer Theorie zu befreien*, BG 37 wie Maurice Blanchot im Austausch mit Bataille in *Die uneingestehbare Gemeinschaft* schreibt, *die sie verstümmeln, indem sie sie trennen.* Ich werde also einen *untrennbaren* Text schreiben, dessen Anfänge beim Meditieren während eines Retreats auf einer Klopapierrolle entstehen.

Ich habe es übrigens nicht besser gemacht, als ich mich schon einmal jahrelang über diese Texte beugte. Zwar schrieb ich ein Buch, das diese *Falle* genau beschreiben sollte, die der Text Batailles laut Derrida (schon wieder ein männlicher Autor) für den Philosophen darstelle: *Der Philosoph ist für den Text Batailles blind,* schreibt Derrida in seinem berühmten Aufsatz, für ihn ist der Text Batailles eine Falle, ein Skandalon im wahren Sinne des Wortes. Ich hatte ebenfalls jede Praxis und jede Meditation bei Bataille übersehen, ich war ebenso blind für die Tatsache gewesen, dass das theoretische Hauptwerk dieses Pornophilosophen während einer Phase heftiger Meditationen entstanden ist. Ist nicht also die Meditation die viel bessere Falle für den Philosophen? Bedeutet die Meditation nicht eine ganz andere Praxis des Geistes, die unser westliches Denken und Schreiben einfach schluckt?

Die Methode der Meditation

Wer mag 1947 unmittelbar nach dem Krieg ein unverständliches Buch über eine esoterische Praxis in die Hand genommen haben – sofern es überhaupt jemand in die Hand bekommen hat, schließlich war die Auflage auf ein paar hundert Exemplare beschränkt? Und warum hätte man, selbst wenn man sich für Bataille interessiert oder ihn gekannt hätte, dieses Buch auch ansehen sollen, dessen wenige Seiten in der Neuausgabe von 1954 vollständig enthalten waren und die Bataille selbst als Fortsetzung der *Expérience intérieure* bezeichnet hatte? Die *Méthode de méditation* ist in eine Falte der Geschichte gerutscht, Opfer einer Renovierung, bald korrigierter Irrtum. Selbst Bataille-Kenner wollen das Buch noch nie gesehen oder in den Händen gehalten haben – und tatsächlich hat eines der drei Exemplare, die eines Tages vor mir in der Bibliothèque nationale liegen, noch unbeschnittene Ränder. Bei einem weiteren kleben die Seiten noch aneinander. Wahrscheinlich sind die Exemplare damals vom Verlag direkt an die Bibliothek gegangen, wo sie noch nie jemand aufgeschlagen hat.

Ich finde die Exemplare, die aus den Schatzkammern der Bibliothek auf meinen Tisch im neuen Lesesaal an der Seine gezaubert werden, immer noch elegant; neben den beiden erwähnten Exemplaren trägt das dritte eine Widmung Batailles an

Jean Wahl, der zusammen mit Alexandre Kojève den Pariser 1930er-Jahre-Hegelianismus erfunden hatte, bevor er aus einem Konzentrationslager nach New York floh. *En tant d'amitiés*, also etwa: »In so vielen Freundschaften«, hat Bataille hastig um die Titelei herum geschrieben. Die leicht merkwürdige Widmung trägt kein Datum. Dafür hat das Exemplar zahlreiche tiefschwarze Anstreichungen von Wahls Hand. Ich nehme die Spur der Handschriften auf und lande bald im alten Lesesaal der Bibliothèque nationale, die die Manuskripte Batailles aufbewahrt. Ich bin nicht mehr hier gewesen, seit ich vor vielen Jahren über den Manuskripten von *Madame Edwarda* brütete – in jener Bibliothek also, in der Bataille selbst einmal gearbeitet hatte. Nach den Umbauten der modernisierten Bibliothek verlaufe ich mich andauernd am ehemaligen Arbeitsort. Die Bibliothek kommt mir vor wie die unbekannte Stadt in der Stadt, als die sie von Alain Resnais' Dokumentarfilm *Toute la mémoire du monde* zehn Jahre nach der *Méthode de méditation* gefeiert wurde. Als ich dann irgendwann an meinem Platz 47 sitze, lasse ich mich von den strengen Konservatoren ebenso einschüchtern wie vom bärtigen Leser gegenüber, der zwei Pergamentrollen hin und her rollt. Und ich? Mache mir eigentlich nicht viel aus Manuskripten und setze mich nur selten dem Schauer der Originale aus – der mich schließlich umso heftiger erwischt. Eine Schachtel mit einem Umschlag vor mir, traue ich mich kaum, hineinzuschauen; tatsächlich weiß ich nicht, wie man mit Handschriften umgeht. Ich weiß nur: Das sind die ersten Aufzeichnungen zur *Méthode de méditation*. Wie um Himmels willen sind diese fragilen handbeschriebenen Seiten hierher gelangt? Wie gelangten sie durch die Nachkriegswirren in das *Weltgedächtnis* (Resnais) der BnF?

Mich interessiert eine persönliche Notiz ebenso wie das Knistern der Seiten beim Umblättern. Den ganzen Nachmittag jagen mir archivarische Schauer über den Rücken, die niemand schöner als Arlette Farge beschrieben hat: *Das* ist das Papier, das er in Händen hielt, *das* ist die Bewegung seiner Hand auf dem Papier … Neben den ersten Druckfahnen gibt es zwei Hefte, die die ersten Notizen zum Buch enthalten – und einige andere. Das erste (Carnet 8, 1945) ist lachsfarben, hat abgerundete Ecken und vergilbtes kariertes Papier. Eine Schrift, so klein und zart, dass ich den Lesesaal verlassen und meine Lesebrille holen muss. Zwei Seiten Notizen, die bald abbrechen, gefolgt von weiteren Notizen, Plänen, Skizzen und Arbeitsanweisungen. Eher ein Plan als ein Manuskript. Es folgen Abrechnungen im Haushaltsbuch: *café, cigarettes, un plat*. Habe ich ein Heft vor mir, das eigentlich die *Méthode de méditation* werden sollte, dann aber Notizbuch wurde? Ein eingeklebtes Blatt: *Warnung: Wenn Sie nach einer Hindu-Methode suchen – aber dies ist kein Buch für Philosophen.* Die Warnung fasst das Problem des Buches zusammen, das *weder* eine Hindu-Methode enthält *noch* ein Buch für Philosophen ist. Sondern eine Falle für beide.

Die Notizen entstehen während und in den letzten Tagen des Krieges. Am 13.4.45 notiert Bataille: *In der Zeit des Leidens kehren wir zu unseren Göttern zurück* [...]. Das Leiden wird in jenen Tagen allgegenwärtig gewesen sein, aber von welchem philosophischen Leiden berichtet Bataille? Ich kann die Handschrift nicht überall entziffern – wie bitte macht man *keine* Fehler beim Abschreiben? Und wo hört die Theorie auf und fängt das Private an? Mich interessiert das Haushaltsbuch ebenso wie die persönlichen Notizen ebenso wie die philosophischen Überlegungen. Mich interessiert vor allem, wie alles miteinander vermischt ist – ist das nur persönliches Chaos oder der Anfang eines autotheoretischen Schreibens (wobei Bataille zugegebenermaßen die marginalisierte Perspektive fehlt, aus der die meisten Autorinnen und Autoren berichten, die ihre eigene Erfahrung als Ausgangspunkt ihres Schreibens nehmen)? Oder handelt es sich doch um den Effekt der Dekonstruktion einer transzendentalen Ordnung, die Bataille in seinem theoretischen Werk durchführt? Oder ist dies wiederum nur ein Effekt der Tatsache, dass hier ein wilder Geist schrieb? Jedenfalls erscheint in diesen Notizen jedes Ordnungsprinzip aufgelöst. Auf

Seite 12 interessieren mich die notierten Ausgaben – *Brief 9, Versand Vollmacht 10000, Konto 18861, nichts erhalten, da telegrafisch gesendet, Bataille Vezelay (Yonne)* – ebenso wie die philosophischen Notizen: *Die Kunst wiederholt die bestehende Beziehung zwischen dem Individuum und der Sprache.* Soll auch ich meinen Alltag aufschreiben? Das Klappern der Tastatur notieren? Soll ich davon berichten, wie es in Paris regnet an diesem Novembertag? Wie ich auf der Straße umherirre, weil ich mich im strömenden Regen nicht entscheiden kann, zu dem Empfang Rue Broca zu gehen oder zum Freund zum Abendessen?

Die Flucht vor der Meditation

Ich habe die Praxis der Meditation schon verloren, bevor ich mit ihr anfange – auch hier im Text. So wie es unzählige Arten gibt, Erfahrungen und Praktiken durch Theorien zu überschreiben, gibt es unzählige Gründe, nicht zu meditieren: Termindruck, Fegen oder Schreibschulden, Verabredungen oder der Gang zum Supermarkt – alle diese Ausreden werde ich später einsetzen, um nicht zu meditieren. Etwas anderes ist immer wichtiger als die Strapaze des halbstündigen Dumm-Dasitzens. Manchmal sind unzählige Widerstände im Kopf zu überwinden. Habe ich einen beiseite geräumt, erscheint so-

fort der nächste. Alles spricht dagegen, in den kostbarsten Stunden des Morgens eine ganze Stunde zu verschwenden. Was könnte ich in dieser Zeit nicht alles tun? Augenblicklich türmen sich To-do-Listen in meinem Kopf. Dabei geht es genau darum, wie Bataille schreibt, *die Ausflüchte [zu] bestreiten, mit* AS I 25
denen wir uns gewöhnlich entziehen. Ich bestehe aus Ausflüchten, mit denen ich mich nicht nur der Meditation entziehe, sondern auch allem anderen. Ich fliehe in jene beharrliche *Sphäre der Aktivität*, in der ich mein Leben verbringe – ein Leben in Ausflüchten und Aktivitäten, die von der Meditation bekämpft werden. Und selbst mein Schreiben, das Schreiben dieses Buches, ist eine Aktivität: Schließlich bedeutet jedes Schreiben eine Abtrennung von der Praxis, ein Nicht(s)tun, eine Theorie ... mit Blanchot: *eine Verstümmelung*. Selbst wenn ich über Batailles Meditations*praxis* schreibe, verstümmelt das meine eigene. Und wenn ich über meine eigene schreibe, schreibe ich immer noch. Ich höre nicht auf, nicht zu meditieren.

Das gleiche Drama wiederholt sich innerhalb der Meditation: Auch innerhalb der Meditation halten mich tausend Gedanken vom Meditieren ab – jedes Theoretisieren einer Praxis hält mich ebenso vom Meditieren ab wie das Schreiben darüber, dass sich im Text Batailles das gleiche Drama wiederhole, über das ich hier berichte: Drama zwischen Theorie und Praxis, Transzendenz und Immanenz, Geist und Körper, Denken und Fühlen. Warum halte ich mich so gern vom Meditieren ab? Und wenn ich es einmal schaffe zu *sitzen*, wie die Eingeweihten sagen, warum schweife ich dann dauernd ab? Warum verlaufe ich mich in einer Bibliothek und schreibe ein Buch über die Meditation, statt selbst zu meditieren? Wovor flüchte ich? Ob Bataille hier in der Bibliothek meditiert hat?

Das zweite Heft (Carnet 9, 1945/46) ist mit seinen 102 Seiten umfangreicher und beinhaltet ausgearbeitete Passagen der *Méthode de méditation* sowie Notizen zu Heidegger, Leselisten und *Études à faire*. Die handschriftlichen Notizen entsprechen weitgehend der Druckfassung von 1947. Sie sind die Verbindung zwischen den ersten Notizen und den Druckfahnen, auf denen man die reingedrückten Lettern im weichen Papier noch sehen und spüren kann. Die üblichen handschriftlichen Hinweise auf Druckfahnen: Das pathetische Motto René Chars, das empfiehlt, die Augen zu schließen, um
AS I 229 das *anzusehen, was angesehen zu werden verdient*, sei *nicht an seinem Platz* gewesen, sorgsam fügt Bataille Leerzeilen zwischen Absätzen ein oder fordert größere Überschriften wie *Je situe mes efforts* à *la suite* à *coté du surréalisme*.

Im Unterschied zur später mit der *Expérience intérieure* publizierten Fassung beanspruchte jede der einzelnen *Meditationen I–III* in der Erstfassung der *Methode der Meditation* eine ganze Seite für sich.

Am stärksten berührt mich die Materialität dieser Seiten; stets zischt mir der Gedanke durch den Kopf, dass es wirklich *diese* Papiere hier vor mir waren, die von Bataille berührt wurden, als gäbe es eine Magie der Berührung – die Tatsache, dass ich *genau dieses* Papier anfasse, berührt mich mehr als der Inhalt der Seiten, womit ich natürlich dem Klischee des Forschers entspreche, der die Zeit durchstoßen möchte, um etwas jenseits der Zeit zu berühren.

Während ich mir die durchgestrichenen Heidegger-Notizen ansehe (an denen tatsächlich mehr gestrichen als geschrieben steht – weil das Sein nur negativ erscheinen kann?), bin ich dankbar, dass sich jemand die Mühe gemacht hat, diese Notizen zu entziffern. Man hat sogar die gestrichenen Stellen übertragen, jene Massen an geschwärzten Seiten, die wie durch ein Wunder wieder herbeigezaubert wurden. Sie sind als Varianten des veröffentlichten Textes der Ausgabe den *Œuvres complètes* hinzugefügt. OC V 456–582 Gegen Ende des Heftes werden die Aufzeichnungen flüssiger, die Schrift gelöster und größer. Weniger Streichungen. Der Text fließt. Am Ende ausgerissene Seiten und – Spiele, einfache Kreuzworträtsel, *mots croisés*, mit denen sich Bataille in Vézelay offenbar die Zeit vertrieb. Gibt es neben der Meditation eine bessere Art, die Zeit zu schreiben und sichtbar zu machen? Und ist es ein Zufall, dass der Erfinder der philosophischen Konzeption der *Chance* offenbar gern Kreuzworträtsel spielte?

*Man muss lernen, heute mit zerbrochenem Kopf
zu denken, wie man früher gelernt hat, mit gebro-
chenem Herzen zu leben*, sagt Dietmar Kamper in
Lederjacke vor Backsteinwänden in einem Video
über Bataille in Vézelay. Bataille zieht sich 1943 bis
AS II 127 1949 nach Vézelay zurück. Während er die beiden
Notizhefte beschreibt, die vor mir liegen, verbringt
er sein Leben zwischen Bett, Fieber und Ekstase, *in*
AS I 222 *dieser verlassenen Weite des Vergessens, die meiner
Erschöpfung nur ein Kranken- und bald ein Toten-
bett anbietet*. Offenbar am Rande des Wahnsinns,
AS II schildert er das Elend der eigenen physischen und
92, 120 häuslichen Zustände. Gezeichnet von Krankheit
AS III 118 und Krieg, berichtet er über seine Depression. Eine
Abschiedsgeste: Mitten im Krieg, in der *Notwen-*
AS II 152 f. *digkeit der Zurückgezogenheit*, besingt er eine *ster-
bende, gestorbene oder verwesende Welt*. Er *schrei-
be nicht für diese Welt*, er richte sich an *eine andere
Welt*: *Was bin ich mehr als das Leuchten eines erlo-
schenen Sterns?* Man werde ihn einmal lesen als
Strohfeuer, das an einem Übermaß an Leichtfertig-
AS III 170 f. *keit starb*. In *Sur Nietzsche* folgen Schilderungen
von Nervosität und Neurosen sowie von Sterbens-
wünschen. Dabei versucht Bataille, nicht im Elend
AS I 181 zu versinken, sondern *diese Selbstentfesselung* zu
affirmieren, anstatt *sich dem Besitz der Dinge zu*
AS II 150 *widmen*. Und in der *Freundschaft* folgt die Bekenntnis: *Ich habe das Herz, diese Last rückhaltlos zu
lieben*.

Das Verschwinden der Meditation

Ich fahre fort, nicht über meine Meditation zu schreiben und nicht zu meditieren. Zu diesem Nichterscheinen der Meditation scheint auch ihr Verschwinden in der *Methode der Meditation* zu passen. Niemand scheint dieses Buch jemals gelesen zu haben und niemand hat es als Meditationsbuch gelesen. Erst heute entsteht ein Interesse daran, Batailles Texte auch als Spuren von Praktiken zu entziffern, statt nur als Theorien zu lesen; während ich diese Zeilen überarbeite, widmet sich ein Kapitel einer US-amerikanischen Bachelor-Arbeit von Trijit Pico Banerjee *Batailles Meditationen*. Bis dahin verwischte man *Die Methode der Meditation* in eine allgemein-philosophische Richtung – ein Missverständnis, an dem Bataille nicht unbeteiligt war. Das Buch enthält kaum Informationen über die Meditation, nicht einmal die eigene – offenbar verstand er seinen Titel nicht als Aufforderung, Auskunft über die Methoden der Meditation zu geben, die er selbst verwendete. Tatsächlich hatte er ein Talent für missverständliche Titel; diverse Teilnehmer einer Diskussion beteuern, Batailles Position nicht durch seine Bücher verstanden zu haben, sondern erst im Gespräch mit ihm. AS III 331 Tatsächlich erscheint die *Methode der Meditation* in einer ganzen Reihe von irreführenden Titeln, die gerade nicht meinen, was sie versprechen. So geht es in der

Inneren Erfahrung, Batailles berühmtestem theoretischen Werk, nicht um die Innerlichkeit eines Subjekts, sondern um das Innere als Objekt; so konnte Blanchot später in sein Werk *Die uneingestehbare Gemeinschaft* schreiben, die Paradoxie dieses Bu-
BG 34. ches bestehe genau darin, dass sie *das Gegenteil*
Vgl. M II 52 *dessen [ist], was sie zu besagen scheint: eine Bewegung der Bestreitung, die vom Subjekt ausgeht und es verwüstet.* Genau das ist auch die Mission einer Meditation, der es ebenfalls nicht um das egozentrische oder narzisstische Kultivieren der Innerlichkeit geht, wie das gängige Missverständnis lautet, sondern umgekehrt darum, diese Innerlichkeit als Objekt zu betrachten.

Eine verwirrende Konstellation: Bataille räumt der Meditation zwar eine zentrale Stellung ein, schreibt aber kein Buch über sie; sein Buch ist weder ein Handbuch über Meditationstechniken, noch enthält es die Lehre einer spezifischen Methode der Meditation. Ja seine Methode scheint über-
AS I 233 haupt keine *indische[n] Konzentrationsübungen* zu meinen, wie er in jenem Buch schreibt, dessen zweites Prinzip folgendermaßen lautet: *MEINE METHODE IST DAS GEGENTEIL DES »YOGA«*. Die unmissverständliche Aussage wird gefolgt von der Ausführung: *Eine Methode der Meditation hätte im Prinzip die Lehren des* Yoga *(indische Konzentrationsübungen) aufzugreifen. Es wäre vorteilhaft, wenn es irgendein Handbuch gäbe, das die Prakti-*

ken der Yogis von moralischen oder metaphysischen Auswüchsen befreien würde.

Bataille wird jedenfalls nicht der Autor eines solchen Handbuchs sein. Er befreit die Meditation auch nicht von *moralischen oder metaphysischen Auswüchsen*, sondern türmt philosophische Überlegungen obendrauf. Überhaupt scheint seine *Methode der Meditation* nicht *die Praktiken der Yogis* zu meinen, weswegen er *sich so weit von der Methode* AS I 30
der Yogi entferne wie möglich. Der Titel meint sein eigenes Vorgehen, seine eigene Methode, die er in diesem Buch erstmals in den Mittelpunkt stellt: *Der Titel* Methode der Meditation *mag für denjenigen* M II 151
irreführend sein, der einen Leitfaden der Versenkungstechnik erwartet, kommentiert denn auch sein deutscher Biograf Bernd Mattheus. Von dieser *Form des Manuals* hatte sich Bataille selbst abgegrenzt: *Überall gibt es Gelegenheitstraktate. Überall gibt es* AS III 299
Bücher, die zum Ziel haben, die Erfahrung zu kommunizieren. Aber was will *Die Innere Erfahrung* dann, wenn sie nicht eine Erfahrung kommunizieren möchte, was will die *Methode der Meditation*, wenn sie nicht die Meditation erläutert?

Der gehauchte Text

Nach dem Morgenläuten tappe ich in der Dunkelheit zum Meditationshaus, das am Rande des

Camps liegt. Milde feuchte Septemberluft vom Waldrand. Ebenso schweigend wie alle anderen und ohne jemanden anzublicken, trete ich ins Haus und ziehe meine Schuhe aus. Ich gehe die Treppen in den ersten Stock hoch und betrete die große Meditationshalle. Auch wenn sie nicht beleuchtet ist, kann ich erkennen, dass schon einige Meditierende versammelt sind. Auf meinem Platz – an dem ich zuletzt meditiert habe und den ich auch für die kommende Woche nicht verlassen werde – befinden sich noch der Meditationshocker und die Decke so, wie ich sie gestern hinterlassen habe. Ich knie nieder, setze mich auf meine Fersen und hülle mich in die Decke ein. Erst mal atmen, nichts als atmen.

Die Luft vom Waldrand und das Atmen erinnern mich an die Fotoserie *Soffi* von Giuseppe Penone von 1975, eine Serie von 19 zusammenhängenden Fotografien, die ich neulich in der Hamburger Kunsthalle gesehen habe: Eine dunstige Wolke breitet sich vor einem Waldhintergrund aus (später lese ich, dass es sich bei den Wölkchen um in die Luft geblasenes Pulver gehandelt habe); von einem Foto zum nächsten wandert die kleine Wolke und verändert ihre Form. *Die Atemzüge*, schreibt Penone im Ausstellungskatalog, *mit Staub sichtbar gemacht und fotografiert, zeigen sich als Vase, Tropfen, Schläuche […], jeder ausgeatmete Hauch bezeugt dies mit seiner Form.* Durch die amorphen Formen der Wölkchen hindurch – die keine Vasen,

Tropfen oder Schläuche bilden wie Penones Zeichnungen – sehe ich deutlich die Bäume und Äste des Waldes. Die mäandernden Formen werden durch den Titel *Soffi* stabilisiert, also so viel wie: Hauche. Das Hauchen geht durch den Wald. Hauchend gehe ich durch den Wald. Ich gehe durch den Wald zum Hauchen. Was ist ein Hauch?

Ein paar Jahre vor Penone zeigt die Performance *Hauchtext: Liebesgedicht* die Künstlerin Valie Export von vorn hinter einer Glasscheibe. In dem Video ist zu hören, wie sie laut atmend etwas auf eine Scheibe haucht, die zugleich als Monitor fungiert. Ihr hörbarer, aber unsichtbarer Hauch ›schreibt‹ offenbar die Worte »Ich liebe dich« auf die Scheibe. Sie sind jedoch nicht sichtbar und werden nicht gegenständlich. *Der Atem*, schreibt Bataille, *ist ein Ge-* AS I 31
genstand, der kein Gegenstand ist. Ist die *Methode der Meditation* ein gehauchter Text? Ein Text, dessen Gegenstand so flüchtig ist wie die *Soffi* im Wald? Ein Buch, das als Membran oder Monitor verschwindender (Liebes-)Gedanken funktioniert wie bei Export? Jedenfalls verzichtet auch die *Methode der Meditation* auf die Meditation als Gegenstand und verschiebt deren Position vom Objekt auf das Subjekt; die Meditation als Objekt eines Buches wird mit der subjektiven Position der Meditation vertauscht, aus der das Buch geschrieben ist. Aus einem Buch über die Meditation wird ein meditierendes Buch, ein transparentes, gehauchtes Buch. Weil

das Buch kein Wissen über die Meditation ausbreitet, sondern den Versuch unternimmt, die Meditation zu *schreiben*, erweckt es leicht den Eindruck, als sei der Titel metaphorisch zu verstehen und als seien gar keine buchstäblichen Meditationen gemeint. Hinzu kommt, dass diese wilden Meditationen bei Bataille im Rahmen der größeren theoretischen Unternehmung einer *Somme athéologique* oder *Atheologischen Summe* stehen, einem losen Korpus von theoretischen Schriften, die in den 1940er-Jahren erscheinen. Im Rückzug der Kriegsjahre kompiliert, gehen die einzelnen Texte teilweise auf die 1930er-Jahre zurück, die darin enthaltenen Erinnerungen und Aufzeichnungen gar auf die 1920er. Die *Methode der Meditation* erscheint also im Rahmen von theoretischen Reflexionen, durchsetzt von Tagebuchaufzeichnungen und Traumnotationen, poetischen Texten, Gedichten und Gebeten – innerhalb eines Dschungels an Schreibweisen also, der so undurchsichtig und heterogen ist wie der Wald bei Penone. In diesem Wald ging die Meditation einfach unter, die Praxis wurde für eine Theorie gehalten, wie man durch Wolken hindurch Gegenstände ausmacht, die den ungreifbaren Nebel sofort zum Verschwinden bringen. Dabei ging es um den Nebel.

Die *Methode der Meditation* war fortan keine Anleitung eines praxisorientierten Denkens und Schreibens mehr, keine Philosophie im Zustand des Außersichseins und keine verkörperte Erfahrung.

Sie war kein Bericht über ein »Anderes Wissen«, in dessen institutionellem Kontext die Konferenz im Grünen Salon stattfand – das waren ein paar weitere Rohrkrepierer in meinem Kopf auf der Konferenz –; nein, die Meditation in der *Methode der Meditation* war fortan einfach ein esoterischer Anhang der *Inneren Erfahrung*. Man hat es also versäumt, den Begriff der Meditation bei Bataille ernst zu nehmen und buchstäblich zu verstehen und ihn weniger ausgehend von Theorien als ausgehend von Praktiken zu lesen – und diese Praktiken umgekehrt dazu zu nutzen, die Philosophie dadurch zu erneuern, dass man nicht die Erfahrung von der Philosophie aus denkt, sondern die Philosophie ausgehend von der (inneren) Erfahrung, die Bataille vor uns ausbreitet – also ausgehend von der Liebe und der Meditation. Und selbst dieses Buch, *Die Innere Erfahrung*, wurde von seiner Leserschaft ausschließlich als philosophisches und theoretisches Buch gelesen und nicht als Versuch, Praktiken (nicht nur der Meditation, sondern auch der Gruppe *Acéphale*) auf einer theoretischen Ebene fortzusetzen und buchstäblich zu materialisieren: als Denken im Matsch.

Meditieren im Matsch

Regen setzt ein, glücklicherweise habe ich Gummistiefel dabei, mit denen ich in den Meditationspau-

sen im Wäldchen neben der Meditationshalle spazieren kann. Ich weiß nicht mehr, ob es dort Dunst gab. Ich weiß noch, dass sich vor der Halle die Regenschirme stapelten, mit denen wir uns vor der Nässe schützten. Die ersten Tage der Meditation verbringen wir mit dem Verscheuchen von Alltagsgedanken. Wir verscheuchen sie so, wie man lästige Fliegen verscheucht. Sobald ein Alltagsgedanke in mir landet, versuche ich sofort, ihn wieder zu vertreiben. Zusätzlich nutzen wir *wirksame Hilfsmittel* der Meditation, auf die auch Bataille zu sprechen kommt: *Es ist gut*, so schreibt er beispielsweise, *eine*
AS II 53 *entspannte Körperhaltung einzunehmen*. Dann natürlich: *tief atmen, die Aufmerksamkeit auf den Atem richten, wie auf das entschlüsselte Geheimnis allen Lebens*. Und schließlich sei es vorteilhaft, um dem *Bilderfluss* stetiger Assoziationen im Kopf abzuhelfen, ihm *das Äquivalent des unveränderlichen Strombetts* anzubieten, und zwar *mit Hilfe obsessiver Wörter oder Sätze*.

Auch wir, die wir nicht nach Batailles *Methode der Meditation* meditieren, sollen von der handlungsbereiten Aktivität und Betriebsamkeit des Ichs
AS I 25 absehen. Wir *verwerfen* also, wie er fordert, *die äußeren Mittel* – und versuchen stattdessen, *einfach […] zu sein*. Dieses einfache Sein, das natürlich das Schwerste ist, soll dazu führen, dass wir vor dem
AS I 27 Hintergrund einer *nichtdiskursiven Empfindung* die andauernde diskursive Betriebsamkeit unseres

Bewusstseins sehen – und abschalten. Wir sollen also nicht von unserer gegenständlichen Welt aus auf den Dunst schauen, sondern gewissermaßen vom Dunst aus auf die Gegenstände; nicht aus den Zuständen des ruhenden Subjekts auf dessen *innere Erfahrungen*, sondern von unseren *inneren Erfahrungen* aus, sei es nun die Meditation oder die Liebe, auf die Konstruktionen des Subjekts. Ein AS III 333
radikales Projekt, nicht nur im Alltagshandeln, sondern auch in der Philosophie; ein Projekt, dessen ganze Schwierigkeit darin besteht, es nicht nur zu benennen, sondern es tatsächlich durchzuführen – was bedeutet, diese Erfahrungen und *nichtdiskursiven Empfindungen* in einen diskursiven Text zu bringen, der jedoch den philosophischen Text so auflösen soll wie die Wolke im Wäldchen.

Eine der Erfahrungen, die Bataille für dieses Projekt einer radikalen Erfahrungsperspektive genutzt hat, war neben der Erotik, über die so viel geschrieben wurde, die Meditation, über die alle Welt schweigt – eine Meditation, die von ihm nicht als Methode bezeichnet wird, um Meditieren zu lernen oder um sein Bewusstsein zu erweitern. Seine *Methode der Meditation* soll dabei helfen, eine andere philosophische Schreibweise zu entwickeln, die das Bewusstsein nicht von innerhalb, sondern von außerhalb beschreibt. Denn Bataille war nicht nur ein Philosoph, der meditiert hat, die Meditation hat ihm erst den Zugang zu einer eigenen Philo-

sophie verschafft – zu einer philosophischen Schreibweise, die die Philosophie zerschreibt. Die Praxis der Meditation verwendet Bataille fortan zum Zersetzen der theoretischen Philosophie. Die Methode in Batailles *Methode der Meditation* meint also keine Methode zum Meditieren, sondern zum Philosophieren. Oder sie meint eine Methode zum Meditieren nur insofern, als diese Technik dazu dient, eine Gegenposition zur Philosophie aufzubauen, um mit der inneren Erfahrung der Meditation anders philosophieren zu können und die Philosophie von innen zu zersetzen – und natürlich, um den Menschen aus dem Zentrum seiner Welt zu eliminieren und so etwas wie einen
AS II 37 *zerfetzten Anthropozentrismus* zu praktizieren. Die Meditation war neben der Erotik die Schreibszene des theoretischen Hauptwerks, das Initial zur Entwicklung eines neuen philosophischen Stils – weswegen sich die Meditationen auch kreuz und quer durch die *Atheologische Summe* erstrecken und nicht auf die *Methode der Meditation* beschränkt sind. Diese merkwürdigen Texte unterscheiden sich durch ihren irren, delirierenden Stil von der Philosophie. Aber auch von der Autofiktion unterscheiden sie sich, schließlich geht es hier nicht um einen Zugang zum Selbst durch die Theorie, sondern umgekehrt um das Zerschreiben der Philosophie durch die inneren Erfahrungen des Selbst.

Was Bataille während der Phase seines Meditierens schreibt und was ich erst nachträglich nachlese, finde ich beim Meditieren durchaus wieder. Tagelang mache ich nichts anderes, als mein abschweifendes Alltagsbewusstsein mit Atemübungen zu bekämpfen, um meinen Gedankenfluss zu stoppen. Ich soll jeden Gedanken fallen lassen und jede Vorstellung löschen – ein *undoing* des Bewusstseins, das mit der Unterdrückung banaler Gedanken an Zukunft und Vergangenheit beginnt. Ich soll nicht mehr daran denken, was heute zu tun ist oder was mir gestern wehtat. Die Meditation der ersten Tage besteht ausschließlich in dieser Sabotage der Arbeit des Geistes – Bataille nennt dieses *undoing* Anfechtung oder Bestreitung, im Original: *contestation* –, in der beharrlichen Rücknahme jeder geistigen Aktivität, die sich auf die äußere Welt richtet und diese im Kopf vergegenständlicht. *Durch die Bewegung der Transzendenz*, heißt es im ersten Notizheft, *wird die Welt der Immanenz in ein Ding* OC V 465 *verwandelt*. Das ungezügelte Umherirren des Geistes soll stumm geschaltet werden, ich soll nicht an dieses und jenes denken, der Gedanke an Vergangenes soll ebenso unterbunden werden wie die Repräsentation der Zukunft – ja es soll jedes »Denken an« *an sich* unterlaufen werden. Ich soll nicht mehr *an* etwas denken, sondern *mit* etwas, mit und innerhalb des eigenen Körpers, dessen Empfindungen im Geist kursieren. Es geht in der Meditation nicht um das Denken, sondern um die Materialität des Denkens, nicht um die Vorstellungen, sondern um ihre Unterschreitung. Es geht, wie Emmanuel Carrère das in seinem Meditationsbuch *Yoga* formuliert, um Waffen oder *Kampfmaschinen* gegen die Übermacht des Geistes.

Die Anfechtung

Aber ist das nicht grenzenlos naiv? Wird der Geist am Ende nicht immer die Oberhand behalten? Läuft die Aufforderung, nicht zu denken, nicht wiederum über einen Gedanken, sodass das Denken am Ende gestärkt und nicht geschwächt wird? Und verrät man die Meditation nicht, wenn man sie als Mittel für philosophische Zwecke einsetzt? Bataille stellt sich diese Fragen selbst. Weil die Meditation
AS I 233 *das beste* Mittel *ist*, heißt es in der zweiten Vorbemerkung zur *Methode der Meditation*, *stellt sich im Blick auf den* Yoga *die zwingende Frage: wenn die Sphäre der Aktivität durch ein* Zurückgreifen auf Mittel *definiert ist, wie ist sie dann zu ruinieren, wenn man von vornherein vom* Mittel *spricht? Ohne diese Ruinierung ist der* Yoga *aber nichts.*

Bataille antwortet auf diese Fragen mit der Konzeption – oder Praxis – der Bestreitung, die in der *Methode der Meditation* unmittelbar auf die Vorbemerkungen folgt. Das Erste, was man tun muss, wenn man zu einer anderen Praxis gelangen möchte – egal ob das eine Praxis des Geistes betrifft oder jede andere –, ist, die bestehende Praxis zu bestreiten, ob mit Kampfmaschine oder ohne. Die Meditation, jedenfalls in der von Carrère und mir praktizierten Variante, bedeutet eine Bestreitung der bestehenden Praxis des Geistes und seiner Alltagsgedanken, die Carrère *Vritti* nennt – *jene kleinen Affen, die unablässig von Ast zu Ast springen*, wie er schreibt. Das Magazin *Science* zitiert eine Studie, nach der wir knapp die Hälfte unserer Zeit in Gedanken woanders sind als bei der Tätigkeit, die wir gerade ausüben, *Mind-Wandering* nennt Thomas Metzinger dieses äffische Umherspringen der Gedanken. Es bestreiten bedeutet, die herumspringenden Gedanken wieder einzufangen – und sich auch nicht in die lauernden theoretischen Paradoxien und Aporien zu verstricken. Sondern einfach zu machen, das Anfechten ist eine Aktion, ein Aktionismus, der keine theoretischen Fragen mehr stellt. Auch die Abendvorträge, die jeweils auf die Meditation folgen, verstricken sich nicht in Spekulationen. Alle Energie wird auf die Anfechtung der Alltagsgedanken gerichtet – und es kostet eine Menge Energie, die abschweifende Aktivität meines Bewusstseins zu sehen, zu beobachten und sie, wenn möglich, stillzustellen (und es ist nie ganz möglich, die ganze Maschinerie an Gedanken und Vorstellungen zu stoppen, die meine

Handlungen und meine Wirklichkeit steuern, jedenfalls mir nicht).

Wir haben es also mit Anfechtungen zu tun, mit Verweigerung und Entzug, mit *Scenes of Refusal, Disappearance and Resilience*, wie ein aktueller Band titelt. Darin erscheinen Zeichnungen der indischen Forscherin und Künstlerin Pallavi Paul neben meinem ersten Versuch, mit Bataille zu meditieren. Sie gehört zu jener Generation postkolonialer und politisierter, feministischer und queerer Autorinnen und Autoren, die früher wahrscheinlich wenig mit Bataille anfangen konnte, seine Praktiken des Entzugs aber vermehrt wiederentdeckt. Denn Bataille meditierte sich nicht nur wild durch sein philosophisches Hauptwerk wie überhaupt durch den Zweiten Weltkrieg, er experimentierte während dieser Zeit auch mit diversen Strategien des Entzugs, der Negativität und der Verweigerung – mit Strategien der Bestreitung, die sich schon in der Verweigerung einer konventionellen philosophischen Schreibweise markieren. Sind das nicht auch jene *kritischen Potenziale*, die heute von vielen queerfeministischen, postkolonialen und Schwarzen Schreibweisen gesucht werden (die sich natürlich nur ausnahmsweise auf einen privilegierten weißen Autor wie Bataille beziehen)? Wie lassen sich Batailles Texte heute lesen, nach den kritischen Revisionen der entsprechenden Strategien, auch durch Schwarze und postkoloniale Autoren und Autorinnen, die diese Konzeptionen nach ganz anderen politischen Erfahrungen für sich reklamieren und zurückerobern? Wie lese ich heute, nach diesen wichtigen Markierungen, Batailles Texte – die zwar ebenfalls mit Entzug, Verweigerung und Negativität operieren, denen aber keine unmittelbaren politischen Erfahrungen von Verweigerung (beispielsweise von Rechten), Entzug (beispielsweise von rechtlicher Anerkennung) oder Negationen (beispielsweise von Geschlecht) eingeschrieben sind und die ganz im Gegenteil aus der privilegierten Position eines weißen, westlichen und männlichen Blicks formuliert wurden? Die Abbildungen von Pallavi Paul, die man mit der englischen Skizze dieses Textes in dem Band *On Withdrawal* publiziert hat, sind der Serie *Elsewhere* entnommen, die sie 2018 gezeichnet hat. Sie zeigen zweideutige Umrisse nackter Körper zwischen Mensch und Tier sowie gespreizte Gliedmaßen zwischen Beinen und Fingern. Die Ambivalenz verringert sich nicht durch die ausgerissenen Übersetzungen zwischen indischen und englischen Begriffen, die sie darunter collagiert hat. Ich weiß nicht, ob irgendein Weg von Batailles *contestation* zu Saidiya Hartmans *waywardness* oder von Fred Motens *undercommons* zu Batailles parasozialen Experimenten mit *Acéphale* führt. Ich bin mir nicht sicher, ob es irgendeine Verbindung zwischen der surrealistischen *désinvolture* und der queeren *disobedience* gibt und ob sich Batailles autotheoretisches Schreiben überhaupt wiederholen lässt, indem ich eigene Meditationserfahrungen in diesen Text einstreue. Was es bedeuten würde, autotheoretisch und nicht nur autofiktional zu schreiben, frage ich mich umso mehr nach einer überfüllten Veranstaltung mit dem Titel *Autotheorie: Kunst, Schreiben und die Brüchigkeit des Selbst* in einem Berliner Projektraum. Dort wurde Autotheorie angekündigt, aber Autofiktionalität praktiziert, selbst wenn dort auch Foucaults Text »Über sich selbst schreiben« von 1983 Erwähnung fand, den neuerdings alle erwähnen, in dem Foucault auch die Meditation als Selbsttechnik diskutiert. Oder sind diese Versuche ohnehin nur lächerliche Verrenkungen und Bataille doch nur der privilegierte weiße Mann, der sich über das Aussehen von weiblichen Philosophinnen wie Simone Weil lustig machte, deren Stern heute heller strahlt als der ihres chauvinistischen Freundes?

Bestreiten also. Ich bin hier, auf diesem Retreat, um meinen normalen Gebrauch des Geistes zu bestreiten, der mich (neben vielem anderen) in die Depression geführt hat. Wir bestreiten heute einen Anthropozentrismus, der uns in eine Klimakatastrophe geführt hat. Wir bestreiten die Aufklärung und ihren Universalismus, die den Kolonialismus unterstützt haben. Haben diese Bestreitungen irgendetwas miteinander zu tun? Gewiss ist es etwas anderes, wenn einerseits Verweigerung als ästhetische, literarische oder künstlerische Strategie erprobt wird, oder diese Verweigerungen andererseits in Reaktion auf vorgängige politische Verweigerungen stattfinden, beispielsweise von Bürgerrechten, von politischer oder gesellschaftlicher Anerkennung oder des Menschseins als solchem. Eine ästhetische oder literarische Operation wie die Verweigerung erhält also einen anderen Stellenwert, wenn sie in Reaktion auf einen vorgängigen Entzug von Anerkennung geschieht; und ganz gewiss wird die Aufzeichnung der Auflehnung einer ehemaligen Sklavin wie Esther Brown, von der Saidiya Hartman berichtet, dass ihr ihre Menschenrechte immer noch verweigert wurden, immer einen anderen Stellenwert besitzen als Batailles Bestreitungen, die sich vergleichsweise risikolos als Sturm im Wasserglas eines gesicherten intellektuellen Lebens und Schreibens vollzogen. Der Ruin und das Ruinieren, von dem Bataille handelt, AS I 233 werden immer ganz anders zu lesen sein als Browns Bereitschaft, *sich zu ruinieren, indem sie sich gegen das stellt, was vom Gesetz als richtig festgelegt worden war*, wie Saidiya Hartman in *Aufsässige Leben, schöne Experimente* schreibt.

Doch ich möchte diese Gesten, die in so unterschiedlichen und unvergleichlichen sozialen und politischen Kontexten stattfinden und deren Subjektivierungsweisen sich so unterschiedlich situieren, nicht gegeneinander ausspielen. Die enorme Distanz, die zu bewältigen ist, um Bataille für die aktuellen Critical Studies anschlussfähig zu machen, markiert sich schon in einem Zitat zum umstrittenen Konzept der Identität: *Am Ich ist nichts gelegen. Für einen Leser bin ich irgendein Wesen: Name, Identität, Herkunft ändern nichts daran. Er (der Leser) ist irgendeiner, und ich (der Autor) bin es. Er und ich, wir sind namenlos hervorgegangen aus dem namenlosen [...], wie es zwei Sandkörner für die Wüste sind, oder vielmehr zwei Wellen, die sich in den Nachbarwellen verlieren, für das Meer.*

AS I 75

Für einen Leser von heute ist Bataille nicht *irgendein namenloses Wesen*, sondern eine politisch und sozial genau umrissene Identität, die nur aus dieser Situiertheit heraus Autor und Leser in *zwei Wellen* zu verwandeln vermag, *die sich in den Nachbarwellen verlieren.* Ästhetische Formen lassen sich selten auf nachträgliche Reaktionen auf vorgängige politische Enteignungen reduzieren. Nichtsdestotrotz lassen sich vielleicht die geschilderten Verweigerungen mit der Frage nach ihrem politischen Kontext besser entschlüsseln. Schließlich liegt es mit den Eckdaten der *Atheologischen Summe* auf der Hand, dass die ästhetische und meditative Entsubjektivierung eines Autors hier mit ihrem politischen Kontext kommuniziert; mehr noch, dass der Kriegsein- und -austritt Frankreichs diejenige absolute Negativität darstellt, auf die das jede positive philosophische Position verweigernde Schreiben der *Atheologischen Summe* reagierte – ohne dass diesem Schreiben damit philosophisch die Position einer Negation der Negation innerhalb eines dialektischen Settings zukommen würde. Wie die heftigen Diskussionen des Collège de Sociologie gezeigt hatten, bildete der Krieg für Bataille diejenige vorgängige Erfahrung einer Entsubjektivierung, der die diversen entsubjektivierenden Verfahren der *Atheologischen Summe* nachträglich antworteten – ohne sich aber 1:1 in ihr zu spiegeln. Krieg und Meditation überlagern sich bei Bataille, sie bilden eigene Milieus und Sphären des Entzugs.

Szenen des Entzugs

Auf dem Retreat macht sich die Negativität jedoch viel praktischer bemerkbar, alles ist hier so entzogen wie im Kloster oder im Gefängnis. Alles beruht auf dem radikalen Entzug von Weltlichkeit, auf Techniken der Distanzierung. In einem abgeschiedenen Lager am gefühlten Ende der Welt machen Menschen merkwürdige Übungen. Sie führen *Szenen des Entzugs* auf – wie der mittlerweile erschienene Band der Lüneburger Forschungsgruppe heißt –, die beispielsweise darin bestehen, nicht zu sprechen und sich nicht anzublicken. Der zeitliche Entzug besteht darin, jeden Morgen um vier Uhr aufzustehen. Alles hier ist kahl, der variationslose Tagesablauf, die vielen Wiederholungen, die Ausgestaltung der Meditationen. Diese Kahlheit ist ungewohnt für einen Geist, der nichts findet, woran er sich klammern und festhalten kann. Wir geben Rechner, Schreibzeug und Bücher ab. Auch das Lager ist so reizarm wie möglich gestaltet, ohne Schrift oder Symbole. Alle Formen von Diskursivität sind aus der Meditationsumgebung entfernt. Nichts könnte hier störender sein als die Repräsentationsmaschinen des Lesens und Schreibens. Dieser Entzug ist ein heftiger Eingriff in unser gewöhnliches geistiges Dasein in der Welt, dem mit ein paar einfachen Operationen der Boden entzogen wird. Jede Form von Vorstellungsbildung wird behindert. Ich soll ganz hier sein. Auch wenn mein transzendierendes Denken natürlich nicht sofort aufhört, werden dem Geist in der Immanenz der physischen Zustände weniger Anlässe geboten, um sich Welten jenseits des unmittelbar Gegebenen vorzustellen. Alle geistigen Reibungsflächen werden zurückgebaut, es wird alles eliminiert, was den Geist spiegeln, repräsentieren oder anerkennen könnte. Man könnte Hegel nicht ernster nehmen.

Die Folgen dieses Entzugs machen sich durchaus bemerkbar. Ich (oder mein Geist) verlangt nach Diskursivität, ich sauge jeden Buchstaben auf dem Gelände ein und ich suche überall nach irgendetwas Lesbarem – und wenn es nur die Benutzung der Waschräume erläutert. Mein auf Nulldiät gesetzter Geist verlangt immer gieriger nach Unterhaltung, Beschäftigung und Arbeit – aufgefangen nur darin, die immer gleichen Anweisungen über den Toiletten zu studieren. Ohne jede Angriffsfläche dreht mein Geist leer. Auf diesem Versuchsgelände des Geistes, auf dem fast hundert Menschen Versuche an sich selbst anstellen, wird der Hunger nach Diskursivität so groß, dass man einige Schüler dabei beobachten kann, wie sie Beschriftungen von Wasserkochern, Warnhinweise auf Plastikmöbeln oder Feuerlöschern lesen.

Der Entzug endet jedoch nicht bei den intellektuellen Operationen Lesen und Schreiben. Man bittet die Schüler, während der Meditationspausen auf jegliche Form der Repräsentation oder Symbolisierung zu verzichten. Im Park, wo wir uns nach den Meditationen die Beine vertreten, sollen keine Steine übereinandergeschichtet oder sich irgendwie künstlerisch betätigt werden. Es soll vorgekommen sein, dass Schüler dort Spuren in den Waldboden gegraben oder in die Bäume geritzt haben. Im Winter schrieb jemand etwas in den Schnee. Es gibt hier also vehementere Widerstände gegen das Schreiben als sonst.

Einen weiteren bemerke ich beim nachträglichen Bearbeiten dieses Textes – die Scham, sich in einem theoretischen Text zu zeigen und zu entblößen. Ich bin kein Schriftsteller, und es bedeutet für mich eine andere Schwelle, *ich* zu sagen und mich wie Bataille *aufs Podest* zu stellen. Mit seiner *ehrli-* AS I 93

chen Unverschämtheit, die er Nietzsche und Blake
entlehnt, hofft er, dass sich in seinem Buch *Tiefsinn
und Muthwillen* ebenso *zärtlich die Hand halten*
sollen, wie dies Nietzsche von seiner *Fröhlichen*
KSA 6/333/ *Wissenschaft* sagte. Nicht ohne Grund ist das Mot-
AS I 9 to der *Inneren Erfahrung* aus jenem *Ecce Homo*,
der das Podest implodieren ließ.

Die Techniken der Illumination

Doch in derselben Bewegung, mit der Bataille sich
aufs Podest seines Schreibens stellte, verschleierte er
die Umstände und die Praktiken seiner Meditation.
Tatsächlich ist über Batailles Meditationspraxis
kaum etwas bekannt. *Im Jahr 1938*, heißt es rück-
TE 247 blickend in den *Tränen des Eros*, *führte ein Freund
mich in die Yoga-Übungen ein*. Und in einer nach-
OC VII 462 träglichen autobiografischen Notiz heißt es: *Bataille
hatte seit 1938 Yoga-Übungen gemacht, allerdings
ohne die Regeln der traditionellen Disziplin genau
zu befolgen, in großer Unordnung und in einem bis
zum Äußersten getriebenen geistigen Aufruhr.*

Der einzige wissenschaftliche Beitrag zu Batailles Meditationspraxis, Banerjee, datiert ihr Einsetzen jedoch schon viel früher: *Bataille begann schon in jungen Jahren, gegen Ende des Ersten Weltkriegs, zu meditieren, während er von 1914–18 eine Ausbildung zum christlichen Mönch absolvier-*

*te. In Kendalls Biografie heißt es: »Im Juni 1918
widmete sich Bataille auf Anraten von Saliège [dem
späteren Erzbischof von Toulouse] eine Woche
lang der christlichen Meditation in La Barde, einem Jesuitenkloster in der Dordogne«.* Offenbar
unterschied Bataille zwischen christlichen Meditationspraktiken und dem hinduistischen Yoga, in
das ihn besagter Freund eingeführt habe – zweifellos sein Kollege Jean Bruno an der Bibliothèque
nationale. Von ihm will Bataille *entscheidende Hinweise auf mystische und yogische Techniken* erhal- M I 433
ten haben. Entsprechend kommentiert Denis Hollier: *Jean Bruno, sein Kollege an der Bibliothèque* CS 624
*nationale und ebenfalls Adept derartiger Exerziti-
en, erinnert daran, dass sich Bataille ab 1938, also
nach dem Tod Laures und vielleicht deswegen, einem wahrhaften »mystischen Training« unterzogen
habe.* Während Bataille in der *Methode der Meditation* noch von *indischen Konzentrationsübungen* AS I 233
spricht, handelt Bruno korrekter als Bataille nicht
mehr von *Yoga*, sondern von: Meditation.

Vom Kollegen stammt denn auch der einzige
zeitgenössische Text zu Batailles Meditationspraxis,
»Les techniques d'illumination chez Georges Ba- B 706–720
taille« von 1963, immerhin an zentraler Stelle in
Critique veröffentlicht. Der Blick auf die Illuminati-
onstechniken Batailles, der seinen Zeitgenossen
noch einleuchtete, die einen Meditationslehrer zu
einem Beitrag in *Critique* einluden, ging jedoch in

einer Rezeption verloren, die Bataille ausschließlich als Theoretiker las. Aus der Perspektive des Praktikers liest Bruno als Einziger die *Methode der Meditation* nicht nur als theoretischen Text, sondern auch als Spur von Meditationspraktiken. Er erzählt die Geschichte von Batailles Meditationen nach und bemerkt, deren Bedeutung bestehe darin, dass
B 717 er *die Phantasmagorie unseres sinnlichen Universums wiederentdeckt* habe. Die absolute Authentizität von Batailles Meditationstexten sei aber noch nicht erkannt worden, wie Bruno 1963 urteilt – ein Urteil, das sechzig Jahre später kaum anders ausfällt.

Eine zweite wichtige Quelle zu Batailles Medi-
M I–III tationen ist neben Bernd Mattheus' dreibändiger Arbeitsbiografie Batailles der von Denis Hollier erstmals 1979 herausgegebene Band mit Materialien zum Collège de Sociologie – einem Band, mit
CS 768 dem Hollier gewissermaßen zum *Erfinder* des Collège avanciert sei, wie Francis Marmande bemerkt. Dieser Band enthält den intellektuellen Kontext von Batailles Meditationspraxis, eine vielstimmige Reflexion sowohl auf die gescheiterte »Geheimgesellschaft« *Acéphale* als auch auf den Kriegsbeginn und das Münchner Abkommen, die für Bataille offenbar entscheidend waren: Davor sei der Repräsentationskritiker auch Kritiker der Demokratie gewesen, danach habe er sich zur liberalen Demokratie bekehren lassen. Nicht zuletzt ist Holliers

Band eine intellektuelle Kontextualisierung des Kriegsgeschehens inklusive der deutschen Collège-Gäste Walter Benjamin und Hans Mayer, die das Pariser Treiben bekanntlich skeptisch begleiteten. CS 760–767

Was ist die Geschichte von Batailles Meditationen, was wusste er über die *indischen Konzentrationsübungen*? Im Jahr 1938 beginnt Bataille, den Bruno für *außergewöhnlich begabt* hält und dem er B 707
im Stil des Lehrers *schnelle Fortschritte* bescheinigt, die Meditation schon zehn Jahre vor Erscheinen der *Inneren Erfahrung*. Zwar bedauert Bruno, dass Bataille kein systematischeres und vollständigeres Buch über seine Meditation geschrieben habe und präzisiert, die *Methode der Meditation* sei kein Handbuch zu Techniken, sondern hier gehe es um die *Modalitäten und Implikationen der Erfahrung*. B 719
Doch über seine Erfahrungen äußert sich der Autor der *Inneren Erfahrung* weniger, als dass er aus ihr heraus schreibt – und zwar Texte, die sich nicht allein um die Erfahrung der Meditation drehen, weswegen er den Eindruck erwecken musste, kaum etwas über sie gewusst zu haben. Gegen diesen Eindruck spricht, dass der Bibliothekar der Bibliothèque nationale einigermaßen gut über die Meditation der Yogi informiert war. Jedenfalls konsultiert er allein im Jahr 1938 die damals aktuellen Bücher zum Thema – wie zum Beispiel Constant Kerneïz, *Le yoga de l'occident* (1938), Swami Vivekanandas *Raja Yoga ou conquête de la nature*

intérieure (1930), W. Y. Evans-Wentz, Lama Kazi Dawa-Samdup, *Le yoga tibétain et les doctrines* AS II 53 f. *secrètes* (1938) – und versichert: *Für den ersten Gang sind die traditionellen Vorschriften unumstößlich, sie sind wunderbar. Ich verdanke sie einem meiner Freunde, der sie aus orientalischer Quelle bezog.* Nach Mattheus führe *nur eine Spur zu einem regelrechten Lehrbuch fernöstlicher Meditation,* auf das auch Batailles Gefährtin Laure zurückgegriffen habe: *G. C. Lounsbery, Buddhist Meditation on the Southern School – Theory and Practice for Westeners*, 1935.

Aber was konnte im blühenden französischen Orientalismus der 1930er-Jahre unter Yoga *for Westeners* verstanden werden? Bei der aktuellen Massenverbreitung der Meditation erscheint es kaum vorstellbar, dass es einmal eine Zeit gab, in der diese Praktiken nur einem kleinen Kreis von Eingeweihten geläufig waren; der Bibliothekar der Bibliothèque nationale gehörte definitiv zu den ersten Privilegierten, die überhaupt derart detaillierte fernöstliche Schriften und Praktiken rezipieren konnten. Doch auch ohne eine Diskursanalyse oder Archäologie der Meditation anzustrengen, die rekonstruiert, was man 1938 in Frankreich unter Yoga verstehen konnte, lässt sich festhalten, dass der Begriff im Französischen, sagen wir von Bataille bis Carrère, weiter gefasst erscheint als im Deutschen. Während man im Deutschen unter Yoga meistens

Yogaübungen versteht, beinhaltet Yoga in Frankreich auch die Meditation (und nicht umgekehrt); und so nennt Carrère seinen Meditationsbestseller *Yoga* und Bataille die Meditierenden *Yogi*, wobei er am Ende gesteht: *Aber im Grunde weiß ich wenig* AS I 33 *über Indien … Die wenigen Einsichten, an die ich mich halte – die eher den Abstand als die Aufnahme betonen –, sind gekoppelt mit meiner Unwissenheit. Ich zaudere nicht in zwei Punkten: die Bücher der Hindus sind ungleichmäßig, wenn nicht schwerfällig; diese Hindus haben in Europa Freunde, die ich nicht liebe.*

Methoden der Meditation

Während Bataille auf die zeitweise Nähe zwischen Hinduismus und Nationalsozialismus anspielt, auf Hindunationalismus und Hindutva-Extremismus, war er offenbar von den klassischen Meditationstechniken enttäuscht, wie er anlässlich der Lektüre der *Causeries* des Swami Siddheswarananda be- OC V 281 f., kundete. M II 17 So rebelliert er einerseits gegen jede Methode als Form von Transzendenz und Autorität, andererseits beteuert er, dass die Meditation eine solche Methode benötige, weswegen er nicht zöge- OC VI 296 re, diesen Titel auf ein Buch zu schreiben. *Meine Methode?*, so informieren die Notizen zur Vorbemerkung zur *Methode der Meditation*: *Wenn man* OC V 487

so will, mein Fehlen einer Methode und die Prinzipien, die sie erlauben. Selbst wenn er anderswo be-
AS II 42 teuert, die Methode dürfe nicht schriftlich sein, schreibt er: *Meine Methode oder vielmehr meine*
AS III 151 *Unmethode ist mein Leben.* Worauf bezieht sich die *Methode* im Titel also, was meint *Meditation* dort, wo es offenbar nicht um gegenstandslose Vorüberlegungen zur philosophischen Methode geht, wie bei Descartes und Husserl, sondern um handfeste *indische Konzentrationsübungen*? Warum verwendet Bataille überhaupt den Begriff der *Methode*, der bei Übungen überrascht, bei denen man ebenso gut von einer Technik hätte sprechen können? Warum diese west-östliche Parallelaktion?

In der *Methode der Meditation* wird der Begriff
AS I 259 meistens synonym mit dem der inneren Erfahrung verwendet. Die Meditation ist für Bataille eine innere Erfahrung. Beide sind selbstbezüglich, beide sollen kein Werkzeug, sondern Selbstzweck sein. Und so erscheinen auch die einzelnen Teile des Titels *Methode der Meditation* merkwürdig kongruent oder transparent – einer verweist auf den anderen und verblasst vor oder hinter ihm. Doch die verwirrend-alliterative Verkreuzung west-östlicher Elemente weist vielleicht den Weg zum Geheimnis eines Buches, das die Meditation nicht – oder jedenfalls nicht nur – als Technik für gewisse Übungen einsetzt. Der Titel verkreuzt eine Technik (die Meditation) mit einer Methode (der Philosophie),

zu der er die Meditation macht. Die Verschränkung in Batailles eingängig daherkommendem Titel besteht also nicht nur in der Tatsache, dass sich ein Begriff im anderen spiegelt, sondern darin, dass er eine Praxis als Zugang zur Theorie verwendet – mit dem Effekt, dass er von einem meditierenden Standpunkt aus philosophieren kann, von dem aus er die Philosophie zerschreiben kann. Die *Methode der Meditation* transformiert Praktiken zur Befreiung des Geistes in eine philosophische Methode zur Befreiung der Philosophie. Trotz einiger Selbstgespräche eines Geistes mit sich selbst ist die Meditation AS I 146 f in diesem Buch also überhaupt keine Methode – sie ist eine Technik, die erst von Bataille in eine philosophische Methode konvertiert wird, um die abendländische Philosophie im Angesicht von Descartes, Husserl und Hegel zu zerschreiben.

Die Ekstase der Meditation

Ein weiterer Begriff, mit dem die Meditation synonym verwendet wird, ist der Begriff der Ekstase. Die Meditation ist neben der Erotik für Bataille ein Mittel, um zu Ekstasen zu gelangen; dabei sind beide Begriffe problematisch, weil sie als immanente innere Erfahrungen keine Entsprechungen in der äußeren transzendenten Welt besitzen. Der Frage der Entsprechung zwischen Immanenz und

Transzendenz, Wirklichkeit und Begriff werden OC V 467 zentrale Stellen des ersten Notizhefts zur *Methode der Meditation* gewidmet. Weil es bei Bataille, anders als im Hegelianismus, keine 1:1-Entsprechung zwischen Wirklichkeit und Begriff gibt, werden die inneren Erfahrungen umgekehrt dazu verwendet, die Außenwelt infrage zu stellen, sie zu negieren und sie anzufechten; Erotik und Meditation bestreiten die Außenwelt schon von sich aus, denn wie soll ich meine Ekstase und meine Meditation jemals in Worte übersetzen? Vielleicht erlebt mein Nachbar in der Meditationshalle ja etwas völlig anderes?

Die Situation der Schüler in der Halle zwischen Nähe und Distanz lässt sich vielleicht durch einige Wandmalereien der Künstlerin Helen Cammock veranschaulichen, die ich in der Hamburger Ausstellung gesehen habe: Auf monochromem farbigen Grund schreibt Cammock mit spatialisierten, im Wandraum verteilten Buchstaben: *trace / the / sound of / skin* oder *sit / alongside / and / feel me / breathe*. Auch wir sitzen in einiger Entfernung nebeneinander und hören einander atmen; dabei sind die Buchstaben auf Cammocks Poster einander in weiter Entfernung so nah wie mir die anderen Schüler in der Halle, wo ich die Haut meines Nachbarn atmen hören kann. Ich spüre das Geräusch der Haut. Zugleich bleiben die Erfahrungen und Ekstasen der anderen so unzugänglich wie die

Wörter auf den Wänden, beide sind ebenfalls *Fallen*
im Sinne Derridas, weswegen Blanchot in *Die
uneingestehbare Gemeinschaft* vorschlägt, dieses
schwer einzukreisende Phänomen mit Anführungs-
zeichen zu versehen: Weil die Ekstase *keinen Ge-* BG 38
genstand habe, weil sie *jede Gewissheit verwirft*,
könne man *dieses Wort (Ekstase) nur niederschrei-
ben, indem man es vorsichtshalber in Anführungs-
zeichen setzt, weil niemand wissen kann, worum es
sich handelt, und zuvor noch, ob sie jemals stattge-
funden hat.*

Bei der Frage, ob die Ekstase *jemals stattgefun-
den hat*, spielt auch eine differenzielle Zeiterfahrung eine Rolle. Über die Ekstase wie über die Meditation kann man nur nachträglich sprechen. Es AS II 237
fragt sich also nicht nur, ob man die Erfahrung des
anderen mit seinem Begriff trifft, ebenso fraglich ist
es, ob man seiner eigenen Erfahrung gerecht wird.
Daher bezeichnet es Blanchot als den *entscheiden-
den Zug* dieser Erfahrungen, *dass derjenige, der sie* BG 38
*erfährt, nicht mehr da ist, wenn er sie erfährt, also
nicht mehr da ist, um sie zu erfahren […]: Gedächtnis einer Vergangenheit, die niemals als Gegenwart
erlebt worden wäre.*

Ist eine innere Erfahrung also etwas Unteilba-
res, Unkommunizierbares? Ist sie das, was das in-
tersubjektive *Sein für Andere*, wie Hegel das nennt,
unterbricht? Auch der Therapeut in einer Gruppentherapie, an der ich während der Endkorrektur für

dieses Buch teilnehme, bezeichnet die Erfahrung als Wissen: Das Einzige, was wir sicher wüssten, sei unsere Erfahrung. Man erfahre etwas, man werde sich etwas gewahr. Etwas passiere, was er mit dem Quantenphysiker Hans-Peter Dürr *Passierchen* nennt: Wissen seien die passierenden Teile – womit Wissen, wie Batailles Nicht-Wissen, als nicht interpretiertes Gegenteil von jeder Metaebene definiert wird. *Wahres Menschsein schließt die Interpretation aus*, heißt es vom Therapeuten. Das Sein sei Gewahr-Sein, etwas anderes als das Denken. Wie das Interpretieren und das Produzieren von Bedeutungen sei es *eine Garantie, den Kontakt zu sich zu verlieren*. In seiner Therapie ginge es dementsprechend nicht um Theorien oder Positionen, sondern allein um die innere Erfahrung der Teilnehmer und Teilnehmerinnen, das innere Gewahrwerden und Anteilnehmen. *Was macht mein Inneres gerade*, sei seine Leitfrage.

Der Therapeut ist die erste für mich bedeutsame Person, die neben Bataille den Begriff der inneren Erfahrung verwendet. Aber was ist eine innere Erfahrung? Ein Gefühl etwa ist keine innere Erfahrung, ein Gefühl ist: Ich bin traurig, ich bin wütend. Eine innere Erfahrung ist es hingegen, wenn aus Trauer Wut entsteht – die innere Erfahrung braucht einen Verlauf, eine Entwicklung in der Zeit. Eine innere Erfahrung ist ein in der Zeit beobachtetes Gefühl, eine Stimmung im Verlauf.

Eine innere Erfahrung ist es, wenn ich in mir etwas beobachte, was ich vorher nicht wusste: *Ich mache eine innere Erfahrung*, sagt der Therapeut. Sie bahnt sich ihren Weg, weswegen der Therapeut um das Mantra: *Die Wahrheit ist ein unbetretener Pfad* kreist.

Und die Empfindung, die Sensation, was unterscheidet sie vom Gefühl? Eine Empfindung ist ein Sinneseindruck, der von außen kommt und nach innen weist. Sensationen sind hart wie eine Materialität: Ich spüre Hagel auf meiner Haut. Dagegen ist die Traurigkeit ein Gefühl, das von innen kommt, wobei ich beobachten kann, dass die Traurigkeit mich langsam durchdringt – was wiederum ein Verlauf in der Zeit wäre. Die innere Erfahrung braucht also wie die Achtsamkeit einen inneren Beobachter oder Beobachter des Inneren, denjenigen, der sagt: Ich habe die Erfahrung gemacht, dass … Aber wie verhält sich dann der Begriff der Erfahrung zur Ekstase, die für Bataille ja identisch waren? Erfordert nicht die Erfahrung ein Dabeisein, die Ekstase aber im Gegenteil die Ausschaltung jeder geistigen Präsenz?

Kaum weniger problematisch als die Ekstase erscheint der Begriff der Mystik bei Bataille, der ebenfalls Schnittmengen mit der Meditation aufweist. Batailles jesuitische Jugend ist kein Geheimnis, bekanntlich lehnte er die Tradition der christlichen Mystik und ihre Praktiken ab, selbst wenn er

B 714, m I 433

hier erste Meditationserfahrungen sammelte. *Die
Innere Erfahrung* beginnt mit der Kritik des religiösen Dogmas und der Abgrenzung von der mystischen Erfahrung, mit der sie immer wieder verwechselt werde. Zwar nennt der erste Satz des
ersten Teils des Buches noch beide in einem Atem-
AS I 13 zug: *Ich verstehe unter innerer Erfahrung das, was
man gewöhnlich mystische Erfahrung nennt: die
Zustände der Ekstase, der Verzückung oder wenigstens der meditativen Gemütsbewegung*. Doch
Bataille entkoppelt die innere Erfahrung bald von
AS I 15 der mystischen und entsubstanzialisiert und entmy-
thologisiert sie. Während die mystische Erfahrung
mit ihren *»Visionen«*, den *»Stimmen«* und *den anderen »Tröstungen«* noch ein Ziel oder eine Perspektive verfolge, nämlich Gott, würden diese von
der inneren Erfahrung infrage gestellt. In der inneren Erfahrung gehe es zwar wie in der Meditation
um das *innere Aufhören aller geistigen Tätigkeiten*,
wie Bataille mit Dionysius Areopagita schreibt.
Doch lässt er den Mystiker hinzufügen, die Auflö-
AS I 15 sung würde *in die innere Einigung mit dem unaus-
sprechlichen Licht eintreten* und sich als Gott of-
AS I 172 f. fenbaren – was Bataille entschieden ablehnt, der
sich klar gegen die Gefahr einer Mystifizierung der
Ekstase wendet.

Auch Bruno zufolge hat Bataille relativ unab-
B 715 hängig von jeder Religion meditiert und keine
christliche oder theologische Interpretation seiner

Praxis geduldet. Stattdessen habe er selber eine Religion gründen wollen und sich als Religionsgründer gesehen, wie Denis Hollier in einem auf Youtube aufgezeichneten Seminar am Columbia Center for Contemporary Critical Thought 2016 erzählt. Diese Geste sei bei diversen anderen Mitgliedern des Collège de Sociologie auf Unverständnis gestoßen und CS 625 f.
habe deren Distanzierungen zur Folge gehabt. Bataille feiert stattdessen unverdrossen eine radikale
Endlichkeit und ein Leben ohne Jenseits – die *Tran-* T 239
cen der Mystik dessen, *der mit der Zeit tanzt, die ihn tötet*, wie er in der *Einübung der Todesfreude* schreibt. Zugleich sei seine Praxis aber auch den buddhistischen Konzeptionen der Leere *benach-*
bart, wie Bruno schreibt, weswegen ein Vergleich B 717
der Ekstasetechniken die religiösen und die profa- B 719
nen Techniken benachbarn würde. Ohne auf Walter Benjamins *profane Erleuchtung* einzugehen, die den Teilnehmern des Collège de Sociologie vermutlich trotz Benjamins gelegentlichem Auftauchen dort nicht bekannt war, weist Bruno auf Batailles Interesse an den profanen Ekstasen der Dichter hin, die nicht auf religiöse Autoritäten reduzierbar seien. Bataille bestätigt diese Diagnose durch ein
Zitat André Bretons, der *von einem inneren und* AS III 87
blendenden Glanz spricht, *der ebenso die Seele des Eises wie die des Feuers ist*.

Bei Bataille gingen die profanen Erleuchtungen so weit, dass er – bei allem Skeptizismus gegenüber

AS III 109 den Zen-Mönchen, zu denen er eine gewisse Verwandtschaft nicht leugnet – das Unendliche in einer
AS III 87 Tasse Tee erblicken konnte. In »Die innere Erfahrung und die Zen-Sekte« wird Zen als eine *buddhis-*
AS III 233 *tische Meditation* und *Atemübung zur Erlangung der Ekstase* beschrieben. Der Begriff der Sekte lässt mich an meinen ersten Retreat denken, bei dem ich eine ebenso höllische wie (aus heutiger Perspektive) alberne Angst davor hatte, in einer brainwashenden Sekte gelandet zu sein. Diese Angst inszeniert *Gravity and Grace* von Chris Kraus, der Film mit dem Simone-Weil-Titel, dessen Scheitern in *Aliens & Anorexie* ausgeschlachtet wird. Er kreist um eine konspirative Gruppe und ihre merkwürdigen Gesänge und spult alle Klischees einer Sekte ab: Eine Frau in der Krise wird von einem Meister und Lehrer der Sekte aufgegabelt; um sie herum entsteht eine Gruppe, die sich bald in Weltende- und Verschwörungstheorien ergeht und sich um die Offenbarung eines Geistes namens Sananda konstituiert; man meditiert zusammen im Kreis und hält sich die Hände; eine Frau aus der Gruppe wird zum Medium einer spirituellen Botschaft, fällt in Trance und fängt an, in Zungen zu sprechen.

All das geschieht mir weder auf dem ersten noch auf dem zweiten Retreat. Es kommt auch zu keinem Satori, jener profanen Erleuchtung, die *die*
AS III 186 *reine Immanenz einer Selbstbesinnung* biete und *anstelle der Transzendenz* eine *Gleichheit des Wirk-*

lichen mit dem Selbst enthülle. Bataille hebt am Satori hervor, das später auch für Roland Barthes in seinen Arbeiten über das *Neutrum* wichtig werden sollte, dass man es weder durch Arbeit noch durch ein Projekt erreichen könne; das Satori *er-* AS III 234
gibt sich. Weil es weder anstrebbar noch erlernbar sei, bedeutete es für Bataille eine Alternative zur erarbeiteten und angestrengten Meditation, wie er AS III 234
anhand einer Sammlung von Satori-Momenten aus der buddhistischen Literatur verdeutlicht.

Aber was kommt bei diesem postmodernen Mix aus Surrealismus, asiatischer und christlicher Mystik heraus? Auch wenn seine freie Adaption M I 433
der Meditation zentrale Momente der westlichen Metaphysik wiederholt, scheint mittlerweile klar zu sein, dass Bataille mit seinem Begriff der Meditation keine philosophischen Vorüberlegungen anstellen möchte. Während er beiläufig die philosophischen Systeme Hegels und Heideggers abfertigt, AS I 98
deutet Blanchot in *Die uneingestehbare Gemeinschaft* die Ekstasen Batailles in Richtung einer archaischen Medientheorie: *Die »Ekstase« ist selber* BG 36
die Kommunikation.

Der Gebrauch des Geistes

Bei meinen stockend-stümperhaften Atemübungen erscheint es mir lächerlich, über Ekstase nachzu-

denken. Ich bin hier von jeder Form der Ekstase so weit entfernt wie beim Einkaufen. Ich schreibe diese Sätze während einer Meditation, auf der verschiedene Formen der Diskursivität – oder mit Hegel: der Negativität – aufeinanderprallen: Ich soll nicht denken, nicht sprechen, nicht schreiben. Hier wird jede Form der negativen Arbeit des Geistes negiert, um die Positivität der Empfindungen zu empfangen. Ich habe tatsächlich große Angst, die Meditation durchs Denken und Schreiben zu verlieren und aufs Spiel zu setzen. Aber es ist kein Spiel, ich habe Angst. Denn ich kann nicht gleichzeitig meditieren und schreiben, ja ich kann noch nicht einmal gleichzeitig meditieren und denken, weswegen alle Operationen der Meditation darauf abzielen, es zu unterbinden – und das nicht ohne Grund: Tatsächlich meditiere ich schlecht, nachdem ich oder während ich schreibe, mein Kopf denkt die Sätze weiter, statt sie sich auszutreiben. Auch Bataille hat offenbar diese Erfahrung gemacht. *Niemand kann*, so schreibt er rückblickend auf die *Innere Erfahrung*,
OC VIII 583/ M II 90 *im gleichen Augenblick Bewusstsein haben und die Erfahrung machen, von der ich spreche. Meine Erfahrung ist im wesentlichen die einer Verneinung des Bewusstseins, sie ist das zunichte gemachte, um das Objekt beraubte Bewusstsein.*

Dabei ist die Meditation nicht anti-intellektuell oder irrational, im Gegenteil: Während die Meditation die Vorstellungstätigkeit des Geistes anficht, ist sie zugleich eine archi-intellektuelle Operation, die ins Herz des Denkens zielt, um ihm eine andere Praxis abzuringen. Sie ist eine Archäologie des Bewusstseins, die einen anderen Gebrauch des Geistes ausgräbt. Dieser andere Gebrauch des Geistes ist tatsächlich das, was die Meditation hervorbringt, was sie zutage fördert und ans Licht bringt (außer vielen unangenehmen Erfahrungen und Ängsten). Man kann den Geist auch zu etwas anderem denn als Vorstellungsmaschine verwenden. Man kann den Geist mit geistigen Mitteln *sehen*, ja man kann ihn sogar fühlen und spüren. Man kann mit der Materialität des Geistes arbeiten, Ausgrabungsarbeiten in der eigenen Seele, Tiefenbohrung und Traumabergung in der eigenen Vergangenheit. Schmerzbehandlung in eigener Sache. Hölderlin im Ohr: *Das Schwere ist das Eigene.* Während der Korrektur dieser Zeilen sagt mir der Therapeut gleich zu Beginn einer Sitzung auf den Kopf zu, ich würde *mal wieder so richtig in der Tiefe graben wollen.*

Während ich an diese Dinge denke, verändert sich die Meditation sofort. Ich verspüre das Verlangen, die Meditation umgehend zu beenden, um meinen Gedanken zu notieren, damit er nicht verloren geht. Der Gedanke in meinem Kopf, es ist mehr ein Befehl, lautet: An den Schreibtisch, auf schreiben! Der Befehl schwächt die Empfindung ab, die hinter der Klarheit der gedanklichen Forderung verschwimmt. Kein Zweifel, ich lebe unter

dem Diktat meiner Gedanken, die meine Empfindungen terrorisieren. Wie soll man den Empfindungen, Sensationen werden sie hier genannt, wieder
zu ihrem Recht verhelfen? Nach zweitausend Jahren westlicher Philosophie, die sie gründlich zuge-
schüttet hat? Warum verfügen wir nicht über Techniken, einen Gegenangriff auf den Geist zu starten
und uns von seiner Diskursherrschaft, seiner Kolonialisierung zu befreien? Warum verfügt das Christentum nicht über entsprechende Praktiken, einen
AS II 54 *ersten Gang*, wie Bataille das nennt, *ohne den wir*
dem Diskurs unterworfen bleiben? Warum gibt es
keine Bewegung zur Dekolonisierung des Geistes?
Und müsste man nicht, bevor man die Kultur und
die Geschichte dekolonisiert, bei sich selbst anfangen und seinen eigenen Geist von den Kolonien des
Denkens und den Territorien der Repräsentation
befreien? Und ist nicht die Meditation ein Werkzeug für genau dieses Projekt, für die Rache der
Empfindung am Denken? Wenn *sprechen, denken*
AS I 68 *[…] heißt*, wie Bataille schreibt, *die Existenz zum*
Verschwinden zu bringen, muss man die Existenz,
unsere vordiskursiven Empfindungen und Erfahrungen dann nicht wieder ausgraben und zum Vorschein bringen? Oder geht es in der Meditation
umgekehrt darum, das Subjekt verschwinden zu
AS I 88 lassen? *Die Fragen des Subjekts*, heißt es in der *In-*
neren Erfahrung, *mit seinem Willen zum Wissen*
sind aufgehoben: das Subjekt ist nicht mehr da.

Fühlen und Denken

Das ist das Setting von *Innerer Erfahrung* und *Methode der Meditation*, die im radikalen Rückzug von allen Pariser Mondänitäten in den Kriegsjahren an verschiedenen Orten niedergeschrieben werden: Das Aufeinandertreffen oder die Kollision zwischen Geist und Erfahrung, die größte Geistigkeit gegen seine heftigste Anfechtung antreten zu lassen, Hegel und Nietzsche (oder den Buddhismus) aufeinander loszulassen – das bedeutet es für Bataille, *die Bilanz von 25 Jahrhunderten Philosophie* OC V 473 zu machen, wie er in den Notizen zur *Methode der Meditation* schreibt.

Wenn man eine Praxis erlernt, die die Schwelle der Gedanken unterschreitet, dann wird damit etwas angefochten, was in der Geschichte der westlichen Zivilisationen stets unbestreitbar war: die Autorität des Denkens, der Vernunft, der Philosophie – einer Philosophie, die die menschlichen Empfindungen und Gefühle zugunsten des Denkens und der Reflexion zurückgedrängt hatte. In der Befragung des westlichen Selbstbildes ist es daher auch eine wichtige Frage unserer Zeit, ob es möglich ist, verschiedene Seinsweisen konfliktfrei koexistieren zu lassen. In diesem Sinne lassen sich Batailles Texte als Versuche lesen, Schreibweisen für derartig koexistierende Seinsweisen zu entwickeln, die Geist *und* Körper, Vorstellung *und* Erfahrung, Repräsentationalität *und* Emotionalität nebeneinander stehen lassen können. Wenn ich das Andere anders sein lassen möchte, muss ich mit dem Anderen in mir selbst beginnen. Und das kann mit dem Versuch beginnen, nicht herrschaftlich über einen (unmöglichen) Gegenstand wie die Meditation zu schreiben, sondern *die Meditation zu schreiben*, mehr noch: Vielleicht erlaubt es nur ein unmöglicher Gegenstand wie die Meditation, die Bruchstellen zwischen Körper und Geist offenzulegen und in dieser scheiternden Schrift eine Erfahrung glücken zu lassen.

Das Denken und die Philosophie vertreten uns nicht (allein) – vielleicht repräsentieren sie uns nicht einmal, sondern überschreiben unser einfaches, reflexionsloses Sein. Ich denke, also bin ich nicht. Der Geist hat den Menschen und sein anderes Wissen kolonialisiert – vielleicht war die Kolonialisierung nur ein Effekt dieser Philosophie, wie zum Beispiel Susan Buck-Morss argumentiert. Die Meditation wirkt dem entgegen, sie dekolonisiert und deterritorialisiert das Gelände des Geistes, aus dem sie eine andere Praxis ausgräbt. Sie ist eine praktische Bestreitung von Philosophie und Vernunft, deren Alleinvertretungsanspruch den Planeten an den Abgrund geführt hat. Zielgerichtet führt die Meditation beide in die Krise. Wenn ich meditiere, weiß ich nichts mehr *über*, ich befinde mich in keiner autoritären Position mehr und weiß erst mal nichts (über mich). Ich setze mich meinen unbekannten Empfindungen aus. Sobald mein Wissen *über* die Welt hinfällig wird und mich nicht mehr als Subjekt gegenüber einer Welt aus Objekten konstituiert, sobald ich nichts mehr über die Welt weiß, sondern nur noch die Empfindungen meines Körpers spüre, gerate ich mit meinem Wissen unweigerlich in eine Krise. Was weiß ich noch? Wer bin ich noch? Was wird aus meinem Wissen und meinem Sein in der Welt? Verschwinde ich (als Subjekt), wenn ich meditiere, wovon am Anfang der Meditation leider noch keine Rede sein kann? Welche Differenzen bestehen zwischen diesen Entsubjektivierungen und dem postmodernen Verschwinden des Subjekts?

Statt von diesen Fragen wird meine Meditation von der Angst beherrscht, meine Gedanken während des Meditierens zu vergessen und sie nicht verwerten zu können, was eine ganze Kette von weiteren Gedanken in Gang setzt. Das Problem der Meditation besteht darin, dass ich nicht gleichzeitig denken und fühlen kann, ich kann nicht gleichzeitig Vorstellungen haben und Empfindungen fühlen – eines der beiden Vermögen verschwindet ständig hinter dem anderen, ein Vermögen bleibt dauernd auf der Strecke. Ich verliere den Gedanken, wenn ich mich auf meine Empfindung konzentriere, und die Empfindung verschwindet, sobald meine Gedanken weiter rattern. Daher hat die Meditation es auf die – zumindest in unserer westlichen Kultur – stärkere Seite abgesehen, auf das Denken und seine Vorstellungen, die von der *Kampfmaschine* beharrlich bekämpft werden. Wir werden hier trainiert, jeden geistigen Gegenstand sofort zu eliminieren und jede gegenstandsgebundene Vorstellung einer äußeren Welt augenblicklich zu attackieren. Weil die Meditation sich mit der Gegenständlichkeit des Denkens beschäftigt, ist sie zugleich der erste Gegenstand der Philosophie – und so rattern meine Gedanken während der Pause weiter: Warum ist diese *prima philosophia*, diese Archi-Philosophie nicht Teil der philosophischen Ausbildung? Warum gibt es an den Universitäten nicht eine Art Propädeutikum, in dem die Philosophierenden lernen, die Materialität ihres eigenen Denkens zu spüren und sich vor den Inhalten des Bewusstseins mit seiner Materie zu beschäftigen? Und was ist mit den Studierenden der Kunsthochschulen, warum sollten sie nicht ihre sinnliche Konzentration mit der Meditation schulen? Um diese Materialität des Denkens geht es hier – um abstrakte Wahrnehmungen, die sich in konkreten Haltungen verwirklichen, und um Körperempfindungen, die nicht nur jede Meditation steuern, sondern auch jeden Denkakt. Statt Theorien der Verkörperung zu lesen, könnten wir uns mit unseren verkörperten Gedanken beschäftigen – wie es sich anfühlt, zu denken. Oder sollte man nicht wie der Buddhismus gleich die ganze Philosophie zugunsten von Selbsterfahrungen und Selbsttechniken fallen lassen und sie durch kollektive Formen des philosophischen Aktivismus ersetzen?

Das unlearning des Denkens

Angesichts dieser Fragen erscheint mir die hier gelehrte Meditation – mit ihrer Forderung, *zu sehen, wie die Dinge wirklich sind* – als Propädeutik für jeden philosophischen Gedanken: Sehe ich wirklich, was ist? Sehe ich nicht nur meine Gedanken und Vorstellungen? Was ist mit der sensiblen und sinnlichen Welt, die Hegel als »sinnliche Gewissheit« beschrieben hatte, jener Welt, die der Geist auf dem Weg zu seiner Machtergreifung zurücklässt? Was ist in mir, bevor ich etwas weiß und zu denken anfange? Was liegt meinem Wissen zugrunde? Warum denke ich und warum denke ich – so? Ich versuche, nicht sofort zu denken, sondern das Denken zunächst zu spüren und es von außen zu betrachten. Doch während ich das versuche, denke ich, dass die Meditation nicht nur Voraussetzung für die philosophische Rede sein müsste, sondern auch für die philosophische Rede über die Materialität – die ich mit diesem Gedanken zugleich verliere. Wenn ich (nach-)denke, spüre ich mich nicht. Und so denke ich weiter: Was ist die Suche und das

Abtasten nach den Sensationen anderes als eine Arbeit mit der Materialität? Was sind die Empfindungen anderes als Materialitäten in meinem Körper, meiner Wahrnehmung, meiner Seele? Was berühre ich anderes als die Materialität meiner Seele, wenn ich aufgefordert werde, den *highest point of my body* zu suchen und dort die Empfindungen meiner Kopfhaut abzutasten? Tatsächlich wird unsere Materialität ja nur selten adressiert und angerufen; allenfalls der Arzt fragt nach unserem physischen Befinden, ansonsten kommunizieren wir mit unserem Bewusstsein. Daher spüren wir die Materialität des Geistes kaum, die überformt wird von den Gedanken, von ihrem immer aufregenden Inhalt, dem Betrieb der Repräsentation. Die Vorstellung zeigt und repräsentiert ja andauernd etwas, irgendetwas habe ich dauernd im Kopf, sodass ich kaum dazu komme, die Materialität meines Geistes zu spüren. Diese Abwesenheit der Materialität ist so normal für uns, dass sie uns gewöhnlich gar nicht bewusst ist – der Lehrer vom Tonband kann von einer *Befreiung des Geistes* dozieren, die von einem transzendentalen Bewusstsein verhindert werde, das immer nur sich selbst sehe und alles andere, sensible und sinnliche, vergesse. Die Meditation arbeitet sich also an jenen Grundeinstellungen des Bewusstseins ab, die für den Westen und seine Philosophie zwar selbstverständlich geworden sind, aus anderen Perspektiven jedoch rasch als erklärungsbedürftig erscheinen – ein *unlearning*, ein *désapprendre* unseres Denkens, das auch Bataille empfahl. OC V 336

Wie kommt die Welt in meinen Kopf? Schon die Eingängigkeit dieser Formulierung, die Welt im Kopf, weist darauf hin, wie selbstverständlich es für uns ist, dass sich die Welt in unserem Kopf befindet – und nicht zum Beispiel in unserem Herzen oder in unserem Knie. Wir alle lernen früh, etwas oder die Welt im Kopf zu behalten, sich etwas zu merken oder vorzustellen, Gegenstände des Geistes zu bilden. Es ist diese Autonomie des Geistes vor der Welt, die hier bestritten wird, eine Autonomie, die dazu führt, dass man etwas Eigenes und Abgetrenntes denken kann und nicht mit der Welt identisch ist. Diese Autonomie unserer Gedanken vor unserem Körper und seinen Zuständen ist etwas für uns ganz und gar Selbstverständliches. Sie ist das Fundament der Vernunft. Wir können etwas anderes im Kopf haben als das, was wir empfinden, was beim Baby noch nicht der Fall ist. Und es ist diese Autonomie – deren Geschichte Hegel sein großartigstes Werk, die *Phänomenologie des Geistes* widmete, die von Bataille auf deren *graphisches Schema* reduziert wird –, die von der Meditation infrage gestellt wird. Im Kapitel über die sinnliche Gewissheit beschreibt Hegel genau, was von der Meditation rückgängig gemacht und verlernt wird, die Ablösung eines Gedankens von den sinnlichen Zuständen. Doch anstatt die Meditation als Re- AS II 35 gression zu beschreiben, könnte man auch von einer Archäologie der sinnlichen Gewissheit sprechen – von einer Archäologie derjenigen Phase der Übereinstimmung von materiellem Leben (des Säuglings) und der Welt (der Vorstellungen), in der es noch keine Verschiebung zwischen Fühlen und Denken, Körper und Geist gab.

Unsere Herkunft entwaffnet uns, lautet ein gestrichener Eintrag Batailles im ersten Notizheft –
OC V 461 *das uterale Leben? Die Momente, die uns vorhergingen? Wir denken so wenig wie möglich an die Lieben unserer Eltern*. Wir streichen und übergehen den unvorstellbaren und peinlichen Moment unserer Herkunft aus dem Sex. Um diese automatische Selbststreichung wieder ungeschehen zu machen und uns auf die Spur zu kommen, arbeitet auch Bataille am Rückbau, der Dekonstruktion des ersten Gedankens (an sich selbst). Sinnlich zu erfahren, was wir abzüglich unseres Denkens sind, ist das Projekt der Meditation, die Befreiung von der Negativität eines Geistes, der seine negative, der Welt gegenüberliegende Stellung (wenigstens zeitweise) aufgeben soll. Bevor ich mir etwas vorstelle, bevor ich von *hier* nach *dort* wechsle und
OC V 462 mich ein Gedanke anderswohin trägt – das ist die Transzendenz –, lerne ich hier die Beschaffenheit dieses Gedankens kennen, ich studiere sein Material und fühle seine Materialität. Das ist Meditieren: die Materialität des Geistes spüren, den Rah-

men sehen, an dem das Gewebe der Gedanken aufgehängt ist.

Das Gewebe der Gedanken

In einer Passage der *Methode der Meditation* entwickelt Bataille für das Verhältnis zwischen Körper und Geist, Materialität und Immaterialität, Medium und Botschaft die Metapher von einem Gewebe der Erkenntnis: *Die gemeine Erkenntnis*, heißt es dort, *ist in uns wie ein anderes* Gewebe! *Der Mensch besteht nicht nur aus sichtbaren Geweben (knochigen, muskelmäßigen, fetthaltigen); ein Gewebe der Erkenntnis [...] findet sich gleichfalls beim Erwachsenen.* Doch das Gewebe der Erkenntnis, so heißt es weiter, sei ein unterworfenes, weil wir in ein Alltagshandeln und -erkennen eingesenkt seien. *Ich sehe nicht*, schreibt Bataille, *ich befinde mich in einem Erkenntnisgewebe, das auf sich selbst, auf seine Knechtschaft die Freiheit des Seienden reduziert.* Vielleicht lässt sich diese Passage ontologisch wenden: Wir erkennen das Sein nicht, weil wir buchstäblich ins Seiende des Gewebes verstrickt sind. Doch anders als Heidegger analogisiert Bataille materialistisch die Erkenntnis und die knochige, muskelmäßige, fetthaltige Physis; Körper und Geist erscheinen auf einer Ebene, wodurch ihre Differenz eingeebnet wird. Im Erkenntnisgewebe ist jedes Ele- AS I 243 f.

ment sensibel und intelligibel, berührbar und trans-
zendent. Wie die Meditation verschränkt Bataille
die getrennten Sphären von Körper und Geist, sie
berühren und durchwirken sich: Der Geist wird berührbar, so wie der Körper durch den Gedanken
antastbar wird. In einer früheren Passage von 1934
wird das Gewebe als Sein bezeichnet, das durch das
Denken zerrissen werde. Es existiere nur als zerris-
AS I 114 senes Sein, *solange das Denken nicht selbst dieses
tiefgehende Zerreißen des Stoffes ist und sein Gegenstand – das Sein selbst – der zerrissene Stoff.*

Was geschieht in dieser Passage? Die Meditation ist ein Verfahren, um Berührungen zwischen
Körper und Geist zu ermöglichen. Wie lässt es sich
textlich repräsentieren? Gibt es Texte, die diese Berührung ermöglichen? Eine Berührung, die beispielsweise erscheint, wenn wir ein Nervenleiden
haben oder wenn wir schlechte Nerven haben, wie
man sagt. Der Protagonist dieser Erfahrung der
Nerven ist aber nicht Bataille, sondern Artaud. In
Texten wie »Die Nervenwaage« studiert er die Materialität seiner Nerven und untersucht sein Denken. Bataille zitiert immerhin Dionysius Areopagi-
AS I 15 tas' Aufruf zum *inneren Aufhören aller geistigen
Tätigkeiten*, damit der Geist in seiner Reinform
hervortrete. Diesem Moment des Erscheinens be-
AS I 26 scheinigt Bataille die Qualität der Entblößung:
Durch das innere Aufhören des Denkens werde der
Geist entblößt, sodass seine Materialität hervortre-

ten könne. Wie in der Geschichte der Malerei die Materialität der Leinwand erst hervortreten konnte, als das Getriebe der malerischen Repräsentation nachließ und schließlich in der abstrakten Malerei verschwand, so kann auch die rohe Materialität des Geistes erst hervortreten, wenn das Spiel der Gedanken auf der Leinwand des Denkens abebbt.

So erscheint die Meditation als eine Art Versuchsaufbau zum Erforschen des Verhältnisses zwischen Denken und Fühlen, Körper und Geist, Leib und Seele. Ungeheure Zerbrechlichkeit und Fragilität der Meditationszustände, die durch jeden körperlichen Akt ebenso angetastet werden wie durch den geistigen. *Aber die kleinste Aktivität oder das geringste Projekt*, schreibt Bataille in der *Methode* AS I 265
der Meditation, *machen Schluss mit dem Spiel – und ich werde, in Ermangelung des Spiels, zurückgeführt in das Gefängnis der nützlichen und sinnbeladenen Gegenstände.* Auch das Schreiben, ja bereits ein Gedanke bedeutet eine solche *kleinste Aktivität*, ein *geringstes Projekt*, das *Schluss mit dem Spiel macht.* Der Strom der Empfindungen ist so sensibel wie die Flussbetten. Bataille beschreibt einmal, wie der Fluch eines Bauern auf dem Feld seine gesamte Wahrnehmung drastisch verändere und sie *verhäss-* AS II 131
licht. Verhässliche ich die Meditation durchs Schreiben? Schließlich beeinflussen diese Zeilen hier den Zustand der Meditation, von dem sie berichten. Auch wenn sie sich als abgetrennter und autonomer

Text behaupten, sind sie der mitfühlende Teil einer Aktion, der sensitive Bereich einer Operation. Gibt es keine Schrift zwischen dem Denken und dem Fühlen, eine geschriebene Membran zwischen Körper und Geist? Gibt es ein Schreiben, das genauso fühlt, wie es denkt (und schreibt)? Was wäre die Grenzerfahrung, die *expérience-limite* dazwischen, über die Bataille und Blanchot 1969 gemeinsam nachdachten, was wäre eine *Schrift der Grenze*?

Die Schrift der Grenze

Als Antwort auf diese Frage kann man beispielsweise andere Textformen betrachten. Schließlich gibt es bei Bataille nicht nur die zwar verwirrenden, aber noch einigermaßen lesbaren Bücher wie *Die Innere Erfahrung* oder *Die Methode der Meditation*. Innerhalb oder eingemeindet in die *Atheologische Summe* finden sich ebenso tatsächliche Meditationen, die aber keine Anleitungen sind, sondern Texte, die wie Gebete an der Grenze zwischen Spiritualität und Intellektualität logieren und zuweilen noch Spuren ihrer Erfahrung enthalten. Spätestens seit 1939 durchsetzt Bataille seine theoretischen Texte mit praktischen Meditationen, Meditationstexten und Visionen, die er oftmals bereits in Zeitschriften publiziert hat. Einer dieser Texte ist *La pratique de la joie devant la mort* – übersetzt

T/OC I 552–558

AS I 55, 131 / M I 458 / M II 64 / OC III 532

als *Einübung der Todesfreude*, was die *Praxis* leider zu jener *Übung* macht, die Bataille offenbar nicht schätzte. Erschienen ist der Text 1939 in der von Bataille herausgegebenen Zeitschrift *Acéphale*, in der fünften und letzten Ausgabe, die die Themen »Wahnsinn, Krieg und Tod« umkreist. Von diesem Text ist unter dem Titel *L'Étoile alcool* (»Der Stern Alkohol«) jüngst eine frühe, Isabelle Waldberg, geb. Farner (1911–1990) gewidmete Version des dritten Abschnitts publiziert worden. Sie enthält einen vorangestellten präskriptiven Text, der eine explizite Meditationsanleitung darstellt. Nachdem Bataille klargestellt hat, dass es sich hier um einen *Meditationstext* handle, empfiehlt er Waldberg nicht nur Stille und achtsames Atmen, sondern stellt seine Meditation unter den »Stern Alkohol«: *Sie müssen sich an einen möglichst ruhigen Ort zurückziehen, sich von allem entleeren und völlig loslassen; bleiben Sie sitzen, aber lassen Sie Ihren Körper nicht erschlaffen, leeren Sie Ihren Geist und atmen Sie zunächst tief ein, während Sie versuchen, sich in den Bann der Stille fallen zu lassen. Es kann sein, dass Sie in einen regelrechten Stumpfsinn fallen. Lesen Sie den Text nicht, sondern rufen Sie ihn langsam aus dem Gedächtnis ab. Zwischen den ersten drei Sätzen und den restlichen Sätzen sollte eine lange Zeitspanne liegen. Und auch ein wenig Zeit zwischen den einzelnen Sätzen im zweiten Teil.*

Der an die Meditationsanleitung anschließende frühere Meditationstext liest sich unmittelbarer als die später publizierte Fassung (T) und kreist aber ebenso um die *Todesfreude*. Da »Der Stern Alkohol« noch nicht auf Deutsch vorliegt, sei hier der ganze Meditationstext zitiert:

DER STERN ALKOHOL
Ich nehme Acephale für die Gewalt.
Ich nehme sein Schwefelfeuer für die Gewalt.
Ich nehme den Baum und den Wind des Todes für die Gewalt.

ICH BIN DIE FREUDE IM ANGESICHT DES TODES
Die Tiefen des Raums sind die Freude im Angesicht des Todes.
Ich stelle mir vor – bis mir übel wird –, dass sich die Erde in schwindelerregender Geschwindigkeit am Himmel dreht.
Ich stelle mir vor, dass sich der Himmel selbst dreht und explodiert.
Sonne, Flamme, Alkohol, blendendes Licht, alles dreht sich mit geschlossenen Augen und so blendend, dass man den Atem verliert.
Alles, was wirklich ist, zerstört sich selbst, verzehrt sich und stirbt wie ein glühendes Feuer.
Ich zerstöre mich selbst, verzehre mich und schneide mir mit meinem eigenen Hunger die Kehle durch wie das Feuer.

> *Lachend und sterbend wie alles, was sich dreht, schwankt, brennt und blitzt, stelle ich mir den eiskalten Moment meines Todes vor, an einem eisigen und vollkommen hellen Himmel, im Schein des Sterns Alkohol, der sich so plötzlich wie ein Blitz offenbart und ungemein berauschend ist.*

Die letzte Passage geht offenbar aus einem Traum hervor, den Bataille in der *Todesfreude* in einer Fußnote rekonstruiert: Er fühlte sich *im Traum von einem Blitz durchzuckt: Er begreift, dass er stirbt,* T 242
und ist sogleich wunderbar geblendet und verklärt; in diesem Augenblick des Traums erreicht er das Unerwartete, aber er erwacht.

Banerjee kommentiert den »Stern Alkohol« folgendermaßen: *Verstanden als ein meditativer Text, der auswendig gelernt und langsam abgerufen wird, sind die Worte von »Der Stern Alkohol« nicht mehr nur die Sprache der Poesie. Stattdessen werden sie zum Diskurs der inneren Gedanken und Gefühle eines lebendigen, atmenden Menschen. Der Tod als verkörperte, affektive, »lebbare« Möglichkeit ist das, woran Farner und andere Meditierende sich erinnern und worüber sie nachdenken sollen – nicht über die semantischen oder beschreibenden Möglichkeiten des Begriffs. Das Subjekt dieses Meditationstextes ist identisch mit dem Sprechenden, Erinnernden und Meditierenden – es ist der Tod des lesenden und erinnernden Subjekts, der imaginiert wird, seine Vision des Universums, die dramatisiert wird. Auch wenn die* Todesfreude *in Acéphales Meditationstexten eine gesteigerte, scheinbar poetische Sprache hervorbringen mag, ist die Absicht dieser Werke weit von der Poesie entfernt – ihre Bedeutung liegt in der nicht-sprachlichen Erfahrung, in der imaginierten und dramatischen Beziehung, die die menschlichen Subjekte mit ihrer Vernichtung haben. Wenn der Tod in dieser Periode Batailles seinen Diskurs generiert, dann nicht, um schöne Wendungen zu finden, sondern um kraftvolle Bilder zu entfachen, die uns zwingen, unser unausweichliches Ende anzuerkennen.*

CS 623–636 Unter dem gleichen Titel der *Todesfreude* trägt
Bataille ebenfalls 1939 auch vor dem Collège de
Sociologie vor – jedoch eine ausgenüchterte und
mehr an der soziologischen Theorie als an der Meditation orientierte Variante des Textes. *L'amitié*
OC VI (»Die Freundschaft«), ein ähnliches Fragment von
292–306 1940, wird von Bataille später in *Sur Nietzsche* publiziert. Beide Texte markieren weniger ein Ausein-
anderfallen von Theorie und Praxis, *Acéphale* und
CS 795 dem Collège de Sociologie, sondern können als
AS I 171 *Keimzelle* der *Atheologischen Summe* bezeichnet
werden, die die Konsequenz dieses Zerfalls dar-
stellte, wie der Bataille-Übersetzer Gerd Bergfleth
argumentiert.

In den Meditationstexten *scheint fast ein ande-*
CS 806 *rer Bataille zu sprechen als im Collège*, bemerkt

Irene Albers über einen weiteren Text von 1939; hier verschiebe sich die *Bedeutung des Sakralen von seiner primär soziologischen Interpretation […] zu einer von Existenzialismus und Mystik inspirierten Theorie »privilegierter Augenblicke« absoluter Kommunikation und Überwindung der Grenzen des Individuums.* Tatsächlich mündet der erste, diskursive Teil der *Todesfreude* in etwas wie »Der Stern Alkohol«, das sich als Gebet oder Litanei bezeichnen ließe – oder einfach: als Meditation.
Dieser Text, *das erste literarische Dokument von* m I 431
Batailles Meditationsübungen, kann auch als verdecktes Referat oder *Protokoll* dieser Übungen ge- CS 624
lesen werden. Es präsentiert Bataille als *Mystiker* m I 432
der Todesfreude: Hier hat jene *mystische Existenz* T 238
ihren Auftritt, die zu einer *inneren Gewalt* geworden sei und sich nun im Rückzug der Kriegsjahre Bahn bricht. Diese Texte, die weniger gelesen als aus dem Gedächtnis rezitiert werden sollen, wie Bataille die meditierende Isabelle Waldberg anleitet, bauen auf radikale Weise christliche Transzendierungen zurück, ihre physisch und materiell gesättigte Sprache ist selbst ein *unlearning* von Idealisierungen und Austragungsort von Immanenz. Hier werden keine anderswo gedachten Gedanken zu Körper und Geist oder anders verortete Unterscheidungen zwischen Theorie und Praxis repräsentiert, hier wird der Text selbst performativ zum Austragungsort einer Materialisierung und

Verkörperung – weswegen das Stichwort eines
Fleischgewordenen im Text auch zentral ist, das
seiner christlichen Fassung enteignet wird. Auch
M I 432 wenn die *Todesfreude* über einen praktischen und
einen theoretischen Teil verfüge, werden die Motive zwischen den Teilen ausgetauscht und systematisch in ein Gleiten versetzt. Was soll man mit die-
AS I 183 sen bizarren Notizen anfangen? Bataille meditiert
mit persönlichen Obsessionen und privaten My-
thologien, dialogisiert mit Glühwürmchen auf Gräbern, der Sonne oder gleich mit Gott.

Die Techniken der Meditation

Aber wie meditierte Bataille genau? Und wenn seine *Methode der Meditation* keine Methode zum
Meditieren ist, sondern zum Philosophieren, was
ist dann Batailles Technik der Meditation? Was
sind seine Praktiken, die vom theoretischen Chris-
AS II 54 tentum abweichen und die auch ich gerade müh-
AS II 47 sam erlerne? *Ich will sagen, wie ich zu so einer
starken Ekstase gelangt bin*, verspricht die *Atheologische Summe*. *Die Ruhe, die tiefe, langgezogene
AS I 233 Atmung*, heißt es in der *Methode der Meditation*,
und weiter: *wie im Schlaf, nach Art des Beschwö-
rungstanzes, die langsame, ironische Konzentration
der Gedanken auf eine Leere, die geschickte Ausschaltung des Geistes bei Meditationsthemen, wo*

nacheinander der Himmel, der Erdboden und das
Subjekt einstürzen. Bataille gesteht, nicht gut über
die *Meditation der Yogi* informiert gewesen zu AS III 199
sein, deren Zielstrebigkeit er zuweilen Nietzsches
Irren gegenüberstellt. Er zeigt sich auch von den
klassischen Meditationstechniken enttäuscht, wie
er 1940 bei der Lektüre der *Causeries* des Swami OC V 281 f. /
Siddheswarananda über das Vedanta-Yoga bekun- M II 17
det. Doch wie orthodox oder unorthodox seine
Meditationstechniken auch waren, er bediente sich
diverser *wirksamer Hilfsmittel*, denen sich auch AS II 53 /
Bruno widmet. B 719

Bruno beobachtet bei Bataille eine Abfolge von B 714, 719
wiederholten Schritten: anfängliches Schweigen,
folgende Dramatisierung, entäußernde Projektion,
abschließendes Gleiten in eine ungreifbare Transparenz. Bataille selbst beschreibt den Wechsel von AS II 47
verschiedenen Elementen wie Konzentration und Ef-
fusion, Zusammenziehen und Verströmen, Schweigen und anschließende Visionen. Die *Empfindun-*
gen, die zur Konzentration dienten, verflüchtigten B 715 f.
sich anschließend, auf die Konzentration seien Zustände des Strömens und Fließens gefolgt. Bataille
habe in der *Todesfreude* laut Mattheus auch *die*
Hilfsmittel oder Stützen tradierter Meditations- M I 432
übungen [geschildert], die auf ein versunken-eksta
tisches Bewusstsein zielen. Und weiter heißt es
übereinstimmend zu Batailles Meditationstechnik:
Die Konzentration auf unwillkürliche Körperfunk-

tionen (Atmung, Herzschlag) oder auf Wörter oder Sätze (das ist die Funktion der Yoga-Sutras) gehört ebenso zu den traditionellen Methoden wie die Evokation von Bildern, Vorstellungen, die bedrohlich und düster (bei Bataille auch obszön oder lächerlich) sein können. Die fundamentalen Schritte Batailles heißen Stille/Schweigen und Dramatisierung. Gegenstand der ersten Meditationen ist der Friede, dann die Todesfreude, ihre »Stütze« sind rhythmisierte Sätze; diese Art der Meditation will das diskursive (logische, verbale) Denken anhalten, Stille im Meditierenden herbeiführen und eine Art luzider Schläfrigkeit erzeugen.

Die Formulierung einer *luziden Schläfrigkeit* amüsiert mich besonders, wenn ich an einen Retreat denke, zu dessen gewöhnlichen Erscheinungen es gehörte, dass ich einschlafend in mich zusammensackte oder andere Schüler dabei beobachten konnte (schließlich sind wir mit dem Glockenläuten vor Tagesanbruch aufgestanden). Was die Luzidität betrifft, so berichtet Bataille von einer *makel-*
AS II 137 *losen Luzidität*, die *nicht bei sich verweilen* könne.
Bei allen Beschreibungen von Batailles *Techniken*
B 716 *der Illumination* hebt Bruno zwei Dinge hervor:
Batailles Hang zu zersetzenden Bildern (zum Beispiel vom leeren Himmel) und seine Vorliebe für das Unbekannte, das in Batailles Meditationspraxis die Stelle der Meditation vor Objekten eingenommen habe. Statt auf Objekte projiziere Bataille sei-

ne Konzentration auf einen Punkt und richte den
Pfeil seiner Meditation auf einen atheologisch ab- B 715
wesenden Gott. Anlässlich des späteren Textes *Die Freundschaft*, der den Nukleus des zweiten Bandes der *Atheologischen Summe* bildet – ein Band, der auf Deutsch nicht wie im Französischen mit *Le Coupable*, also »Der Schuldige« betitelt ist, sondern ebenfalls mit *Die Freundschaft* –, wird die Frage der Technik von Batailles Meditationen aktualisiert. *Keine Ekstase ohne »Technik«*, schreibt
Mattheus dazu, *und als Autor einer Initiations-* M II 16
schrift macht Bataille die Konzession an den Leser, einige Grundprinzipien zu skizzieren, deren oberstes – in Anlehnung an durch Jean Bruno vermittelte klassische Yoga-Praktiken – das Heraustreten aus der Welt des Diskurses ist. Inneres Schweigen lasse sich erzielen durch die Konzentration auf den eigenen Atem, ferner mittels eindringlicher Worte oder Sätze (vergleichbar den tantrischen Mantras), *die die Ideenflucht und den Strom der Vorstellungen eindämmen helfen.*

Batailles Meditationen waren jedoch nicht vollkommen beliebig. Ebenso wie er sich überall freihändig bediente, teilte er Kritik nach allen Seiten aus – nicht nur am Christentum, das bei Bataille nach Nietzsche unter Dauerbeschuss steht. Bataille kritisiert auch andere zeitgenössische Leser hinduistischer Literatur wie beispielsweise Mircea Eliade, dessen Tantrismus-Beschreibungen in *Yoga, es-*

sai sur les origines de la mystique indienne von
AS II 30 1936 er rundheraus ablehnt. Aber auch der Hinduismus selbst wird für eine Haltung kritisiert, die
Bataille als Anbiederung an den Westen deutet. Dabei werde beispielsweise die Tradition des *Advaita*
AS I 33 *Vedanta, in dem Nietzsche einen Vorläufer erblickte,*
verschüttet. Bataille bekennt aber auch, dass ihm
entweder die *Naivität – die Reinheit – des Hindus*
[fehle], oder die schwächliche Vorliebe des Europä-
ers für exotisches Kolorit, um sich vollkommen in
diese Lehren einzufühlen. In der *Freundschaft* erinnert er sich dennoch an eine Begegnung mit einem
Hindu-Mönch, den er *eine Stunde gesehen* habe: *In*
AS II 62 *seinem rosaroten Gewand hatte er mir gefallen*
durch seine Eleganz, seine Schönheit und die glück-
liche Vitalität seines Lachens.

2. TAG oder *Die Theorie der Sensationen*

Der Tag der *großen Operation des Geistes*, der uns seit Beginn der Meditation angekündigt wird. Diese Operation, die Carrère auf seinem Retreat verpasst hat, weil er vorher abreiste, besteht in der Übertragung einer physischen Empfindung, die hier *sensation* genannt wird, von einem kleinen Körperfeld im Gesicht auf den gesamten Körper. Vom übersichtlichen Gesichtsfeld unter der Nase und über dem Mund spüren wir uns ins Nirwana des ganzen Körpers vor. Mit dieser Verschiebung wechselt auch der Träger oder das Medium der Meditation: von der Atmung zu den Sensationen, die mich die nächsten Tage beschäftigen werden. Die Sensationen sind ein Basiselement meiner Meditation, die von einer spontanen Aktivität physischer Empfindungen ausgeht. Als *actes gratuits* sind sie so spontan, wie Leibniz die Spontanität der Seele gedacht hatte. *They crop up*, sagt der Lehrer von seinem Tonband, sie entspringen uns wie Pilze aus dem Boden. Die Theorie der Sensationen geht davon aus, dass sich bei jedem Kontakt des Geistes

mit der Materie des Körpers Sensationen bilden – oder eben ausbleiben. Wenn ich meine Aufmerksamkeit auf die linke Schulter richte, entstehen dabei – oder bestehen schon vorher – Empfindungen, die ich benennen kann: Ist es im linken Ellbogen warm oder kalt, kribbelt oder vibriert etwas? Sobald ich auf diese Fragen antworte, entstehen Momentaufnahmen von Empfindungen, Polaroids von Sensationen – Polaroids, weil ich wirkliches Licht einfange und mit echten Sinnesdaten aus meiner physischen Wirklichkeit arbeite. Die fast ontologische Kehre der Sensation besteht darin, von der andauernden Aktivität von Empfindungen auszugehen und nicht von der Präsenz einer diskontinuierlichen Subjektivität, die die Empfindungen wahrnimmt und verwaltet. Diese Kehre ist auch bei Bataille zu vernehmen, der schreibt, die Sprache
AS I 28 würde *alles Leben an sich ziehen*, es existiere *kein Hälmchen dieses Lebens, das die ruhelose, geschäftige Menge dieser Wort-Ameisen nicht gepackt, herumgeschleppt und aufgehäuft hätte*. So wie die Wörter hier zu Ameisen werden, die auf der Haut meiner Empfindungen herumkrabbeln, verwandeln sich die Sensationen in spontane Sternschnuppen, die ich ebenso wenig beeinflussen kann wie den Schmerz in meinen Beinen, die länger stillsitzen müssen, als sie können. Ich bin nicht mehr das Zentrum meiner Sensationen, die Empfindungen kommen und gehen, wie sie wollen. Nicht ich nehme

die Welt wahr, sondern die Welt gibt mir Sensationen oder nicht. Nicht ich beatme die Welt, sondern die Welt erinnert sich an meinen Atem – sie spricht, mit Rilke: *Erkennst du mich, Luft, du, voll noch einst meiniger Orte?*, wie dieser im ersten Sonett im zweiten Teil seiner *Sonette an Orpheus* dichtet.

Bei meinem ersten Retreat vor einigen Jahren hatte mich die *Operation des Geistes* tief beeindruckt. Ich war mit starken seelischen Schmerzen gekommen und hatte den Eindruck, nichts nötiger zu haben als eine solche Operation, die hier live an meinem Seelenapparat durchgeführt wurde. Die Vorstellung beflügelte mich, endlich ein Sanatorium für meine ramponierte Seele gefunden zu haben. Beim zweiten Retreat komme ich weniger aus seelischer Not, sondern zur Stärkung; ich verstehe mittlerweile, dass ich diese Operation selbst durchführen muss und dass sie nur funktioniert, wenn ich sie ohne Schmerzmittel und bei vollem Bewusstsein, ja gesteigerter Wachheit (oder *schläfriger Luzidität*) durchführe. Man nähme einer Praxis, in deren Zentrum der Schmerz steht, ihr Herz, wenn man die Schmerzen narkotisieren und betäuben würde.

Auch nach der zweiten Operation, dem erneuten Übergang von Atem zu Empfindung, bin ich so erschöpft und ermattet wie nach einer wirklichen OP. Ich höre die Ansagen des Lehrers vom Tonband, die ebenso um die *Operation des Geis-*

tes kreisen wie Bataille um die Operationen der *supplice*, der Marter oder Folter in der *Inneren Erfahrung*. Mir rauschen wirre Gedanken durch den Kopf: Warum verwendet Bataille ausgerechnet in der *Atheologischen Summe* dauernd den Begriff der *opération* (die damals geläufige französische Übersetzung des Hegel'schen »Tuns«) – denselben Begriff, den auch der Lehrer verwendet? Und was würde passieren, wenn ich in diesem Text die Operation rückübersetzen und einfach von »Tun« sprechen würde, einem Tun des Geistes? Dabei ist die Sprache der Unterweisungen dermaßen schnörkellos und funktional, dass ich sie mit meiner inneren Stimme veralbere, ich äffe die Ansagen so nach, wie ich es einem Kind gegenüber tun würde. Als ich später in meiner Kammer meditiere, beginne ich, die Kahlheit der Ansagen auszuschmücken und zu dekorieren. Gegen Ende des Tages, als die Sensationen gleichförmiger werden sollen, werden sie bei mir immer chaotischer. Die Pilze der Empfindung schießen überall und nirgends hervor, ich erfahre schroffe Differenzen, Klüfte, Grate, Abhänge und Gefälle zwischen den Empfindungspunkten. Durch dieses zerklüftete Gelände meiner Empfindungen muss meine Aufmerksamkeit hindurch – und jeder einzelnen Formation einer Sensation dabei so gerecht werden wie ein Geologe den unterschiedlichen Gesteinsarten, die er durch seine Finger wandern lässt.

Batailles Sensationen

Auch die *Innere Erfahrung* entwickelt eine Theorie
der diskursabgewandten Sensationen und beschreibt Zustände und Empfindungen Batailles. Er
halte die *Glückseligkeit innerer Bewegungen* fest, AS I 167
angefangen von Glückszuständen bis zu mystischen Zuständen. Er beschreibt Zustände des Flie- AS I 156
ßens, ein *Strömen der Existenz,* das an den *flow* AS I 176
meiner Meditation erinnert, den ich praktisch nie
erreiche. Batailles plastische Sprache für die Emp- AS I 167
findungen zwischen Körper und Geist geht weit
über mein einfältiges Durchgehen der Sensationen
hinaus. Er schildert Zustände *von entwaffnender* AS I 177
Plastizität – meine sind so plastisch wie ein Blatt
Papier. Ich halte mich ernüchtert an die Empfeh-
lung meines Lehrers, man solle Sensationen haben,
wie man träumt. Bataille empfiehlt, man solle gegenüber den Sensationen gleichgültig sein und sie
nicht als Projekt verfolgen: Es handle sich um eine
authentische innere Erfahrung, die offensichtlich AS I 156
vom Projekt, vom Diskurs verschieden war. Entsprechend werden die *Ausbrüche ohne intellektuel-* AS I 177
len Inhalt durchaus als *Entgleiten* genossen.

Erstaunlicherweise spricht auch Bruno von Ba- B 716
tailles *sensations*, wie es im Original heißt. Er beschreibt detailliert das Abtasten von gröberen und
feineren Empfindungen, was laut Bruno der *Vijnana*
Bhairava entspreche, über die Bettina Bäumer

jüngst einen schönen Band publiziert hat. Die Meditation benötigt diese Punkte der Konzentration, weil der Geist sonst nichts hat, woran er sich festhalten könnte. Ohne Bewusstseinsinhalt erfährt der
AS I 164 meditierende Geist, wie Bataille schreibt, einen *dramatischen Selbstverlust* – in dem buchstäblichen Sinn, dass den Geist nichts hält, er keinen Unter-Halt mehr hat. Der Geist erhält in der Meditation keine Beschäftigung und soll sich auch nicht mit sich selbst beschäftigen. Kein *Cogito* und keine Körpersubstanz, nur irrlichternde physische Sensationen, die dem Geist fremd sind und die er nicht fassen kann. Auch ich muss lernen, nicht(s) mehr zu halten: Ich bin das Sandkorn, das zwischen keinen Händen rieselt. Meine Sensationen sind in einem Moment da, im nächsten verschwunden. Schlimmer noch als ihr Irrlichtern ist das schroffe Gefälle zwischen ihnen, die Löcher und Lücken, in die ich immer wieder tappe. Einmal ist eine Sensation im rechten Ellbogen da, doch im Unterarm ist sie schon wieder verschwunden – Abstürze in Abwesenheiten, vor denen der Geist nicht verweilen kann. Der Therapeut meiner Gruppentherapie spricht von einem *Verweilen bei den Phänomenen.* Während ich mit Batailles Horrorvisionen wenig anfangen kann, lie-
AS I gen mir seine Empfindungen näher. *Es genügt*, heißt
156–158 es in der *Inneren Erfahrung*, *in sich selber einen intensiven Zustand zu erwecken.* Er erwähnt *innere Vergegenwärtigungen* wie das *undeutliche Rieseln*

im Inneren des Kopfes. Diese Sensationen werden als *Zustände der Kommunikation* beschrieben, die *nur selten zugänglich* seien.

Batailles Bilder

Durch alle Texte der *Atheologischen Summe* hindurch werden Visionen und innere Bilder beschrieben: Das meditierende Ich wird zum Baum oder AS II 24
zur Flamme, meditiert vor schwarzen Wolken oder AS I 17
vor Engeln. Es schildert Selbstkonsum, tragische AS II 30–33
Zerrissenheit und Selbstopfer. All diese Motive zusammen erscheinen bereits in Batailles erster Meditation, der *Einübung der Todesfreude* – die Vorträ-
ge im Collège de Sociologie zu diesem Thema
untergliedern sich entsprechend in einen »Opfer-« CS
und einen »Todesfreude«-Teil. Die Meditation be- 627–636
zeugt nicht nur Batailles *tragisch-dionysische Exis-* M I 428
tenz, sondern legt als deren *Protokoll* auch die Pra- CS 624
xis seiner Meditationen offen. Beispielsweise wenn
er in den Meditationstext die *Kampfgeräusche* und
die *Gewalt des Kampfes* einfließen lässt, die sich T 241 f.
vollenden im Schweigen jeder Aktion. Batailles Bilder öffnen sich plötzlich wie Blüten zu kosmologischen Visionen von der *Weite des Himmels wie eine*
Ausschweifung kalten Lichts, das sich verliert. Und
sie kulminieren immer wieder im Motiv der sich
selbst verzehrenden Flamme: *Alles, was existiert,* B 717

wie es sich zerstört, sich verzehrt und stirbt – für Bruno ein Motiv der Immanenz.

Angesichts dieser Visionen überrascht es kaum,
dass Bataille seine Meditationen im *Bereich der*
AS I 208 *Bilder in uns* verortet. Auch Bruno hebt das Verfahren der bildlichen Projektion bei Bataille hervor,
erwähnt aber auch die diskursive Dimension von
B 708 dessen *stark verlangsamtem inneren Vortrag*. Die
Meditationstexte würden dazu dienen, das diskursive Denken anzuhalten, und zu einer *Starre verlei-*
ten. Entsprechend schreibt Bataille, *das Überleben*
AS II 142 *des Geschriebenen ist das der Mumie*. Dennoch
sieht Bruno die Besonderheit von Batailles Medita-
B 708 f. tionspraxis in der *emotionalen Heftigkeit* seiner
Bilder, die in gemarterten Chinesen, reißenden
Raubvögeln oder menschenfeindlichen Gebirgs-
landschaften bestanden. Diese Motive würden zu
den abwechselnden Stadien von innerem Schweigen und Frieden führen; sie würden ihn in eine
Auto-Hypnose versetzen, um dann einem *Glühen*
zu weichen. Gemeinsam sei diesen Bildern ihr ge-
walthafter Affekt, der sich schließlich gegen den
Meditierenden wenden könne. Bruno weigert sich
jedoch, diese *gewalthaften Themen* einer kranken
schwarzen Romantik zuzuordnen, zumal Bataille
im Verlauf seiner Meditationspraxis auch über ko-
B 711 f. mische Themen meditiert habe. In *einer meiner ers-*
OC V 517 f. / *ten »Meditationen«*, schreibt Bataille, habe er sich
M I 448 in einen riesenhaften Ganzkörperpenis verwandelt.

Später seien Bruno zufolge diese bizzaren Bilder
aus Batailles Meditationen gewichen. B 713

Batailles erotisch-esoterische Meditationen ka-
men nicht überall gut an. Die letzte Nummer von
Acéphale, in der die *Todesfreude* erschien, stieß aufgrund ihres apokalyptischen Tons und einer *atheis-
tischen Mystik*, wie Roger Caillois urteilte, auf Ab- M I 439
lehnung und Kritik. Sie brachen mit jeder heilsamen M I 435 /
Zweckgerichtetheit der Meditation und waren alles CS 625 f.
andere als Anleitungen zum Nachmachen. Für Bruno geht es in ihnen allein um die *Modalitäten und
Implikationen der Erfahrung*, weswegen er die Tex- B 719
te als *kleine Gedichte* und Gedankenstützen ver- B 713
steht, die bald überflüssig wurden.

Gegen Batailles Bildgewalt lehrt meine Meditation den Verzicht auf jede Vision. Meine Meditation ist so kahl wie die Tagesabläufe hier. Wir verzichten auf geistige Bilder, an die ich mich halten könnte und die mich von einer Körperstelle zur nächsten tragen könnten, wir verzichten auf jede Vorstellung, die die Lücken und Leerstellen meiner Empfindungen kaschieren könnte. Die Meditation ist kahl, es gibt hier keine Anhaltspunkte für einen Geist, der direkt auf seine Abwesenheit gestoßen wird. Die in-
tersubjektive Welt eines geteilten Sinns, Hegels *Sein
für andere*, die von Bataille immer wieder beschwo- AS I 62
ren wird, ist hier vollkommen abwesend.

Am zweiten Tag der Meditation geht es nur noch um die Sensationen. Aber worin besteht ei

gentlich eine Empfindung? Schließlich gibt es verschiedene Ansichten darüber, womit überhaupt meditiert werden soll, mit Wörtern oder mit Bildern? Hier grenzt man sich von einer visuellen Meditation ab, die sich mentale Bilder vor Augen führt; stattdessen soll mit physisch empfundenen Reizen meditiert werden. Später lese ich dafür irgendwo den Begriff des *body scan*. Es kommt mir so abwegig vor, meinen Körper zu scannen, wie mir die Ergebnisse mitzuteilen. Ich soll meine fadenscheinigen Sensationen nicht gedanklich bezeichnen, bevor sie sich eingestellt haben. Sie sollen nicht besessen werden, nicht einmal gedanklich. Sie verändern sich immer, *permanent change*, wie es vom Tonband heißt: *anicca, anicca* wird das hier genannt. Zwar werden die Sensationen sprachlich qualifiziert, sobald sie sich eingestellt haben – ich spüre ein Strömen im linken Ellbogen –, doch die sprachliche Erkenntnis darf der Sensation nicht zuvorkommen. Das Unbekannte, für das Bataille vehement eintritt, ist in meiner Meditation in der Unbekanntheit der Sensationen gegeben: Am Anfang der Meditation ist es völlig offen und ungewiss, was für Sensationen ich haben werde. Vielleicht auch gar keine. Die Unerwartbarkeit der Sensationen macht die Meditation zum *Ereignis*.
AS II 119 *Jedes Ereignis*, schreibt Bataille, *ist die Behauptung des Ungewissen, des Eventuellen*. Die Meditation ist eine Expedition ins Unbekannte meiner Empfin-

dungen. Ich weiß vorher nie, welche Sensation mich in einer Körperregion erwartet – und ich benötige Offenheit, um das Unerwartete und Unbe- AS I 194
kannte zu erfahren.

Die Prüfung der Sensationen

Doch die Meditation ist nicht nur ein Sprung ins Offene. Die Form des immer gleichen fragenden Durchgangs durch den Körper mildert die Begegnung mit dem Unbekannten ab. Die Variation der immerselben Frage: Welche Empfindung hast du – in der linken Schulter, im rechten Knie, an der Schläfe –, gibt der Meditation die Form einer Prüfung, wenn nicht eines *Verhörs*. Ich prüfe, ob hier OC VII 522 /
oder dort Empfindungen vorhanden sind oder M I 452
nicht; an jeder sensiblen Stelle des Körpers lege ich mir diese Frage aufs Neue vor. Die Sensationen müssen benannt werden, sie dürfen nicht im Namenlosen und Unkonkreten verbleiben, wobei es vermutlich weniger um die Benennung als um die Konzentration dabei geht – tatsächlich konkretisieren sich die Empfindungen bei mir erst, wenn ich nach ihnen frage. Weil die Meditation diesen sprachlichen Akt integriert, hat sie nichts mit einer Verabsolutierung der Sinnlichkeit oder einem umgekehrten Platonismus zu tun. Stattdessen erinnert mich der *body scan* an ein Fokussieren: Die Kame-

ra meines Sprachvermögens fokussiert so lange, bis ein Bild erkannt und ein Begriff für die Empfindung gefunden ist. Klick, weiter zur nächsten Sensation.

Wenn die Suche nach Sensationen eine Prüfung ist, dann weniger, weil sie penibel und unangenehm ist – sie ist mir unangenehm, weil ich an ihr scheitern kann: Ich klopfe an die Pforte meines Körpers wie Kafka an die Pforte des Schlosses. Und wie die Frage Kafkas penibel ist, weil er dort abgewiesen werden könnte und nicht eingelassen wird, so können mich auch meine Sensationen abweisen und draußen vor der Tür lassen. Bei mir verläuft diese Prüfung ungefähr so:

Welche Empfindung hast du im unteren Rücken? Keine.

Wirklich nicht? Nein.

Dann bist du eine Niete und deine Meditation ist gescheitert!

Es kann sehr peinigend sein, zwei Tage lang ohne Empfindungen dazusitzen und sich selbst beim Scheitern zuzusehen. Zu diesen unangenehmen Momenten kommt es immer wieder, es stellt sich immer wieder ein Gefälle zwischen verschiedenen Körperzonen ein, zwischen Anwesenheiten und Abwesenheiten, die mir keine Angriffsfläche bieten, sodass ich an ihnen abgleite wie an einer Betonmauer. Tagelang keine Empfindungen in der Brust. Ein anderes Bild, um das Ausbleiben der Sensationen oder das Steckenbleiben zwischen ihnen zu beschreiben, ist der Stau: Ich bewege mich mit flutschenden Sensationen mehr oder weniger rasch durch meinen Körper – und bleibe plötzlich irgendwo stecken: keine Empfindungen im linken Fuß. Ich stecke fest wie in einem Stau – der aber nicht von zu vielen, sondern von zu wenigen Sensationen verursacht wird. In diesem Moment hilft nur eins, da sind sich der Lehrer und Bataille einig: *Wir müssen hartnäckig sein*, schreibt Bataille, dann *erhöht sich die Intensität der Zustände, von da an nehmen sie uns voll in Anspruch und entzücken uns sogar.* AS I 29

Ob die Hartnäckigkeit nun zu Intensität und Entzücken führt oder nicht – irgendwann ziehe ich den Karren jedenfalls wieder aus dem Dreck. Langsam verstehe ich, dass Stau und Unfall nicht die Ausnahme des Verkehrs darstellen, sondern seine Regel – die darin besteht, dass derjenige, der nur an schnelles Durchkommen denkt und auf sein eigenes Fortkommen achtet, mit der größten Sicherheit die heftigsten Staus produziert. Wichtiger als rasch durch den Verkehr zu kommen und einen *flow* an Sensationen zu spüren, ist es, sich nicht aufzuregen und seine Gleichmut zu kultivieren – ja das Steckenbleiben im Körper als eine Aufgabe zu begreifen, als Modell- oder Testsituation, an der der Geist seine Ausgeglichenheit trainieren kann. In der Meditation geht es nicht darum, sich möglichst rasch

und geschmeidig durch die Empfindungen seines Körpers zu bewegen und jede Leerstelle zu vermeiden, weswegen man nicht wie Bataille von einem
AS I 159 *verfehlten Charakter der Erfahrungen* sprechen sollte. Erfahrungen können nicht verfehlt sein. Das ist die Differenz zum Verkehr: Während es im Verkehr tatsächlich um möglichst schnelle Fortbewegung geht, bei der die durchfahrene Strecke am besten verschwindet wie in einem Tunnel, ist beim Meditieren allein der Prozess von Bedeutung. Hier geht es nicht um die Geschwindigkeit von *flows*, die die Sensationen bezeichnen, als handle es sich tatsächlich um Verkehrsflüsse, sondern um die Erfahrungen des Weges, um die Reibungen und Verschleifungen bei der mentalen Bewegung durch den Körper. Um sie geht es ebenso wie um die Loshakungen und Berührungsverluste, die ich auf dem Weg erfahre. Immer wieder entgleist meine Meditation, weil ich an dies oder das denke, an die Vergangenheit oder an die Zukunft. Immer wieder muss ich mich auf meine Erfahrung besinnen, die in der Meditation im Zentrum steht. Oder wie der Gruppentherapielehrer einmal sagte: Das Leben ist kein Problem, das man lösen muss, sondern ein Ereignis, das es zu erfahren gilt. *Wenn der Mensch ein*
AS II 119 *Ereignis ist*, schreibt Bataille entsprechend, *ist das, was sich ereignet, keine Antwort auf eine Frage: es ist eine Frage, die sich ereignet.*

Gleichmut ist Schönheit

Ich lerne: In der Meditation geht es nicht um die Erfahrung der Sensationen, die Sensationen testen meinen Umgang mit ihnen. Daher ist nichts zu banal oder zu dumm oder geistlos, um mich auf die Probe zu stellen, damit ich diese Außenseite der Innenseite meines Geistes erfahre. Bei der Sensationssuche treffe ich all die Empfindungen an, die ich auch im Laufe eines Tages oder gar eines Lebens erfahre: Das Auf und Ab von Leere und Fülle, Freude und Enttäuschung, Löchern und Glückseligkeiten – bei denen es aber stets gilt, gleichmütig zu bleiben und die Gleichmut zu trainieren. Nichts wird hier mehr betont als die *equanimity*: Die Einübung und Einhegung meiner Reaktionen auf die Sensationen ist der eigentliche Sinn der Reise durch den Körper. Die Suche nach den Sensationen ist kein Selbstzweck, das dauernde Selbstbeobachten dient als Gleichmütigkeitstraining. Die Entwicklung von Gleichmut ist wichtiger als die Sensationen selbst; wenn ein Verlöschen oder Ausbleiben der Empfindung eine Aversion des Geistes auslöst, was bei mir andauernd der Fall ist, gilt es, die Gleichmut zu bewahren, anstatt frustriert der Sensation nachzujagen. Wenn ich im Stau stecke, führt mein Genervtsein zu Unfällen, während die Gleichmut entspannt. Wichtiger als die schwankende Präsenz oder Absenz von changierenden Sensationen ist es daher, die Mangelerfahrung auszubalancieren. Ich meditiere nicht, um Sensationen zu empfangen, die Sensationen dienen als Modell, um an ihnen meine Gleichmut zu erproben. Wenn ich im Kleinen gleichmütig bleiben kann, so funktioniert es hoffentlich auch im Großen: gleichmütig bleiben, wenn ich mich verlassen fühle etc.

Es erscheint mir wie ein Geschicklichkeitsspiel. In der Kindheit gab es auf Festen manchmal dieses Spiel, bei dem man mit einer Drahtschlinge nicht den Klingeldraht berühren durfte, der durch sie hindurchlief – berührte man sie doch, schellte es, und man musste von Neuem anfangen. Wie komme ich mit meinen Empfindungen ruhig und gelassen durch den ganzen Körper – beziehungsweise durch das ganze Leben –, ohne dass es klingelt? Wie bleibe ich vollkommen gleichmütig? *Gleichmut ist Schönheit*, sagt der Lehrer, was aus der Ethik der Meditation zugleich eine Ästhetik macht – Batailles Verachtung für die Ästhetik zum Trotz.

AS 11 126, 134 / CS 787–792

Ein Beispiel für die Ethik der *equanimity*. Ich meditiere in meiner Kammer. Draußen stürmt es, ich drehe die Heizung auf. Zu stark, sodass ich während der Meditation zu schwitzen beginne. Um diese unangenehme Empfindung verschwinden zu lassen, verspüre ich das Bedürfnis, die Heizung herunterzudrehen. Ich soll mich aber nicht bewegen, ich soll meinen Empfindungen nicht nachgeben, mich nicht an der Nase jucken und nicht die

Heizung herunterdrehen. Durch diese Differenz zwischen Ist- und Soll-Zustand wird eine winzige Kollision produziert; durch die Kollision spüre ich einen Impuls, den ich in der Regel gar nicht wahrnehmen würde, weil der Empfindung normalerweise sofort die Handlung folgen würde, in diesem Fall des Herunterdrehens der Heizung. Bei dieser blitzschnellen Aktion gibt es keine Wahl, keine Lücke zwischen einem Signal und dem entsprechenden Befehl. Es ist für uns selbstverständlich, die Sorge um uns so auszulegen, dass wir unseren Impulsen blind folgen. Doch vor der Handlung existiert die unsichtbare Membran eines geistigen Impulses, der mir das Herunterdrehen befiehlt. Diese Membran, dieser verschwindende Moment wird durch die Meditation – durch die Kollision zwischen Ist- und Soll-Zustand – plötzlich sichtbar und fühlbar.

Im Alltag reagiere ich derart eingeübt und impulsiv, dass der Impuls unterhalb der Schwelle meines Bewusstseins bleibt – ich sorge für mich, also mache ich, was meine Impulse mir sagen. Doch diese Impulse sind nicht immer gut, dummerweise sorgen derlei blinde Reiz-Reaktions-Mechanismen nicht nur für die positive Ausschaltung unangenehmer Empfindungen, sondern auch für blinde Reaktionen, die manchmal negativ sind, weil man sie nicht verändern kann. Manchmal sind sie sogar sehr negativ, zum Beispiel wenn wir auf Ängste und Traumata mit eingeübten Mustern und Schemata reagieren, die bisweilen verheerend sein können – und die umso verheerender sind, als wir ihre Blindheit und Unbewusstheit gar nicht bemerken. Wir sind unseren Automatismen und Triggerpunkten einfach ausgeliefert.

Die Meditation versucht, ins Betriebssystem der Triggerpunkte einzudringen und den Schülern beizubringen, die Dinge so zu sehen, wie sie sind. Ich habe Jahre gebraucht, um zu verstehen, dass es eine solche nicht-subjektive Perspektive überhaupt gibt – eine neutrale Perspektive, die die Erfüllung meines subjektiven Begehrens nicht als die Lösung, sondern als das Problem betrachtet. Wie sind die Dinge abzüglich dessen, was ich zu brauchen und zu begehren scheine? Meine Subjektivität verschließt mir die Augen vor dem, was ich bin. Ich müsste mich neben mich stellen und sagen können: Ich sehe mich und mein Verlangen. Stattdessen sorgt das subjektive Verlangen dafür, was ich überhaupt sehen kann und was nicht – am allerwenigsten mich selbst. Ich bin so blind und unsichtbar für mich wie der Impuls, die Heizung herunterzudrehen. Wie kann ich sehen, was ich bin?

Sehen, was ist

Bataille geht in seiner Kritik des Subjekts so weit zu sagen, dass jedes Handeln *den Schmerz beseiti-*

gen will und unser handelndes Selbst das schmerzende Selbst überschreibt. Wir handeln, um uns von (seelischen) Schmerzen und Triggerpunkten abzulenken. Auf die Erfahrung des Ausbleibens von Sensationen in der Meditation reagiere ich mit Enttäuschung. Auf die Angst vor Einsamkeit reagiere ich, indem ich aufstehen und telefonieren möchte. Und bei einem Schmerz möchte ich augenblicklich aufstehen und abreisen. Wie kann ich meine Triggerpunkte wahrnehmen, ohne instinktiv auf sie zu reagieren? AS I 24

Während einer Meditation landet eine Fliege auf meinem Kopf. Sie krabbelt umher und kitzelt mich. Normalerweise würde ich sie mit einer Handbewegung verscheuchen und sie vergessen. Nun lasse ich sie, wo sie ist und sage mir: Ich sehe, du möchtest die Fliege auf deinem Kopf verscheuchen. Und fort ist sie ... Manchmal wird auch ein Kitzeln auf der Oberlippe während der Meditation so stark, dass es sich anfühlt wie eine Fliege, manchmal sogar wie eine Wespe – die beide gar nicht da sind. Als ich sie mit der Hand verscheuchen will, ist keine da.

Es gibt dieses Thema der Fliege auch bei Bataille. Es illustriert den vernarrten Anthropozentrismus eines Menschen, der nicht sieht, was er ist. Immer wieder ist Bataille auf jene obskure Fliege auf der Nase eines Redners zu sprechen gekommen, die beispielsweise den Eindruck seiner Rede prägt,

OC V 457 ohne dass sie etwas damit zu tun hätte. Während er in seiner subjektiven Rednerperspektive eines absoluten Wissens aufgeht, prägt das Objekt der unwissenden Fliege seine Rede. Sie kommt von außen und stört frecherweise jedes festgefügte System, das Bataille nicht nur in *Menschliche Gestalt*, einem berühmten *Documents*-Artikel, mit Hegel assoziiert. Man habe sich *die Hegelsche Dialektik ausdrücklich dafür ausgedacht*, schreibt er, um die störende Fliege zu verscheuchen und *diese Operationen des Hinfortzauberns vorzunehmen*. Das philosophische System wolle von der störenden Welt ebenso in Ruhe gelassen werden und weiter funktionieren wie die verborgenen Regime, die mich beherrschen. Sie ignorieren die Fliege wie das gesamte Reale, sie sehen nicht, was ist, was ich bin. Die Fliege ist der blinde Fleck eines anthropozentrischen Systems, das für sein Fortbestehen konstitutiv ist – da war sich Bataille mit Lacan einig. Doch während er in den Jahren von *Documents* noch mit (visuellen) Strategien der Rebellion gegen diese Regime experimentiert hatte, schlägt er zehn Jahre später die philosophische Sichtbarmachung jener Antriebe vor, die für die Entstehung der Systeme sorgten – wie zum Beispiel den Schmerz. Zwar sei es verständlich, Schmerz zu verurteilen und ihn vermeiden zu wol-
AS I 168 len; doch *schwieriger ist es, sich zu sagen: Was in mir weint und verdammt, das ist mein Bedürfnis, in Ruhe zu schlafen, meine Wut, gestört zu werden.*

Eine erstaunliche Selbstdistanzierung – und eine überraschend buddhistische Analyse, die mit dem Prinzip der Desidentifikation genau das Durchbrechen von Alltagsmechanismen schildert, auf das es auch die Meditation abgesehen hat. Bataille wird diesen Durchbruch als souverän feiern und daraus eine philosophische Konzeption entwickeln: Souverän ist, sich nicht blind beherrschen zu lassen, sondern zu sehen, was mich beherrscht – nämlich meine banale *Wut, gestört zu werden.* Souverän ist, nicht einfach die Fliege zu verscheuchen, sondern mein Verlangen zu sehen, nicht gejuckt zu werden. Souverän ist, nicht blind auf seine Ängste zu reagieren, sondern diese Angst zu sehen. Allein dieses Sehen und diese Sicht sind souverän, sie unterbrechen verhängnisvolle Verkettungen und automatisches Alltagshandeln, dem es nur um kurzsichtige Schmerzvermeidung geht.

Darin weiß sich Bataille auch mit dem von ihm zitierten Nietzsche über die *stärkende Seite der Einsamkeit* einig, wie der 44. Aphorismus von *Jenseits von Gut und Böse* überschrieben ist. AS I 221 / KSA 5/61 Darin entwickelt Nietzsche eine Metapher für eine souveräne Operation: Einer souveränen Haltung gehe es nicht um eine einfache Abschaffung des Leidens; sie entwickle stattdessen ein *Auge*, wie Nietzsche schreibt, das den vordergründigen Schmerz als Symptom eines tiefer liegenden Affekts entziffert, weswegen die vordergründigen Symptome – Nietz-

sche erwähnt beispielsweise *Härte, Gewaltsamkeit,*
Sklaverei […], alles Böse, Furchtbare, Tyrannische –
ihren Sinn zur Sichtbarmachung für das *Auge* besä-
ßen. Wenn es diese unangenehmen Dinge in den
Blick bekommt, und erst dann, erscheinen diese
Symptome unseres Beherrschtwerdens – also oft
erst in der Krise, im Schmerz und in der Angst.
Kurz: in Exzessen, die auch *plötzlich hervortreten-*
AS I 168 *de Anzeichen dessen [sind], was die Welt in ihrer*
Souveränität ist. Die Meditation ist ein Exzess, an
Sensationen und Emotionen. Sie gibt mir meine
Angst und meine Panik, sie stellt mich mitten hinein in diesen Emotionsdschungel, damit ich darin
mit Nietzsches souveränem *Auge* die einzelnen
Pflanzen betrachten kann: die Schlingpflanzen der
Suche, die Kakteen der Wut, die Narzissen der Verzweiflung, aber auch die Orchideen der Überra-
schung und die Rosen der Freude. Gleichgültig, wie
schwach die neue Regung ist und wie stark die in
der Vergangenheit angehäufte Wut über die Mangelerfahrung – gegen die Übermacht des Alten hilft
nur der Goldstandard der Gleichmut.

In die Therapiesprache der Gegenwart übersetzt heißt das, dass Triggerpunkte früh gesetzt werden, weswegen es darauf ankommt, Handlungsoptionen im Hier und Jetzt zu erproben. Gegen die Übermacht des blinden Alltagshandelns hilft nur Meditation oder souveräne Rebellion – vielleicht sind sie identisch. Daher erscheint die blinde Sorge um

Zwecke für Bataille und Nietzsche gleichermaßen als erster Angriffspunkt der Souveränität: Wenn ich die Fliege verscheuche, ohne diesen Impuls wahrzunehmen, folge ich blind einem Zweck. *Bei dem, was ein Mensch sich vornimmt*, heißt es in der *Vorbemerkung* zur *Methode der Meditation* ein wenig AS I 231
kompliziert, *gewahre ich nichts, was sich nicht durch irgendeine Aufweichung auf ein subordiniertes Vorgehen reduziert (das sich einigermaßen von dem unterscheidet, das mich beschäftigt, das ein souveränes Vorgehen wäre)*. Folge ich dem Impuls, indem ich die Fliege verscheuche oder indem ich Beziehungen horte, habe ich keine Entscheidungs- und Wahlmöglichkeit. Ich handle *subordiniert*. Souverän wäre, wenn mein *Auge* sehen würde, dass ich Angst habe, allein zu sein. Bei meiner ersten Meditation wurden die Ängste so vernichtend, dass ich fast abgereist wäre. Ich breche augenblicklich in Tränen aus, wenn ich heute, Jahre später, an diese Angst denke. Und schäme mich noch heute, das zu schreiben.

Die Grausamkeit der Sensationen

Aber wie passt diese softe Interpretation Batailles, die ihn geradewegs in die aktuellen Achtsamkeitsdiskurse eingemeindet, zur Heftigkeit seiner Meditationen? Wie passt die achtsame Haltung zur dis-

ruptiven und gewaltgesättigten Sprache seiner
Texte? Tatsächlich schildert Bataille diverse grau-
AS II 55 same Visionen, seine Meditationen wollen das ab-
AS I 136 f. getrennte Individuum *zerbrechen* oder es *zerstören*,
sie sprechen von *Misshandlungen, die man sich*
AS II 32 *selber zufügt*. Sein berühmtestes Meditationsobjekt
ist das berühmte Foto eines gefolterten Chinesen,
das ihm 1925 von seinem Psychoanalytiker ge-
OC V 268 f. / schenkt worden war: *Ich betrachte gerade zwei*
M I 446 f.. Vgl. AS II 46, *Marter-Fotografien. Diese Bilder sind mir vertraut*
55, 64 / *geworden: eines davon ist dennoch so grauenhaft,*
OC V 139 f., *dass ich es nicht fertiggebracht habe. Ich musste*
268, 275 f. / OC VI 298 f. *mit dem Schreiben innehalten. Ich hatte mich [...]*
vor das offene Fenster gesetzt [...], kaum saß ich,
geriet ich in eine Art Ekstase. Ausgerechnet dieses
vielkommentierte Foto, bekennt er rückblickend in
den *Tränen des Eros*, habe in seinem Leben *eine*
TE 246 *ausschlaggebende Rolle gespielt: Dokument eines*
zugleich ekstatischen und unerträglichen Schmer-
zes, ist es mir nicht mehr aus dem Sinn gegangen.
Dennoch habe Bataille keinen *friedlichen* oder *har-*
monischen Zustand erreichen wollen, sondern eine
innere Glut.

Bruno erkennt in Batailles grausamen Visionen
dessen Methode der Dramatisierung, die das Ziel
verfolge, über den Verstand hinauszugelangen und
B 711 eine *dramatische Intensivierung* der Gefühle zu erzeugen. In theoretischer Perspektive lässt sich die
starke Gefühlsambivalenz auch in Verbindung mit

der Sakralsoziologie eines Collège de Sociologie bringen, das gleichfalls mit *schwindelerregenden* CS 788
Augenblicken von intensiver Präsenz experimentierte, wie Irene Albers schreibt. Diese *Präsenz* bestand nicht zuletzt in heftigen Depressionen, weswegen Bataille nach Auskunft Brunos von den Ritualen der Jesuiten über die Psychotherapie bis zum Zen alles praktiziert habe. Batailles Heftigkeit könnte kaum entfernter vom Gleichmütigkeitstraining der Meditation sein – selbst wenn er in *Sur Nietzsche* ein ganzes Kapitel über das *positive Nichts* der Zen-Teezeremonie schreibt. Dabei muss M II 122
Achtsamkeit heftige Gefühle nicht ausschließen. Auch meine Meditation ist heftig und disruptiv. Manche Schüler reisen ab.

Der Krieg im Kopf

Bataille meditierte aber nicht nur vor gefolterten Menschen. Er schreibt auch, dass der Mensch selbst *Krieg* sei. Was hat es mit der Verbindung zwischen AS I 54
Atheologischer Summe und Krieg auf sich? Und was hat Bataille zu einem derart radikalen Projekt gebracht, an dem er für die gesamte Dauer des Zweiten Weltkriegs festhält? Schließlich setzt das Ensemble der *Atheologischen Summe* 1939 mit den ersten Kriegshandlungen und der *Freundschaft* ein und endet fünf Jahre später im Jubel der Libération

AS III 390 mit *Sur Nietzsche*. Am Ende der *Atheologischen*
Summe wird der Krieg jedenfalls als Kampf der
Transzendenz des Faschismus mit seinem Führer-
AS III 207 prinzip und seiner *Mobilisierung der Transzendenz*
gegen jene Immanenz gedeutet, für die Batailles eigenes Schreiben steht. Die Negativität und Transzendenz des Faschismus sei eine Lüge, so heißt es
weiter, die durch den Zweiten Weltkrieg aufgedeckt
AS III 216 worden sei. Bei der Libération durch die Alliierten
erscheint es Bataille 1944 so, dass die Amerikaner
AS III 213 *das Sein in sich haben*, was ein Jünger oder Heidegger schwerlich hätte schreiben können.

In einem auf Youtube dokumentierten Seminar am Columbia Center for Contemporary Critical Thought erzählt Denis Hollier 2016, Bataille habe *Sur Nietzsche* unbedingt im Moment der deutschen Niederlage herausbringen wollen – das bei seiner Veröffentlichung 1944 eine Bauchbinde mit der Aufschrift *Die Niederlage Deutschlands ist der Sieg Nietzsches* getragen hätte.

Die Koinzidenz von Krieg und Tagebuch wird
OC VII 462 von Bataille immer wieder betont: *In vollkomme-*
ner Einsamkeit beginnt er in den ersten Kriegsta-
AS II 56 *gen* Die Freundschaft *zu schreiben*. Oder: *Seit der*
Kriegszustand besteht, schreibe ich dieses Buch.
Allein die Sitzungen des Collège de Sociologie, das sich am Vorabend des Krieges 1937 gründet und sich 1939 auflöst, bezeugen die Intensität des Nachdenkens über kriegerische Muster – die das

Collège, anders als die *historische Parallelaktion* CS 760
der Kritischen Theorie, vor allem in Ordensstruk- CS 189–210
turen und Geheimgesellschaften lokalisierte. Am
24. Januar 1939 hält Bataille einen Vortrag über
»Hitler und den deutschen Orden« im Collège. CS 428–434
»Bruderschaften, Orden, Geheimgesellschaften,
Kirchen«, wie ein Vortrag von Roger Caillois im
Collège 1938 betitelt war, hätten *das Herz des Col-* CS 189
lège de Sociologie ausgemacht, *den innersten Kern*
seiner Pläne, seiner Träume, ja seiner Existenz kommentiert Hollier, diese Themen seien *die geheime*
Kammer, der Glutkern der kommuniellen Gemein-
schaft dieser Soziologen. Tatsächlich arbeitet das
Collège an einer Art Archäologie des Faschismus,
die sich zwar für die Tiefenstrukturen von Bruderschaften und Armeen, Schamanismus und Opfer
interessierte, die sie aber am Tagesgeschehen des
Krieges aufhängte. Ein *Leitmotiv* der Debatten CS 177
nach dem Münchner Abkommen sei die Frage der
Einschätzung der liberalen Demokratie gewesen, ob
eine Demokratie überhaupt Krieg führen könne
oder ob sie *dem Krieg gegenüber wehrlos und dazu*
verurteilt sei, sich zu verleugnen, um sich zu vertei-
digen. Diese Debatten spiegeln sich auch darin in
den Debatten des Kriegsjahrs 2023, dass schon damals die Frage der Panzerlieferungen intensiv unter
den Kollegiaten diskutiert wurde – eine Frage, bei
der Bataille ebenso wie Simone Weil eine Position CS 193
des *Nicht-Widerstands* einnahm.

Zugleich schildert Bataille immer wieder, dass er die anschließenden Kriegsjahre im völligen Rückzug gelebt und meditiert habe. *Was mich im Krieg innehalten lässt*, notiert er an den Rand von
CS 180 *Le Coupable, ist ein Mittel beklommener Kontemplation. Das bleibt in mir mit einer Sehnsucht nach ekstatischen Zuständen verbunden.* Dabei stellt er nur selten eine direkte Korrespondenz zwischen Krieg und Meditation her, beispielsweise wenn er
AS II 72 von sich sagt: *Ich schreibe im Begriff, Paris zu verlassen, und Paris ist um acht Uhr morgens von einer Rußwolke bedeckt. Ich bin in einem Hotel des Zentrums, und es ist trostlos. […] Ich bemühe mich in der fünften Etage darum, mich in die Meditation zu vertiefen.* Wie lässt sich diese Simultanität von Krieg und Meditation entziffern, wie lassen sich diese infernalischen Daten und Texte heute inmitten von neuen Kriegen lesen? Wie lässt sich ein Bataille situieren, der sein philosophisches Hauptwerk zwar simultan zu einem Kriegsgeschehen schreibt, in das er jedoch nie direkt involviert wird und das selten direkt kommentiert wird?

Die gesamte philosophische Großoperation einer *Atheologischen Summe* ist am Rahmen der Kriegshandlung aufgehängt. Auf den ersten Blick wirkt es so, als habe sich ihr Autor mit dieser Theorie und mit diesen Praktiken einem Kriegsgeschehen entziehen wollen. Beide, Theorien und Praktiken, waren durch die gemeinsame Klammer der

Negativität verbunden: Denn als negativ, bezogen auf die Schöpfung, verstand die postidealistische Hegel-Interpretation Alexandre Kojèves, der Bataille seit dem Besuch der legendären Vorlesungen an der École Pratique des Hautes Études von 1933 bis 1939 folgte, nicht nur das Denken, sondern auch den Krieg. Als seien die diversen Gestalten des Entzugs des Denkens und der Entsubjektivierung seines Schreibens, die von Bataille in dieser *Summe* aufgeboten werden, eine Reaktion auf die gewaltige Negativität und Entsubjektivierung, die ein Krieg darstellt – und als werde dieser Entzug von der Praxis der Meditation auf die Spitze getrieben. Damit begegnen sich zwei Figuren der Negativität oder des Negativen: eine idealistische Figur der Negativität als Reflexion, die Bataille im Anschluss an den Collège-Teilnehmer Kojève verwendet; und die Besetzung der Negativität als Zerfall und Fäulnis, die Bataille in seinen Texten für *Documents* entwickelt hatte, wie Malte Fabian Rauch zeigt. Auf dem Retreat definiere ich die Negativität sowohl als Reflexion (die mir von der Umgebung verweigert wird) als auch als meditierenden Angriff auf die Negativität des Geistes.

Jemand fängt bei Kriegsbeginn an zu meditieren und meditiert sich durch den Krieg. Meditiert er trotz oder wegen des Krieges? Gewiss lässt sich Batailles Rückzug als das deuten, was seine Bücher (auch) waren: Rückzugsgesten innerhalb eines chao-

tischen, barbarischen und zerfetzenden Kriegsgeschehens. Doch so privilegiert er diesem gegenüberstand, waren Schreiben und Meditieren für Bataille
m I 458 nicht nur *private Übungen*. Neben der Aversion gegen die Autorität einer Übung steht bei Bataille die Rebellion gegen das Private; über den persönlichen Einsatz einer *Methode der Meditation* hinaus gibt es jedoch auch deren theoretischen, methodischen und politischen Einsatz. Denn diese Meditationen waren gleichzeitig auch das, was ihr Titel sagt: Methode und Medium, um gegen den gleichen Krieg – verstanden mit Kojève als heftigste, offenbarste und brutalste Form der Negativität des Geistes – anzukämpfen, gegen den Bataille auch in seiner Theorie kämpfte. Die Texte der *Atheologischen Summe* erscheinen als eine entsprechend radikale philosophische Praxis, die die eigene Form performativ mit einbezieht und nicht vor ihrer eigenen Zersetzung haltmacht. Diese performative Zersetzung des philosophischen Textes, die sich vor den Augen der Leser und Leserinnen vollzieht, löst dasjenige praktisch und performativ auf, was der Krieg für Kojève und Bataille in letzter Instanz bedeutete: Negativität. Hier sollte der Krieg nicht mit dem bekämpft werden, was ihn am Laufen hielt, nämlich mit der Maschinerie aus Negativität und Reflexivität, wie das aus Batailles Perspektive eine ganze kritische Intelligenz tat, sondern damit, diese Maschinerie *in sich selbst* anzuhalten – indem

man meditiert. Die *Kampfmaschine* der Meditation richtet sich mit der Negativität also auch gegen den Krieg.

Während ich diese Zeilen schreibe, meditiere ich nicht und halte die Maschinerie gleichfalls am Laufen. Lässt sich das Meditieren Batailles als gewaltloser Widerstand gegen den Krieg verstehen? Kann man entfesselte Gewalt mit Gewaltfantasien parieren? Man solle *dem Feuer überlassen, was* AS I 137 *nicht zu retten ist* – so überträgt der Übersetzer die von Bataille verwendete französische Redewendung *faire la part du feu*. Blanchot verwendet *La part du feu* 1949 als Buchtitel. *Wir können das Feuer, das das Feuer löschte*, steht im ersten Notizheft der *Methode der Meditation, immer wieder neu entfachen.* OC V 460 Das Feuer der Gewaltfantasie – unter anderem in der Meditation – löscht das Feuer der entfesselten Negativität des Krieges. Während ich über das löschende Feuer nachdenke, dämmert mir, dass Batailles Praxis weit über meine hinausgeht. Bei mir geht es nicht darum, *dem Feuer zu überlassen, was nicht zu retten ist*, oder den Krieg in meinem Kopf zu entfesseln, um den äußeren Kriegen in der Welt etwas entgegenzusetzen. Ich kämpfe allenfalls gegen meine Depressionen. *Inwieweit ist der Mensch im-* CS 624 *stande*, fragt Bataille 1938, *Depressionen in einem tonischen Sinne zu nutzen?*

Während ich mich frage, wie man eine individualistische Wellness-Meditation ins Soziale überfüh-

ren und als soziale Skulptur betrachten könnte, erinnere ich mich an Flávio de Carvalhos zeitgleich zu Bataille entstandene *Erfahrung Nr. 2, durchgeführt auf einer Fronleichnamsprozession. Eine mögliche Theorie und ein Experiment.* Carvalho ging 1931 auf die Straßen von São Paulo und bewegte sich gegen den Strom einer Fronleichnamsprozession, ohne dabei seinen Hut abzunehmen – eine einfache Geste, die empörte und gewalttätige Reaktionen seitens eines Publikums verursachte, das den Umzug beobachtete. Die Reaktionen sollen so heftig ausgefallen sein, dass der Künstler fast von einem aufgebrachten Mob gelyncht wurde. Was für ein Ungetüm ist eine Menschenmenge? Welchen Druck übt ein pulsierender Kollektivkörper auf diejenigen aus, die sich in ihm, außerhalb oder unterhalb von ihm befinden? Wie lassen sich heute die Kräfte dissidenter Körper mobilisieren? Im Anschluss an seine Bekenntnis zur Meditations-
TE 247 praxis präzisiert Bataille: *Bei dieser Gelegenheit entdeckte ich, dass die Gewaltsamkeit des Bildes eine bodenlose Bestürzung bewirkte. Diese Gewalt […] erschütterte mich dermaßen, dass ich eine Ekstase erlebte.* Wie sollte man diese Gewalt bei Bataille nicht mit dem Krieg in Verbindung bringen? Und wie seine dauernden Überlegungen zum *Op-*
AS I 137 / *fer* – das durch *Zerrüttung* der Kräfte befördert
CS 627–632 werde, die das Individuum überschreiten oder zerstören – nicht mit den unzähligen Kriegsopfern, die

in die (und die in der) Zeit seines Schreibens fielen?
Wie soll ich nicht nach Korrespondenzen zwischen
der Negativität des Krieges und den vielfältigen
Negativitäten Batailles suchen, die spätestens seit
seiner berühmten Formulierung einer *négativité
sans emploi*, einer beschäftigungslosen Negativität,
in einem Brief an Kojève erscheinen?

Die Austauschbarkeit von Krieg und Mystik
wird von der *Freundschaft* offen verkündet: *Ich
werde nicht vom Krieg sprechen, sondern von mys-* AS II 19
*tischer Erfahrung. Ich stehe dem Krieg nicht gleich-
gültig gegenüber. Ich gäbe gern mein Blut* [...].
Doch dieser Autor gibt nicht sein Blut. *Ich habe in
keinem der Kriege gekämpft, in die ich mich hätte* CS 180
einmischen können, schreibt er in einer Tagebuchnotiz vom 14. Juli 1941. Er schreibt stattdessen
vermehrt über seine irren Zustände, die unter anderem von *Augenblicken der Wildheit* hervorgeru- AS II 19
fen werden, *zu denen wir in der Nähe des Todes
gelangen*. Der Tod, in der idealistischen Interpretation Hegels wie Batailles die absolute Negativität,
erscheint bei Bataille nicht auf dem Schlachtfeld;
die realen Schlachtfelder verwandeln das Schreiben
dieses Autors in ein Schlachtfeld der Entsubjektivierung. Das Gemetzel des Kriegs zersetzt auch Batailles Werk, wie Blanchot ebenfalls in *Die uneinge-* DG 40
stehbare Gemeinschaft bemerkt. Im Verlauf der
Freundschaft werden die Einträge ins Denktage- AS II 74
buch sichtlich blutiger, während er das Elend des

Krieges schildert. Bataille versucht offenbar, den Krieg draußen vor der Tür mit dem Krieg in seinem
AS I 61 Kopf abzufangen oder auszubalancieren. Der äußere Krieg greift auf den inneren über und umgekehrt. Der Krieg wird zu einem Krieg im Kopf, der
OC VI 293 Effekt eines ungestillten Verlangens sei. Bataille meditiert vermehrt mit grausamen Bildern sowie angesichts der Angst, die ihn packt. Der Krieg wird zu einer Art Medium der Grausamkeit, das es ihm ermöglicht, seine grausamen Bilder im Kopf abzu-
AS II 77 rufen oder abzureagieren. Indem er die Meditation schreibt, schreibt er den Krieg. Er entfacht den Krieg in seinem Kopf und meditiert, kämpft, schreibt gegen den Krieg an: Die Meditation schreiben ist den Krieg schreiben ist den Krieg zerschreiben.

Der Krieg verdrängt die Meditation nicht, wie man erwarten könnte; ebenso wenig kompensiert die Meditation für das Leiden am Krieg. Hier flieht nicht jemand aus dem Kriegsalltag in den Frieden der Meditation – der Krieg ruft die Gegenoperation einer *Atheologischen Summe* zuallererst auf den Plan, jedoch ohne dass sie je kompensatorisch wird. Hier meditiert jemand nicht *trotz*, sondern *wegen* des Krieges, hier meditiert jemand angesichts der grausamen Bilder und der alltäglichen Angst. Auch wenn *Die Freundschaft* mit Kriegsbeginn einsetzt, auch wenn sie über weite Strecken aus Tagebuchnotizen besteht, ist dieses Denktagebuch doch nichts weniger als ein Kriegstagebuch.

Zwar drängen die Kriegsnachrichten im Verlauf
des Krieges vermehrt in den Text: *Ich beginne ein* AS II 69
*zweites Heft während der Nordschlacht […], die
Deutschen in Belgien und Holland*, trotzdem bleibt
der Krieg die meiste Zeit abwesend und hört nicht
auf, nicht zu erscheinen. Die Texte unterwerfen sich
dem Krieg nicht, sondern zersetzen die Negativität,
auf der er beruht. Plötzliche Kriegsschilderungen
aus der *traurigen und feindseligen Landschaft der* M II 110
Auvergne wirken daher umso überraschender. Und AS II 73 f.
am Ende von *Sur Nietzsche* drängt der Luftkampf
der Alliierten 1944 in den Text. *Meine Einsamkeit* AS III 210
bedrückt mich so, dass ich es nicht mehr aushalte –
so beschreibt Bataille die Banalität der Kampfhand-
lungen und die Rückzugsgefechte der Deutschen. AS 212
Die Waldlandschaft von Vézelay verwandelt sich in
einen Kriegsschauplatz. Die Freudenfeste zur Befreiung durch die Alliierten werden als Feier des AS III 216
durchbrechenden Lebens geschildert. Bataille gesteht: *Niemand ist empfänglicher als ich für diese* AS III 212
Art der Rührung.

Die Entdeckung der Vulnerabilität

Bedeutete der Krieg eine Art Therapie für Bataille?
Jedenfalls reklamiert er einen anderen Umgang mit
der Angst für sich als die Soldaten, wie verschiedene Beiträge im Collège de Sociologie wie »Die mys- CS 175–189

tische Armee« belegen. Seine Strategie, den Krieg
in sich zu entfachen, um dem Krieg draußen zu
AS II 70 begegnen, unterscheide ihn nach eigener Analyse
von den Soldaten: Während er seine Angst beob-
AS II 77 achte und mit ihr arbeite, würden die *Kriegsman-*
nen vor ihr fliehen. Diese Diagnose unterscheidet
sich nicht nur vom Bataille des Kriegsbeginns, der
Soldat und Krieg als Figuren der Verausgabung ge-
M I 431 f. feiert hatte. Entsprechend zustimmend hatte er zunächst Ernst Jüngers Schrift *Der Kampf als inneres*
Erlebnis von 1922 gelesen, die 1934 übersetzt
worden war. 1942 veröffentlichte Roger Caillois
zudem Auszüge aus dem Buch, verbunden mit dem
CS 180 Statement, dass darin *ein ästhetischer Sinn, ja ein*
lyrisch hochgestimmtes Gefühl für den Krieg und
sogar eine Mystik des Krieges als moralischer Im-
perativ, metaphysischer Wert, Trunkenheit und Ek-
OC V 540 *stase zum Durchbruch* kämen. Doch im Verlauf
des Krieges ändert Bataille seine Haltung: *Ich has-*
AS II 77 *se den Sinn derer*, heißt es in *Die Freundschaft*,
die ihn [den Krieg] um des Kampfes willen lie-
ben. Mich zog er an, weil er mir Angst bereitete.
»Kriegsmannen« sind solche Gefühle fremd. […]
Sie gehen voran, um die Angst zu vermeiden. Und
AS I 67 in der *Inneren Erfahrung* heißt es: *Der Schrecken*
des Krieges ist größer als der der inneren Erfah-
rung.

Dazu fällt mir das rustikale Bonmot Heiner Müllers ein, der einmal gesagt haben soll, Männer

würden auf zwei Weisen ins Leben initiiert werden: entweder durch den Krieg oder durch die Frau – ein Chauvinismus, der die Differenz zwischen Jünger und Bataille jedoch ziemlich genau trifft. Am Rand von *Le Coupable* notiert Bataille, er habe den *Krieg nicht geliebt* und sei *für die Art von Be-* CS 180
freiung, nach der er sucht, niemals empfänglich gewesen. Aber es ist nicht nur die Haltung zum Krieg, mit der sich Bataille von Jünger unterscheidet. Es ist auch sein Reaktionsmuster: Während Jünger vor allem die männliche Unverletzlichkeit gefeiert hatte, sind Batailles Texte umgekehrt von einer extremen Antastbarkeit und Verletzlichkeit gekennzeichnet; die beschriebenen inneren Zustände sind, ganz anders als die der Soldaten, extrem zerbrechlich und vulnerabel, sowohl physisch als auch psychisch. Bataille macht sich systematisch verletzlich. Er exponiert sich und stellt sich bis zur Lächerlichkeit bloß: *Ich schreibe all das in meinem Bett mit* OC V 520 /
einem grauen Flanellrock auf dem Kopf. Er zitiert M I 450
Nietzsche aus dessen späten Fragmenten: *Es scheint, wir wissen uns selber als allzu zerbrechlich,* KSA 12/79
vielleicht schon als zerbrochen und unheilbar. Nicht nur Nietzsche, der Protagonist einer vulnerablen und (selbst-)exponierenden Autotheorie, auch das Bild der Wunde und der Verletzung sind in der *Freundschaft* allgegenwärtig. In der Wunde, deren AS II 41
Wahrheit an ein blutendes Herz gebunden sei, öffne sich das Innere nach außen. In den Notizen zur

Methode der Meditation bezeichnet Bataille sein gesamtes Schreiben als *Ausfluss einer nie geschlos-* OC V 467 *senen Wunde*. Dabei ist die Wunde für Bataille nichts, was geschlossen werden muss, kein Problem, das gelöst werden soll. Sie ist ein Kanal und ein Medium der Kommunikation, weswegen man sich vor Wunden nicht schützen soll. Man soll sie verursachen und auf die Spitze treiben wie mit dem AS II 50 f. Bild eines Rasiermessers: *Ich wurde […] Tag für* AS I 131 *Tag etwas mehr im Innersten verwundet.*

Batailles innere Erfahrungen unterscheiden sich auch in ihrer Antastbarkeit durch andere vom *inneren Erlebnis* des Soldaten. Diese Zustände können nicht nur durch sich selbst, sondern auch durch einen anderen hervorgerufen werden, der sich einem nicht in kriegerischer Absicht zuwendet. Der oder die andere, das ist bei Bataille nicht wie bei Jünger der Soldat oder der Feind – es sind, man ahnt es, die ebenso kontroversen Figuren der nackten Frau oder des Mädchens, die auch durch die *Atheologische Summe* geistern und die zuletzt auch feministisch gelesen werden, etwa von Nadine Hartmann. Bei Bataille ist es die nackte Frau, die mich meines Blicks enteignet und ihn entsubjektiviert. Andere feministische Lektüren Batailles haben darauf hingewiesen, dass diese Figur in ihrer enteignenden Potenz sich von der Position eines dominierenden und ermächtigenden männlichen Blicks unterscheidet, wie er in pornografischen

Werken auftritt. Die entsubjektivierende Figur des oder der anderen, der oder die mich meiner Subjektivität entreißt, kann jedoch auch ganz anders besetzt werden – bei Judith Butler beispielsweise durch eine betrauerte Person. Dabei liegen diesem enteigneten Blick durchaus keine Erfahrungen politischer Enteignungen zugrunde, wie etwa bei diversen Schwarzen und feministischen Autoren und Autorinnen, bei denen sich politische Diskriminierungen in das Blickregime einschreiben. Bei Bataille erscheint wie bei Heidegger allenfalls der Tod als weitere enteignende Instanz: *Der Tod kann nicht* AS II 198 *angeeignet werden: er enteignet.*

Die Exposition der Meditation

Batailles Entsubjektivierung unterscheidet sich jedoch auch von Heideggers Angst – zwar ist sie ebenso weiß, männlich und privilegiert, doch ebenso radikal auf den Anderen bezogen wie bei Lévinas und Butler. Ich habe keine Kontrolle über meinen begehrenden Blick, mein Blick und mein Begehren sind mir entzogen, sie enteignen mich, ich werde ein anderer, wenn ich begehre. Das ist die Exposition, jener von Lévinas geprägte Begriff, der zugleich Ausstellung und Darstellung meint und der von Judith Butler in einem Gespräch folgendermaßen kommentiert wird:

Wie Sie wissen, verwendet Lévinas den interessanten französischen Ausdruck »exposition«. Damit ist das Ausgesetztsein gemeint, aber auch ein expositorisches Moment des Erklärens oder Demonstrierens. Was im Ausgesetztsein (exposure) demonstriert wird, ist diese grundlegende Abhängigkeit des Lebewesens von den Lebensprozessen und von einer Reihe lebenserhaltender Bedingungen. Wenn diese lebenserhaltenden Bedingungen zerstört oder entzogen werden, wie etwa im Fall der Prekarität – um diesen Begriff wieder aufzugreifen –, dann steigert sich das Ausgesetztsein: Ausgesetztsein gegenüber den Elementen, gegenüber allen Risiken, denen ein Körper ausgesetzt sein kann.

Auch die Meditation ist Exposition: Sie exponiert mich und setzt mich aus. Sie setzt mich nicht nur dem anderen aus, zu dem ich meditierend werde, sondern auch dem schmerzhaften Entzug der lebenserhaltenden Bedingung des Denkens. Es ist schwer zu ertragen, nicht zu denken; ich fühle mich verletzbar und antastbar, wenn ich nicht denke, wenn ich mich nicht denkend verteidigen kann. Bedeutet Denken immer Verteidigen? Wie sähe ein sich nicht verteidigendes Denken aus? Ohne mein Denken fühle ich mich entblößt wie ein weicher Mollusk; ein mit geschlossenen Augen meditierendes Weichteil, das man überall treffen kann. Und schreibend? Wie kann ich nicht verteidigend und vulnerabel schreiben, ausgesetzt *gegenüber allen Risiken, denen ein Körper ausgesetzt sein kann*? Alle Texte Batailles der Kriegsjahre tragen das Mal dieser Ausgesetztheit, die sich in der gleichen Bewegung in sie einschreibt, mit der sich die entfesselte Kriegsmaschinerie in die europäischen Landschaften fräste. Hier schreibt jemand, dessen Körper indirekt einem Kriegsgeschehen ausgesetzt ist, auf das er mit dem Aussetzen seines Geistes im Text reagiert. Wie kommt er, der sich wie ein Ertrinkender an Rhetorikregeln klammern muss, dazu, aus seiner Einsamkeit heraus wieder zu sprechen? Wie gelangt er aus der Vulnerabilität heraus zu jener neuen Sprecherposition, die in der *Atheologischen Summe* erscheint? OC III 526 / M II 64

Das Schreiben der Meditation

Der Krieg durchsetzt, er zersetzt das Werk. Zeitgleich zu Krieg und Meditation erscheint Ende der 1930er-Jahre ein neuer philosophischer Stil bei Bataille. Plötzlich erscheint eine philosophische Stimme, die nicht reflexiv ist und die aber dennoch aus dem Inneren eines zerfetzten Bewusstseins schreibt. Es ist eine meditierende Stimme – eine Stimme, die zwar nicht als kausale Folge, aber doch im Zusammenhang mit der Praxis der Meditation erscheint. Auch wenn zentrale Texte der *Atheologischen*

Summe bereits vor Einsetzen des Meditierens bei Bataille 1938 entstanden sind, dient die Meditation, neben der Erotik, zunehmend als eine Praxis, aus der heraus die Philosophie zersetzt wird: Die Meditation ist die Methode des philosophischen Hauptwerks – die paradoxerweise darin besteht, Erotik und Meditation nicht als Objekte zu betrachten, über die man schreibt, sondern subjektiv aus ihrer Perspektive zu schreiben. Seine *Methode der Meditation* dient Bataille nicht als Anleitung zur Bewusstseinserweiterung oder zur Behandlung seiner Depressionen, er verwendet die Meditation als Methode, um die Philosophie zu zersetzen und seine Theorie zu schreiben. Daher erstrecken sich Batailles Meditationen auch kreuz und quer durch die *Atheologische Summe* und sind nicht auf die *Methode der Meditation* begrenzt. Die Meditation ist eine Schreibszene des Hauptwerks. Bataille konstituiert sich als meditierender Philosoph, wobei die Meditation erst während der Kriegsjahre an die Seite der Erotik tritt oder diese ersetzt – weswegen es durchaus zu Vergleichen dieser Praktiken kam.

Der Erste, der die Bedeutung dieser Zäsur bei Bataille erkannte, war abermals Blanchot. Nach den gescheiterten Gruppenerfahrungen von *Acéphale* bemerkt er einen *Wendepunkt* bei Bataille, *der mit*
BG 40 *der Erfahrung des Krieges korrespondiert und eine Epoche beschließen wird*, wie es in *Die uneingestehbare Gemeinschaft* heißt. Bei Bataille gab es also

nicht erst den Philosophen, der anschließend das Meditieren erlernt, das sich zu seiner philosophischen Praxis hinzuaddiert; der Philosoph und der philosophische Stil Batailles konstituieren sich gleichzeitig und gegenseitig mit der Praxis der Meditation. Seine Philosophie entsteht in der Nähe einer Meditation, die offenbar auch ein Anlass war, sich mit Fragen der theoretischen Bewusstseins- und Subjektphilosophie zu befassen. Wie konstituiert sich das Bewusstsein? Wie kommen wir zu unseren (inneren) Erfahrungen? Und wie verhält sich eine andere Praxis des Bewusstseins wie die Meditation zur Philosophie?

Die Autotheorie der Erfahrung

Die Thematisierung und Situierung der Sprecherposition bietet eine weitere Möglichkeit, sich Bataille aus einer aktuellen Perspektive zu nähern. Zwar schreibt Bataille ebenso radikal subjektiv wie zeitgenössische autofiktionale Autoren und Autorinnen. Doch im Unterschied zu ihnen verwendet er nicht die Theorie als Zugang zum Selbst, sondern die Praxis der Meditation; und es geht auch weniger um Konstruktionen des Selbst als um Dekonstruktionen der Philosophie. Weil die Meditation als nicht-westliche Praxis Bataille einen Zugang zur Philosophie verschafft, kann sie aus dieser autotheoretischen Perspektive von innen zersetzt werden. Die Dekonstruktion eines Diskurses geschieht hier nicht wie in der Autofiktion; anstatt sich durch die politische Erfahrung der Marginalisierung einen Zugang zur Theorie zu verschaffen, sind es marginale innere Erfahrungen, die Bataille den Zugang zu einem philosophischen Diskurs verschaffen – und die die Frage nach dem Verhältnis zwischen Philosophie und Politik stellen.

Mit Einbruch des Krieges beginnt Bataille sein Denktagebuch *Die Freundschaft*, worin er, wie er
OC VII 462 nachträglich schreibt, *nach und nach eine heterodoxe mystische Erfahrung und gleichzeitig einige seiner Reaktionen angesichts der Ereignisse beschreibt.* Während er mit der Gruppe *Acéphale* vor dem Krieg noch versucht hatte, kollektiv ein anderes Denken zu praktizieren, ist Bataille in der inneren Emigration der Kriegsjahre auf sich allein gestellt. Der Effekt dieser neuen Aufhängung des Schreibens ist *Die Freundschaft*, das erste autotheoretische Projekt Batailles, in dem sich Theorie und Praxis, Schreiben und Leben, Reflexion und Erfahrung systematisch durchdringen. Nach einer bündigen Reduktion Kierkegaards und Kafkas auf deren *Angst* folgt sogleich der Schwenk auf einen Autor,
AS II 75 der systematisch fragt: *Aber ich selber?* Theorie und Praxis, eigenes und fremdes Denken werden systematisch durchlässig füreinander gemacht, sodass am Ende eine poröse und durchlöcherte Theo-

rie steht. In ihr geht es nicht nur um eine *Koexistenz von theoretischer und erzählerischer Sprache*, M II 43 sondern radikaler um ein gegenseitiges Durchdrungensein, um Permeationen. *Die beiden Texte*, OC III 492. Vgl. M II 27, 42 ff. schreibt Bataille beispielsweise zum Verhältnis zwischen *Madame Edwarda* und der *Marter* in der *Inneren Erfahrung*, *sind meines Erachtens eng miteinander verbunden, und man kann den einen nicht ohne den anderen verstehen.*

Das autotheoretische Programm wird im Verlauf der *Atheologischen Summe* immer deutlicher entfaltet, am radikalsten in *Nietzsche und der Wille zur Chance*, wie *Sur Nietzsche* im Original heißt. In diesen Texten, die haufenweise biografische Hinweise auf Schreibszenen enthalten – beispielsweise auf einer Böschung im Stehen oder auf einer Theke –, wie man sie auch bei Nietzsche findet, wird AS III 164, 168, 174 jeder Abstand haltende Diskurs *über* Nietzsche verabschiedet; Nietzsche als Objekt eines Schreibens wird zu dessen Subjekt: Nietzsche wird zum Medium eines Selbstzugangs und einer Selbstbegegnung. *Alles wird anders*, kommentierte Maurice Merleau-Ponty in *Sinn und Nicht-Sinn* einmal diese Verschiebung des Diskurses von der Objekt- auf die Subjektposition, *sobald eine Philosophie es sich zur Aufgabe macht, nicht etwa die Welt zu erklären […], sondern eine Erfahrung der Welt, eine Berührung mit der Welt zur Sprache zu bringen, die allem Nachdenken über die Welt vorausgeht.* Genau das scheint Bataille in der Einsamkeit, Angst und Depression von Vézelay geschehen zu sein: In diesen späteren Texten der *Atheologischen Summe* kommt es zu *einer Erfahrung der Welt*, zu *einer Berührung mit der Welt*, wie Merleau-Ponty später schreibt. In der beibehaltenen Tagebuchform kommt es zu einem autotheoretischen Schreiben, das Meditation und Reflexion, Bataille und Nietzsche vermengt.

Die Formen der Autotheorie

In der Meditation nehme ich eine ähnliche Vermischung und Vermengung wahr. Sobald ich von der Konzentration auf den Atem abkomme, strömt mein Gedankenfluss ohne Gefälle vom Alltäglichen ins Metaphysische, vom Emotionalen ins Transzendentale, von der Reflexion in die Banalität. Alle Formen vermengen sich – eine Vermengung, die Ba-
AS II 132 taille auch in seinem Privatleben feststellt: *Mein Leben ist ein Gemisch von allem: des Genießers und des Kreisels, des Luxus und des Abfalls*. Ich lese die *Atheologische Summe* als den Versuch, für diesen *Unreinen Diskurs* (Jean-Noël Vuarnet), dieses *Gemisch* eine (Anti-)Form zu finden und diese Un- oder Inform – Bataille hatte im berühmtesten Text von *Documents* selbst von *informe* gesprochen – gleichzeitig als philosophisches Argument einzuset-

zen. Ebenso wie zehn Jahre zuvor in *Documents* geht es in der *Atheologischen Summe* darum, die Idealisierungen der Schrift gegenüber der Wirklichkeit zurückzunehmen. *Was notwendig ist*, so skizziert Bataille den aggressiven Anti-Idealismus seines Projekts, *eine Schrift auslöschen, indem man sie in* OC V 506 / M I 451 *den Schatten der Wirklichkeit stellt, die sie ausdrückt*. Nicht die Schrift soll also die Wirklichkeit überformen, die nicht-menschliche Wirklichkeit soll hinter den anthropomorphen Idealisierungen wieder hervortreten, die bereits *Documents* demaskiert hatte. Durch den Begriff oder die Operation des *informe* sollen die Gestalten des Geistes, denen Hegel sein berühmtestes Buch gewidmet hatte, so *in*formiert und in ihrer Bildung behindert werden, dass sie überhaupt nie als Gestalt, Gedanke und Objekt des Geistes hervortreten wie in der Phänomenologie des Geistes. Doch während in *Documents* das Bild das Medium für Batailles Zersetzungen gewesen war, dient in der *Atheologischen Summe* der Text als Austragungsort des *zerfetzten Anthropozentris-* AS II 37 *mus*. Es entsteht ein ebenso einzigartiges wie hoch experimentelles Schreibprojekt, das seine medialen Grenzen herausfordert: Kann ich innerhalb der Schrift ihre Zersetzung praktizieren? Kann ein schreibendes Subjekt sich entsubjektivieren?

Im Verlauf der *Atheologischen Summe* entstehen neue Formen des theoretischen Diskurses. In der *Inneren Erfahrung* dominierten subjektive

Traktate, Reflexionen und Meditationen, philosophische Passagen wechselten mit Selbstreflexionen. In der *Freundschaft* tritt die Form des Tagebuchs deutlicher hervor, es handelt sich um Theorie im Medium des Tagebuchs, durchsetzt mit aphoristi-
AS II 40–54 / OC III 545–548 / M II 52 schem Schreiben und Lektüren, Gedichten und Gebeten, Traumnotationen und Seufzern. Dieses neue Medium der Theorie habe, so schreibt Bataille nachträglich, zu einer gewissen Euphorie geführt:
OC V 494 *Niemals hatte der Autor, der damals zweiundvierzig Jahre alt war, ein Tagebuch geführt. Aber indem er bald die geschriebenen Seiten vor sich hatte, nahm er wahr, dass er nie etwas geschrieben hatte, an dem er genauso hing, das ihn so voll und ganz zum Ausdruck brachte.* Trotz seiner Euphorie über die neue Form markiert Bataille auch die Differenz seines
AS II 146 zerfetzten Schreibens zum klassischen Journal, das unproblematischer erscheint als die Mühen der Autotheorie. Blanchot hat anlässlich der *Freundschaft* (mit der er auch persönlich angesprochen war) von
BG 40 *Notizen eines verstörten Tagebuchs* gesprochen, das *ohne Veröffentlichungsabsicht geschrieben wurde.*

Die Werklosigkeit der Meditation

Später wurde das nicht zur Veröffentlichung gedachte Schreiben Batailles von Blanchot auf den Begriff der Werklosigkeit gebracht. Dieses *désœuv-*

rement besteht in einem internen Changieren von Texten, die auf keine Form und keinen Typus festzulegen sind. Diese unreinen Textformen sind wie das philosophische Gedicht *L'Archangélique* nicht M II 106
immer leicht zu lesen. Rückblickend bezeichnet Bataille seine *Innere Erfahrung* als *Buch ohne Strenge* OC VIII 582 /
und als *Skizze des Denkens*. *Die Unordnung ist die* M II 90
Bedingung dieses Buches, heißt es in *Die Freundschaft*, *ihr sind in keiner Richtung Grenzen gesetzt*. AS II 40
Der *einzige Zusammenhalt* seiner Notizen bestehe AS II 71
im Thema des Todes.

Auf dem Meditationsgelände wird die Werklosigkeit ganz konkret ins Werk gesetzt. Jede Werkwerdung, jede Negativität des Geistes wird unterbunden. Die Schüler geben alle Werk-Zeuge und digitalen *devices* ab. Die Meditation entwerkt ein Bewusstsein, dessen erstes Werk seine eigene gegenstandsgebundene Repräsentation war. Sie entfernt alle Bestandteile aus dem Denken, die den Geist zu einem Werk machen – oder ihm dabei helfen, welche anzufertigen. Zwar darf es bei unserer Meditation keine Negativität und kein Werk geben – wohl aber Arbeit, wir sollen den ganzen Tag arbeiten, das heißt bis an die Schmerzgrenze meditieren. Bei dieser Arbeit ohne Werk, dieser *unproduktiven Verausgabung*, wie Bataille diese Produktion ohne Produkt nennen wird, entsteht kein Werk, in dem sich der Geist spiegeln oder repräsentieren könnte. Es gibt keine Repräsentation, nur Manifestation.

Auch Bataille verwirft das Werk, vor allem das
Kunstwerk. In den Jahren der *Atheologischen Summe* verzichtet er vollständig auf jeden Kunstbegriff,
der in den Jahren von *Documents* wenigstens noch
CS 792 ein *Schimpfwort* gewesen war. Michel Leiris hatte
in *Documents* geschrieben, Kunst sei *dieses schreckliche Wort mit einem Großbuchstaben, das man
nur mit einem Stift voller Spinnweben benutzen
sollte*. Dagegen wird die ästhetische Produktion
von seinem Text so verkörpert, wie ich die Sensationen verkörpere – oder sie mich. Jede Werkästhe-
tik, Bataille spricht vor allem von Architektur und
Plastik, erscheint wie in der klassizistischen Ästhe-
AS I 83 tik als *Harmonie*, die die Zeit zerstöre und auf ein
Projekt reduziere. Auch der Surrealismus habe, so
M II 163 lautete Batailles Kritik an der Bewegung Bretons,
dem Werk Priorität vor dem Sein gegeben; zur Souveränität gelange man jedoch nur durch seine radi-
kalere Ruinierung.

Mit der Form des Werks verwirft Bataille auch
das geistige Werk, das Buch. In der *Methode der
Meditation* wird Heideggers *Sein und Zeit* als
AS I 257 *Lehrbuch der Fabrikation* attackiert; in den Noti-
zen zum Buch distanziert er seinen profanen Be-
griff des Projekts von Heideggers emphatischem
OC V 473 *Entwurf*. Die Verachtung für Werk und Projekt des
Geistes wird schließlich auch auf sein eigenes Buch
ausgeweitet: Das Buch sei ein Projekt, das er nicht
AS I 85 abschließen könne, weil ihm die Ausdauer fehle –

wobei man aus der historischen Distanz anmerken muss, dass Bataille mit dieser Haltung ziemlich viele Werke abgeschlossen hat.

Batailles Infragestellung des Werks erscheint heute als historische Geste einer ästhetischen Avantgarde, die durch ihre Werklosigkeit unablässig neue Werke schuf. Nichts hat dieser Ästhetik dauerhaftere Plätze in den Museen verschafft als ihr Anspruch, keine musealen Werke zu produzieren. Nichts war produktiver, aus nichts ließen sich mehr Werke machen als aus dem permanenten Rückbau und der Dekonstruktion der Werke. Heute stehen wir am anderen Ende einer ästhetischen Moderne, deren Dialektik noch jede Werklosigkeit willkommen hieß, um sie in musealisierbare Ware zu verwandeln. Bataille hat diese Dialektik durchaus gesehen. Er treibt sie auf die Spitze, wenn er mit seinem Kronzeugen Proust darauf insistiert, dass in der Moderne nur das Unglück es noch erlaube, ein Werk zu schaffen oder wie Nietzsche zu philosophieren. Auch die ruinöseste Dichtung stelle noch etwas dar, das aufgehoben und assimiliert werden könne. Daher vermehre auch das destruktivste Gedicht noch den literarischen Schatz, weswegen der moderne Dichter diesen Schatz nur vergrößern könne. Allein die absolute Destruktivität AS I 211
Rimbauds und Nietzsches sei dieser Dialektik entgangen, weil sie ihre Werke aufgaben oder *verrückt*
wurden, was Bataille als Geste des Opfers deutet. AS I 209

AS I 217 Vor allem Nietzsches Wahnsinn wird als Selbstopfer interpretiert.

Mit ihren Werklosigkeiten hinterlassen Rimbaud und Nietzsche jedoch ein schwieriges Erbe: Wie soll man nach Nietzsche noch philosophieren, wenn eine Philosophie außerhalb des Systems nicht möglich scheint? Wie soll man nach Rimbaud dichten, wenn jede Dichtung das Unbekannte in Bekanntes verwandelt? Sind Philosophie und Dichtung *mit schlechtem Gewissen*, wie Bataille schreibt, die einzige Lösung? Oder kann man nach Nietzsche nur dann ohne schlechtes Gewissen philosophieren, wenn man Nietzsche *wird*, wie Batailles Lösung des Problems aussehen wird? Batailles Infragestellung des Werks kann heute leicht als Larmoyanz eines privilegierten weißen und männlichen Autors erscheinen, der weder auf ein Werk verzichtete noch verrückt wurde. Aber vielleicht ist die Geste der Infragestellung des eigenen Werks auch ein Ausschreiben der *Marter*: Bataille notiert die quälenden Gedanken, die sein Werk angreifen – und die man heute nicht lesen würde, wenn sie nicht Werk geworden wären. Dieser Autor versucht den Eindruck zu erwecken, nicht er habe sein Buch als Autor ge-
AS I 89 schrieben, sondern seine Leser: *Ich werde zum Handeln veranlasst*.

Die Architektur im Abbruch

Die disparate Unordnung seines Schreibens wird von
Bataille jedoch mit einem ontologischen Argument
verknüpft: Die Grenzenlosigkeit sei wahrhaftiger als
das Schreiben vollendeter Werke und entspreche der
Unabgeschlossenheit des Seins. Das fragmentarische
und aphoristische Schreiben sei *realer* und entspreche einer *objektiven Realität*. Weil seine Form der AS II 44
Unvollendetheit und Offenheit der Welt entspreche,
erhält das Fragment wie in der deutschen Früh-
romantik erkenntnistheoretischen Charakter. Die
Fragmente im Spiel demonstrierten, dass *das Reale*
keine Einheit besitze. Es sei *aus aufeinanderfolgen-* AS II 59
den oder nebeneinanderstehenden Bruchstücken
zusammengesetzt, und das *ohne unveränderliche*
Grenzen – weswegen auch seinem Buch *in keine* AS II 40
Richtung Grenzen gesetzt seien. Die Architektur seines Wissens könne sich *nach allen Richtungen hin*
entwickeln, kurz: *Sie wäre in ihrer Gesamtheit eine* AS II 59 f.
riesige Architektur im Abbruch, die sich zugleich im
Bau befindet.

Zur Vorwegnahme der Dekonstruktion kommt
ein atheologisches Argument hinzu: Ein atheologisches Schreiben müsse fragmentarisch sein, weil es
von keiner übergeordneten Autorität geordnet wer- AS II 44
de. Die Folge sei nicht nur die Unordnung des Buches, sondern auch die Verwirrung und Unab- AS II 40
schließbarkeit des Diskurses. Das Abräumen der AS II 48

theologischen Autorität des Diskurses führt in allen Texten der *Atheologischen Summe* zu einem Zusammenbruch der inneren Ordnung des theoretischen Diskurses, dessen Formen haltlos ineinanderstürzen: Philosophische Passagen und Selbstreflexionen, Zitate, Tagebuch und Gebetsformeln gehen haltlos ineinander über, eine Reflexion über die *Phänomenologie des Geistes* am Ende der Ge-
AS III 114 f. schichte geht übergangslos in ein dreiseitiges Gedicht über. Bataille senkt seinen schreibenden Formwillen ab und erhöht gleichzeitig die transzendentale Ballhöhe seiner Texte. Die Texte der *Atheologischen Summe* wagen das Abenteuer, Schrift und Wirklichkeit, Theorie und Praxis, Philosophie und
OC VII 522 / Empirie nebeneinander stehen zu lassen. *Während*
M I 452 *ich dieses Buch schrieb*, heißt es nachträglich, *geschah es, dass ich vor Angst erstickte. Die Notwendigkeit, es zu schreiben, war die eines – endlosen, bis zur Erschöpfung gehenden – polizeilichen Verhörs.*

Beim *polizeilichen Verhör* denke ich zunächst an mein meditierendes Selbstverhör: Welche Empfindung habe ich an der linken Schläfe? Welche im unteren Rücken? Später wird mir klar, dass die Sensation der Schläfe jede äußere Vorstellung ebenso unterbindet wie Batailles nichtrepräsentierende Schrift. Diese Schrift löscht jedes Werk ebenso konsequent, wie meine Meditation das Werk des Gedankens abwürgt. Die Konsequenzen dieser Werklosigkeit sind in den ersten Skizzen der *Freundschaft* zu besichtigen: undeutliche, verwackelte und doppelt belichtete Skizzen, von denen man kaum sagen kann, ob sie Reflexion oder Introspektion sind, Selbstgespräch oder Gespräch, Theorie oder Praxis, Philosophie oder Autobiografie, Notiz oder Werk. Bei Nietzsche kommentiert Bataille ein aphoristisches Schreiben, das *nach Einfällen [verfuhr], in* AS I 45 *alle Richtungen seine Fähigkeiten ausspielend, sich an nichts bindend, immer wieder anfangend, nicht Stein auf Stein setzend.*

Batailles Werklosigkeit, diese *theoretisch-autobiographische Liaison*, wie das neuere autobiografische theoretische (oder autotheoretische) Schreiben von dem Band *Der Einfall des Lebens* bezeichnet wird, lässt sich also durchaus als *gut nietzscheanisch* beschreiben. Bei Nietzsche und Bataille lässt sich jedoch nicht nur eine *autobiographische Wende der Theorie* erkennen und von Autobiografie sprechen, sondern wie die Autoren dieses Bandes zu Theorie und Autobiografie schreiben: von Autotheorie. In der Autotheorie werden nicht Theorien über das Persönliche geschrieben, es wird als Person theoretisch geschrieben. *Der Name Nietzsche*, heißt es in Derridas *Otobiographien, ist vielleicht heute für uns im Abendland der Name des einzigen, der von Philosophie und Leben, von Wissenschaft und Philosophie des Lebens mit seinem Namen, in seinem Namen ge-*

handelt hat. Der einzige vielleicht, der seinen Namen – seine Namen – ins Spiel brachte und seine Biographien.

Derrida bringt Bataille in seinem berühmten Aufsatz *Von der beschränkten zur allgemeinen Ökonomie* ebenso wenig mit Nietzsche in Verbindung wie Foucault, wie Denis Hollier in einem Seminar am Columbia Center for Contemporary Critical Thought 2016 bemerkt. Dabei lässt sich Derridas Zitat noch auf die Spitze treiben: Mit Nietzsche kommt nicht nur das Selbst in die Philosophie, die Philosophie liefert Nietzsche zuallererst den Zugang zu einem Selbst, das er im autotheoretischen Schreiben des *Ecce Homo* zerschreibt. Die Autotheorie schreibt sich mit dem Mittel und Medium eines Selbst, das kein Gegenstand seiner Erfahrung ist, weil es diese erst ermöglicht. In dieser irgendwie apriorischen Verankerung der Selbstschreibung liegt vielleicht am ehesten die Differenz zwischen Autofiktion und Autotheorie: Während die Autofiktion ein literarisches Genre ist, in dem der Zugang zum Selbst durch eine marginale Sprecher:innenposition vollzogen wird, ist es in der Autotheorie entsprechend die Theorie, die zum Medium eines Selbst wird, das sich zum Schreiben selbst ermächtigt. Der Zugang zum Selbst erfolgt beispielsweise in der feministischen Autotheorie nicht durch Fiktion, sondern durch Theorie, wie unter anderem Lauren Fournier bemerkt. In der Autotheorie wird das schreibende Ich jedoch nicht verborgen oder verschleiert wie im Großteil der Theoriegeschichte, sondern drängt sich umgekehrt wie bei Nietzsche und Bataille in den Vordergrund – was aber nicht den Effekt hat, dass das schreibende Selbst sich finden würde und die Theorie zum Medium einer Selbstfindung geriete, im Gegenteil: Die Theorie führt umgekehrt zu einem Selbstverlust, indem ein Ich zum Material einer Theorie wird, die es zerschleißt und zerreibt. Statt zu einem festen Selbst tendiert die Autotheorie zu einer Form des Werdens, wie Kathrin Busch bei einem gemeinsamen Autotheorie-Seminar sagt. Weil das autotheoretische Ich fortwährend *wird*, weil es ständig zum anderen wird und sich verliert und entsubjektiviert, sind Autotheorie und -fiktion auch nicht als eine Rückkehr zum Subjekt zu werten, was nach den Diskursen über den Tod des Autors naheläge: Es sind fiktionale und theoretische Erforschungen eines Selbst, das derzeit so intensiv durchleuchtet wird wie lange nicht mehr.

3. TAG oder *Die Atheologie der Abwesenheit*

Das Blickverbot sorgt dafür, dass ich mein Schauen in den Meditationspausen beobachte und überwache. Ich wende meinen Blick nach innen. Mein Blick schließt mich ein und nicht aus. Ich bemerke, dass mein Blick nach den Meditationen an der Welt zu haften scheint und mich nicht von ihr distanziert. Die Beschaffenheit meines haftenden Blicks hängt von der Qualität der vorhergehenden Meditation ab – davon, wie hartnäckig ich meditiert habe. Es gibt Momente, in denen ich nach der Meditation in die Welt hinaustrete – und sie liegt so ursprünglich, makellos und klar da, wie ich sie noch nie gesehen habe. Diesen Blick bemerke ich besonders beim Spazieren im Wäldchen; er sagt mir, wie blind zweckorientiert meine sonstigen Blicke sind – und dass es noch einen anderen Blick auf die Welt gibt. Doch dieser Blick ist ungeheuer fragil und zerbrechlich; sobald ich wieder mit einem begehrenden Pilzsucherblick durch den Wald streife – also nur eine unmerkliche Umstellung vornehme –, verschwindet die Gegend. Die Spannung und Öff-

nung des Blicks sind wie weggezaubert, plötzlich ist
mein magisches In-der-Welt-Sein dahin. Was den
Blick bricht, sind winzige Veränderungen der Per-
spektive auf die Welt. Sofort will ich die Literatur
nach verschiedenen Poetiken des Bodens und der
Bodenberührung durchsuchen. Eine künstlerische
Variante sind *field recordings*, wie ich sie in Daniel
Wolters Ausstellung *Humussphärenreservat* in der
Uckermark sah, der mit Sensoren im Boden die
Erde schreibt. Bataille beschreibt Spaziergänge im
AS II 29 Krieg, auf denen die Landschaft zur Kriegsland-
schaft wird. Die Gewalt liegt schon in der Berüh-
rung zwischen Blick, Boden und Schrift. Wie ge-
waltsam muss das Bewusstsein der Welt der Schrift
einmal in den naiven Kinderblick einbrechen, der
noch nichts davon weiß, dass seine Welt von Buchstaben überschrieben werden wird? Damit endet
KSA 4/31 Nietzsches »Unschuld ist das Kind und Vergessen«,
wie es im *Zarathustra* heißt. Um den unschuldigen
Blick zu schützen, werden hier in den Speisesälen
Schrift, Beschriftungen und Poster für die Dauer des
Kurses verhängt. Strenge Blickregime beherrschen
die Szenerie: Besonders die Blicke zwischen den getrennt meditierenden Geschlechtern werden reguliert, durch Sichtblenden und Stellwände, Vorhänge
und blinde Scheiben – das Repertoire der Dispositive der Blicklenkung ist groß. An den Ausgehberei-
chen der Frauen und Männer sind jeweils Sicht-
streifen angebracht, die den Blick ins andere Lager

verhindern. Doch je mehr diese Blicke gelenkt werden, desto gieriger werden die Blicke auf die andere Seite. Das Begehren des Blicks wird durch die Dispositive ihrer Lenkung nicht nur gesteigert, sondern vielleicht auch erst hervorgerufen. Man könnte die Kulturen unterscheiden in solche, die im Blick noch eine aktive Kraft sehen, und solche, die es nicht (mehr) tun. Schon nach wenigen Tagen ertappe ich mich dabei, den verhinderten Blickkontakt zum anderen Geschlecht durch minimale Transgressionen wiederherzustellen. Ich linse an einer Absperrung vorbei wie durch jenes Loch im Zaun, durch das wir als Kinder die entblätterten Gäste der nahe gelegenen FKK-Badeanstalt erspähten.

Die Disziplinierung des Blicks

Ab einem bestimmten Tag wird den *old students* das Privileg zuteil, in einer der Meditationszellen meditieren zu dürfen, die abseits der großen Halle auf die Meditierenden warten. Hier kann ich nicht einmal mehr die anderen Meditierenden sehen, fühlen und hören; ihre stärkende Präsenz ist verschwunden. Nur noch ich allein. Die Architektur dieser Zellen treibt die Disziplinierung des Blicks auf die Spitze. Eine kleine Schachtel, eine Box von der Größe einer Umkleidekabine. Ich meditiere *inside the white cube* – der das Sehen nicht verbessert, sondern verbietet. Wenn die Glühlampe aus ist, dringt nur wenig Licht durch den Türspalt in die Zelle. Die mir zugewiesene Box Nr. 15 befindet sich in der Nähe eines Fensters, was ein wenig mehr Tageslicht in die abgedichtete Zelle eindringen lässt – und den Eindruck beim Heraustreten verstärkt: Welches Licht mich plötzlich übergießt! Welche Pracht eines Herbsttages!

Tatsächlich erweist sich die Zelle als weniger furchteinflößend als erwartet. Vorher kann ich mir nicht vorstellen, in einem solchen Ding zu meditieren, das allen Assoziationen an andere Zellenarten freien Lauf lässt. Ich stelle mir die Architekturgeschichte dieser Box vor, die historischen Verbindungen zur Gefängnis- und Klosterzelle, die alle ähnlichen Zwecken dienen: der Reinigung, Durchleuchtung und Läuterung der Seele. Und ich denke an die in die Erde eingelassene archaische Isolationszelle, eine *Chillahona*, die die Künstlerin Saodat Ismailova bei der 59. Biennale von Venedig 2022 in einer gleichnamigen Video-Installation gezeigt hatte. Ihre *Chillahona* bezog sich auf zentralasiatische unterirdische Zellen – sie bestanden aus drei Ebenen und befanden sich meistens auf Friedhöfen, neben den Gräbern der Heiligen. Vor diesem Video im Gewimmel der Arsenale überkommt mich spontan die Lust, in dieses wespennesthafte Gefäß hineinzukrabbeln und dort zu bleiben.

Der christliche Existenzialist Gabriel Marcel hat
der *Inneren Erfahrung* das *trübsinnige Auf-der-* M II 85 /
Stelle-treten eines Häftlings bescheinigt, *der seine* OC V 474
Zelle durchmisst. Tatsächlich schreibt Bataille, die
innere Erfahrung sei auch *in einem Gefängnis oder* OC VI 288
in einem Lager möglich. Im Verlauf der *Inneren Er-*
fahrung kommt Bataille auch immer wieder auf
das (freilich umgekehrt gelagerte) *Gefängnis* der AS I 87
diskursiven Existenz zu sprechen, auf den *Kerker*
des Ichs, der in der Meditationszelle gerade durchbrochen werden soll. *Das entschlossene Subjekt*
sucht sich selber, schreibt er dann in der *Methode*
der Meditation, *verabredet sich mit sich selber in* AS I 260
einer günstigen Dunkelheit. Und so verwundert es
nicht, dass Bataille sich inmitten von Klostermau-
ern imaginiert, sich *als Mönch sehend und gerettet* AS I 85
vor dem zerrissenen, diskursiven Leben.

Einem alten Tagebucheintrag entnehme ich, dass ich 2018 in einer Kirche in Florenz meditierte. *Später am Abend*, notierte ich an einem Septemberabend, *kehre ich mit dem Bus aus Fiesole zurück. Ankunft an der Piazza Santissima Annunziata. Als nach der Abendmesse die Besucher aus der Kirche Santissima Annunziata herausströmen, gehe ich hinein – und beginne dort zu meditieren. Was unterscheidet die Meditation vom versunkenen Gebet, sind sie nicht wie Schwestern? Falle ich den Mönchen des Servitenordens auf, die mich sicher nur so lang in der leeren Kirche knien lassen, weil sie glauben, ich sei in ein Gebet versunken? Jedenfalls stülpt die Meditation die Innerlichkeit des Gebets nach außen: Es gibt weder Gott noch Ich in der Meditation, es gibt keinen (leidenden) Leib. Ich taste einen Körper nach seinen Sensationen ab, nach einer Materialität der Seele, die sich nicht innen, sondern außen findet: kein Denken, sondern ein Fühlen des Außen, ein Atmen weder außen noch innen, ein Fühlen im Raum, (s)ich als Außen erscheinen lassen. Was wäre das Christentum anderes als dieser Atem, als dieser Leib, für dich (und mich) gegeben?*

Ende der Notiz. Ich knie in einer Kirche – aber nicht um zu beten, sondern um zu meditieren; Entleerung eines Rituals, dessen Bedeutung ins Gleiten gerät. Die Bedeutung der Geste verwandelt sich vom christlichen Kniefall, der ein Hinknien und Niederknien *vor* ist, zum buddhistischen Knien, zum Kniesitz der Meditierenden – und tatsächlich meditiere ich stets im Knien. Beide Gesten werden verdoppelt und gespiegelt, als ich in Santissima Annunziata auf einer Gebetsbank meditierend knie und kniend meditiere. Ist die *Innere Erfahrung* nicht eine materielle Wiederholung des Christentums vor dem Hintergrund eines ausgehöhlten Bekenntnisses? In der gleichen Bewegung, in der die christliche Lehre immer weiter entleert wird, werden ihre Rituale nach außen gewendet und exteriorisiert. Eine solche Materialisierung geschieht auch

in einer *Inneren Erfahrung*, deren Innenraum keinen Gegensatz zu einem Außenraum darstellt, sondern ein indifferentes Innen ohne Gegenüber, ein Innen ohne Innen, ein Kreis ohne Umriss und ohne Zentrum. Die *Innere Erfahrung* konstituiert einen neutralen Raum, der weder Subjekt noch Objekt ist: ein egalisiertes Außen. *Der Wind von draußen*, AS II 159
heißt es in der *Freundschaft*, *schrieb dieses Buch*. Als der Wind von draußen mich anweht, werde ich aus der Kirche geworfen.

Die Ablehnung der Askese

Die Frage des mönchischen Lebens erscheint an dieser Stelle nicht zufällig. Auch die Gemeinschaft der Meditierenden beruht auf strenger Askese: Enthaltsamkeit der Blicke, Trennung der Geschlechter, vegane Ernährung. Für Bataille ist die Askese ein gro- AS II 32
ßes Thema, zu dem er eine ambivalente Haltung einnimmt. Einerseits werden die Effekte der Askese bestätigt: *Ich leugne nicht*, heißt es in der *Inneren Erfahrung*, *dass die Askese der Erfahrung günstig* AS I 38–41
sei. Ich betone es sogar. Die Askese ist ein sicheres Mittel, sich von den Gegenständen zu lösen: sie tötet das Begehren ab, das an den Gegenstand bindet. […] Die Askese als solche hat für viele etwas Anziehendes und Befriedigendes; wie eine vollendete Meisterung, die zugleich die schwierigste ist: die

Beherrschung seiner selbst, all seiner Triebe. […] Natürlich sagt man: kein anderer Ausweg. Alle sind sich einig in einem Punkt: keine sexuellen Exzesse. Und fast alle in jenem: absolute Keuschheit. Doch ebenso entschieden wie die Bestätigung der Effekte der Askese fällt deren philosophische Kritik aus:
AS 138 *Aber das heißt im gleichen Atemzug, aus der Erfahrung einen Gegenstand zu machen (man tötet das Begehren nach den Gegenständen nur dadurch ab, dass man dem Begehren einen neuen Gegenstand anbietet).* Und: *Durch die Askese verurteilt sich die Erfahrung dazu, den Wert eines positiven Gegenstands anzunehmen. Die Askese postuliert die Erlösung, das Heil, die Besitzergreifung des begehrenswertesten Gegenstands. In der Askese kann der Wert nicht allein die Erfahrung sein, unabhängig von Lust und Schmerz: es ist stets eine Glückseligkeit, eine Erlösung, die wir uns zu verschaffen versuchen.* Kurz: Die Extreme der Erfahrung sind für Bataille eher im Exzess zugänglich als in der Askese. Seine Kritik der Askese signalisiert aber auch eine Distanz zu den Bemühungen der Meditation oder besser: zur Meditation als Bemühung – schließlich ist die Askese die größte Mühe und Arbeit der Meditierenden. Dabei weicht seine Kritik sowohl von der buddhistischen als auch von der christlichen
AS 136 Meditationspraxis ab, der er die *Bequemlichkeit eines Projekts* bescheinigt, *an das man nicht wirklich glauben muss.* Für meinen Geschmack ähnelt

die buddhistische Verurteilung des Verlangens der AS I 184
christlichen Selbstverneinung des Fleisches, die schon von Nietzsche angeprangert wurde.

Bruno bestätigt Batailles kritische Haltung gegenüber der Askese. Er spekuliert darüber, ob die gesteuerte sexuelle Energie die inneren Erfahrungen beschleunigen könne – und ob Bataille in der Einsamkeit von Vézelay den Sex durch Meditation
ersetzt habe. In einer von Bruno zitierten Stelle aus B 718
der *Freundschaft* schildert Bataille, wie er sein sexuelles Begehren im Wald durch die Meditation
stillgestellt habe. Zwar *neutralisiere* die Meditation B 718 /
das sexuelle Begehren, wie Bruno schreibt. Doch AS II 39
verschwände es nicht und ließe sich mit der Meditation
tation in Einklang bringen. Brunos Vermutungen B 719
decken sich mit Batailles historischer Einschätzung der Meditation. Am Ende der *Atheologischen Summe*, als die Meditationserfahrungen in den Hintergrund treten, deutet Bataille die Meditation als Abstraktion und Kompensation sinnlicher Erfahrungen: *Meditationsthemen ersetzten die wirkli-* AS III 65
chen Orgien. Jede spirituelle oder mystische Erfahrung kompensiere sinnliche Erfahrungen, indem sie wie das Projekt die Gegenwart der Zukunft unterwerfe; mit diesem Schritt, der Verfolgung eines Zwecks wie Heil oder Glück, werde sie jedoch zu einem Niedergangsphänomen. Denn auch der Meditierende *arbeitet an seinem Heil* und dient *der* AS III
langen Arbeit der Erlösung, auch der Meditierende 66–68

hänge *am Köder des Heils*. Und am Heil hängen
nach Batailles Einschätzung auch hinduistische
Praktiken, die das Meditieren zum Projekt werden
lassen. Dort gebe es keine Dramatisierung und
AS I Überschreitung, eher Unterschreitung und Imma-
166–168 nenz. Auch bei orientalischen Kulturen sei die
Transzendenz nicht an Szenarien der Überschrei-
tung gebunden, nicht an Liebe und Leidenschaft.
AS I 39 Wenn alles Leiden individuiere, sei das Heil *für die
Buddhisten Nichtindividuation*.

Die Abwesenheit der Anstrengung

Aber was schlägt Bataille vor, wenn buddhistische
und christliche, religiöse und philosophische Praktiken für ihn gleichermaßen inakzeptabel sind? Ihm
bleibt die Kunst, das heißt, die Leidenschaft, *die ein*
AS I 39 *Mensch aufwendet, um jedes Abgleiten zum Ganzen, zum Heil, zur Möglichkeit eines Projekts abzu-
weisen*. Bataille schlägt vor, das Leiden zu affirmieren und in den *Abgrund* zu blicken, ohne hinein-
zustürzen. Genau das geschehe in der Kunst. *Wir*
AS III 185 *könnten nicht ertragen*, schreibt er, *dass er [der
Schmerz] uns trifft, wenn er uns ganz und gar über-
raschte*; *daher haben wir die [Abgründe] der Kunst,
denen wir uns hingeben in der Lektüre, im Schauspiel, oder, wenn wir begabt sind, indem wir schaffen. […] Dieser privilegierte Zustand – den Proust*

später geteilt hat – ist der einzige, in dem wir ganz
und gar auf die Transzendenz des Äußeren verzich-
ten können, wenn wir ihn akzeptieren. Das Modell
dafür sei *Nietzsches Umgang mit dem Schlimmsten*, AS III 185 f.
die *Idee der ewigen Wiederkunft*, die Bataille als Effekt der Affirmation, als Liebe zum Abgrund deutet.
Für ihn, heißt es über Nietzsche, *hatte der unendli-*
che Widerhall der Wiederkunft *einen Sinn: den einer*
unendlichen Akzeptanz des gegebenen Schreckens.

Gegen den Vorwurf der bemühten Meditation
und des erarbeiteten Heils bietet Bataille Nietzsches strahlende Mühelosigkeiten auf. Er zitiert aus
Ecce Homo, wo Nietzsche bekannt gibt, dass er
sich nie bemüht hätte: *Es ist kein Zug von Ringen* KSA 6 /
in meinem Leben nachweisbar [...]. Etwas »wol- 294 f. /
len«, nach Etwas »streben«, einen »Zweck«, einen AS III 68
»Wunsch« im Auge haben – das kenne ich Alles
nicht aus Erfahrung. Auch für Bataille ist klar: Nur
wenn man sich nicht bemüht, kann etwas Souveränes entstehen. Die profanen Ekstasen der Immanenz, die Nietzsche und Proust vorgelebt hätten,
seien nur unter absoluter *Abwesenheit der Anstren-* AS III 186
gung, jedoch in der radikalen Akzeptanz allen Leidens möglich gewesen. Auch die Teilnehmer einer
Diskussion über Bataille sind sich einig, dass man AS III 296
die Ekstase nicht anstreben könne. Im von Bataille
beschriebenen *theopathischen Zustand*, über den AS III 187 f./
auch sein Übersetzer Gerd Bergfleth schreibt, wird OC V 464
die Abwesenheit der Bemühung sogar zum Siegel

der profanen Erleuchtung: *Ich ging erst vor kurzem*
AS III 188 *zur Theopathie über: was die Einfachheit dieses*
neuen Zustands betrifft, so dachte ich sogleich, dass
das Zen, Proust [...] ihn gekannt hätten. [...] Die
Momente der Einfachheit scheinen mir Nietzsches
»Zustände« auf die Immanenz beziehbar zu ma-
chen. Nach dem Modell der Ekstasen der Ewigen
Wiederkehr müsse man jede Heilssuche verweigern
und jede Unterordnung der Gegenwart unter die
Zukunft vermeiden, um *so wenig wie irgend mög-*
AS III 77 *lich dem Gegebenen unterworfen zu sein.*

Das Begehren des Blicks

Auf meinem Retreat stellt das Gegebene vor allem die Unterwerfung unter ein strenges Blickregime dar. Wie kann ich sehen, ohne zu blicken, wie kann ich (über-)leben, ohne andere anzublicken? Blicklos setzen wir uns den gesenkten Blicken der anderen aus. Ich blicke (nicht) und ich werde (nicht) angeblickt. Dennoch schweifen meine Blicke im Raum, als würden sie etwas wollen, etwas begehren, das außerhalb meiner Kontrolle liegt. Ich blicke ganz automatisch auf diese Weise, ohne darüber nachzudenken – wie ich eine Fliege verscheuche oder einen Schmerz beseitige. Diese Fernsteuerung meines Blicks macht mich stutzig. Welchem Risiko setzt er mich aus? Wie kann er mich verletzen, und wie andere? Ich achte hier auf jeden Blick. Wie ich auf die Dialektik meines Begehrens achte, beobachte ich auch die Ambivalenz meines Sehens. Dabei wird mir klar, dass in meinem Blick eine gewisse Bedürftigkeit liegt. Ich bin bedürftig danach, einen Blick zu erhaschen, der sich mit meinem verbinden und so etwas wie eine Gemeinsamkeit entstehen lassen könnte – eine Gemeinsamkeit, die meine Einsamkeit beendet. Immer wieder schweift mein Blick auf die andere Seite der Meditationshalle, wo die Frauen weit entfernt sitzen, immer wieder versuche ich, ihren Blick zu erhaschen. Als mich einmal zufällig zwei weibliche Blicke gleichzeitig streifen, erröte ich und senke meinen Blick.

Das Thema der begehrenden Blicke wird von den Abendvorträgen wiederholt. Dort geht es nicht nur um eine Unterbindung des aktiven Denkens, sondern jeder Form von begehrendem Handeln. Solange ich weiter blicke, halte ich die Begehrensspirale am Laufen, mehr noch: Meine Blicke führen mir mein Begehren vor Augen, das zu kontrollieren ich hergekommen bin. Durch die Konzentration der Meditation kann ich plötzlich meinen begehrenden Blick sehen, mein Verlangen danach, meine Einsamkeit zu beenden. Wenn ich einen solchen Blick werfe, zeige ich mich mir selbst als einsam – egal, ob ich es wirklich bin oder nicht. Möglicherweise bin ich gar nicht einsam, sondern es geht mir gut und ich brauche niemanden. Doch mein Blick zeigt mir etwas anderes, und dadurch verletzt er mich, er setzt mich als unvollständiges und bedürftiges Wesen. Er zeigt mich mir immer als bedürftig und begehrend. Solange ich weiter blicke, werde ich weiter bedürftig sein. Was mich in meinem Blick verletzt, ist nicht das Angeblickte, es ist mein Blicken selbst. Mein Blick verletzt mich – in der Tiefe, in die er dringt und aus der er kommt. Jedes Verlangen schlitzt mich innerlich auf.

In der Gruppentherapie agiert eine Teilnehmerin vor meinen Augen ein Drama des Blicks aus. Sie möchte sicherstellen, dass während ihrer Therapiesession der Blickkontakt zum Therapeuten nicht abreißt – er darf auf keinen Fall abreißen! Das Thema reißt mich mit. Der Therapeut erklärt, dass Blickthemen in die früheste Kindheit weisen, in der Babys vermehrt über Blicke kommunizieren. Mir ist klar, dass ich eine Mutter gebraucht habe, die (aufgrund ihrer Gehörlosigkeit) immer ihren Blick anbietet. Wurde der Blick abgewendet und mir kein Blick und keine Kommunikation angeboten, so war das mein Tod. Die Tiefe der Verletzung ist keine Tiefe des Raums, sondern eine Tiefe der Zeit; es ist eine alte Verletzung, so alt wie ich selbst. Ich blicke, weil ich bedürftig bin, weil ich brauche – und ich brauche so lange, wie ich blicke. Es ist das Verlangen, das mich verletzt, nicht seine Ungestilltheit. Würde mein Blick erwidert werden und mein Verlangen gestillt, wäre ich zwar für einen Mo-

ment erleichtert, doch nicht für lange. Daher zeigt mir mein Blick keine Lösung meiner Einsamkeit, er ist Teil des Problems. Er ist kein Vermögen, sondern ein Unvermögen, ein gegen mich gerichtetes Einfallsrohr für Verletzungen, eine Lücke, eine Öff- AS II 43
nung, ein Riss. Bei Bataille signalisiert er ein Ungenügen und eine Unabgeschlossenheit. Mein Blick ist nicht aktiv, sondern passiv, er lässt mich etwas OC III 526 /
erleiden: *Ich erlitt, was ich schrieb.* M II 64

Die Ansprachen des Lehrers, denen wir erschöpft Abend für Abend lauschen, machen unsere vertrackte Lage mehr als deutlich. Ich höre die von Bataille kritisierte Kritik des Begehrens und ein Lob der Askese – auch des Blicks. Ich höre jedoch auch die Lehre von Praktiken, die mich in die Lage versetzen, mir mein eigenes Begehren vorzuführen und es zu beobachten. Denn mein Blick verbrennt mich, so wie Bataille in der *Freundschaft* schreibt, er würde *verbrannt* schreiben. *Avec ma main brû-* AS II 30
lée j'écris sur la nature du feu, lautet der Satz von Flaubert, den Ingeborg Bachmann in *Malina* wiederholt. Der Grund für das, was mich in meinem Blick verbrennt, liegt also in mir. Mein Blick ist heillos. Er zeigt mir die Heilsabwesenheit nicht außerhalb, sondern innerhalb. Er sehnt sich nach etwas, das es nicht gibt, jedenfalls nicht in etwas Erblicktem. Doch weil es unerblickbar ist, zeigt mir mein Blick nur Abwesenheit – und verweist mich zurück auf meine Bedürftigkeit. Aber wenigstens

kann ich diesen bedürftigen Blick jetzt sehen. Ist das die Exposition, die Ausstellung, von der Lévinas gesprochen hatte, sich keiner Öffentlichkeit ausstellen, sondern sich selbst? Seinen Blick ausgraben, eine Archäologie des Blicks?

Ich betrachte weiter mein Blicken in die Halle. Was ist das für ein Blick in mir? Natürlich könnte ich mich einfach dadurch aus der Affäre ziehen, dass ich sage: Wieso, ich schaue einfach, was los ist, wer da ist, *no big deal*. Aber das stimmt nicht, ich schaue nach mehr – ich schaue, wer da ist, damit jemand etwas für mich tun kann – etwas Wichtiges, Lebenswichtiges. Das, was aus mir blickt, ist der suchende Blick des Kindes, aus mir blickt ein bedürftiges Kind. *Das gottlose Kind*, kritzelt Ba-
OC V 458 taille in den Notizheften, *ohne Vater, allein in der Welt*. Was sucht mein Kinderblick? Meinen Vater? Meine Mutter. Ich habe sie gerufen, doch der Ruf wurde nicht erhört. Weil meine Mutter nur Blicke empfing, war ich auf ihr stummes Erwidern meines Blicks angewiesen. Mein Blick war mein Nabel zur Welt, ein unerwiderter Blick war tödlich. Nur wenn sie zurück blickte, konnte ich weiter leben. Blickte sie nicht, musste mein Begehren ungestillt bleiben und ich musste sterben. Mein Blick schaut, damit ich gerettet werden kann. Die Rettung ist hier schnell bei der Hand: Ich sollte einfach das Blick-Kontaktverbot befolgen. Das Verbot nimmt mir nichts, es schützt mich vor meinem eigenen

Blick – auch wenn der Autor der *Freundschaft* überzeugt ist, dass nur derjenige eine Freundschaft mit sich selbst pflegt, der die Verletzung affirmiert, anstatt sich durch Verbote selbst zu überlisten und zu schwächen.

Das Lob der Lücke

Abends wird den Schülern die Lehre der Meditation verabreicht. Wir sollen uns aus den blinden Reiz-Reaktions-Mechanismen befreien und zum *Master of the moment* werden. Doch ich soll das Begehren nicht einfach abweisen, was der christlichen Entsagung gleichkäme; die Meditation soll mich dazu befähigen, mein Begehren zu *sehen*. Ich soll die Gleichmut nicht nur in den negativen Situationen bewahren, wenn ich keine Sensationen empfinde und mein Begehren nicht erfüllt wird, sondern auch in den positiven, wenn mein Begehren nach Sensationen gestillt wird. Der *free flow* soll ebenso wenig mit Freude begrüßt werden wie die ausbleibende Empfindung mit Enttäuschung; beiden sei mit derselben Gleichmut zu begegnen, um nicht wieder von der Erfüllung des Verlangens abhängig zu werden. Ich soll meinem Begehren nicht nachgeben, um meine Abhängigkeit nicht zu bedienen; stattdessen soll ich einen Moment gleichmütig im Negativen verharren, um das Verlangen und die Abhängigkeit von seiner Erfüllung zu sehen.

Das ist der Clou der Meditation, den ich erst beim zweiten Retreat verstehe: Ich soll auch negative Lücken an Empfindungen als Positivität begreifen; ausbleibende Sensationen sind für die Meditation nicht negativ, sondern ebenfalls positiv und anwesend; ebenso wichtig wie die Sensationen sind die Lücken an Empfindungen, die sich beim Durchgang durch den Körper immer wieder einstellen wie Matschlöcher im Boden. Ich stapfe immer wieder in diese Löcher. Sie sind unangenehm, weitaus fieser als Donna Haraways glorifizierte *Wesen aus dem Matsch*. Bataille demonstriert an einer Stelle, wie buchstäblich und materiell man diese Metapher vom Matsch der Leerstellen verstehen kann. Und zwar spricht er einmal von den
Schlammlöchern, in denen ich mich vorwärts bewe
AS III 158 *ge*. Ein anderes Mal beschwört er einen in Flammen
aufgehenden Wald, in dem sich die *Kommunikation*
AS III 135 *der beiden Wesen [...] in dem süßen Schlamm vollzieht, der ihnen gemeinsam ist*. Kurz: In diesem Schlamm, an diesen Löchern und Lücken soll sich die Meditation schulen. Sie geht nicht über die peinigenden Lücken hinweg oder kaschiert sie mit vi-
AS I 208 suellen oder sprachlichen Bildern oder mit einem Proust'schen Impressionismus. Sie zeichnet die Ränder der Löcher an Empfindungen klar. Wie Hegels Geist bei seinem Anderen, dem Tod verweilte, ver-

weilt der Geist in der Meditation bei den Lücken der Sensation. Die Schüler werden angewiesen, bei ihnen ungefähr zwei Minuten zu verweilen, um zu warten und zu erfahren, ob nicht doch eine Sensation spürbar wird. Kommt sie nicht, geht man weiter zum nächsten Körperpunkt, um später auf die taube Stelle zurückzukommen, die aber nie in etwas Positives oder Angenehmes verwandelt werden soll. *If you experience an absent spot*, spricht der Lehrer, *go on smilingly to the next part of the body*.

Die Lücken der Meditation fühlen sich aber nicht lächelnd, sondern enttäuschend an. Wenn ich keine Empfindung spüre, ist das anstrengend und nervtötend. Es ist ebenso frustrierend, wie keine Antwort auf meine Blicke zu erhalten. Doch darum geht es: Die Meditation ist die Mikroebene für die Makroebene meines Lebens, der Umgang mit meinen Sensationen in der Meditation übt meinen Umgang mit den gleichen Sensationen in der Welt. Nur wenn ich es schaffe, in der Meditation das Ausbleiben an Sensationen nicht zu erleiden, sondern zu beobachten, vermag ich auch das unbeantwortete Flehen meiner Blicke in der Welt beobachten.

Die Schule der Sensationen

Das ist die Frohe Botschaft der Meditation: Es gibt keine Löcher im Leben, die dich schlucken könnten, jedes Loch ist eine Empfindung, die du beobachten kannst. Weil die Meditation in einer vollendeten Positivität stattfindet, innerhalb von Sensationen, zwischen denen es nur Abstufungen, aber keine Abwesenheiten gibt, beinhaltet sie eine Theorie der fröhlichen Differenz: Wie jedes Zeichen bei Saussure eine Differenz zu einem anderen bildet, weicht jede Empfindung von einer anderen ab, jede Empfindung existiert nur in Abweichung von der anderen, ohne dass es eine Nullstelle gäbe. Jede Abwesenheit von Empfindungen ist in der Meditation selbst eine Positivität, etwas Anwesendes und Seiendes. Daher ist die Schule der Empfindungen zugleich ein Strukturalismus der Sensationen.

Einmal bemerkt der Lehrer, man solle bei den Lücken der Sensationen immer wieder weitermachen, immer wieder aufstehen, gleichmütig wie ein Kind. Ich denke an das Gehenlernen der Kleinkinder, an die Komik ihres Torkelns und Hinfallens, nach dem sie sofort wieder aufstehen und weitermachen. Der natürliche Sitz der Kinder ist in dieser Zeit der Boden, die Materialität und Griffigkeit der Erde, die sie horizontal besiedeln. So wie das Kind im Torkeln verwurzelt ist, zwischen dem Boden und der Höhe des aufrechten Gangs, ist die Meditation in den Stockungen verhaftet. Auch ich falle immer wieder hin und falle zurück ins Nichts, aus dem ich immer wieder mühsam aufstehen muss. Meine mickrigen Empfindungen während der Meditation sind nicht nichts, auch die Nichtempfindung ist innerhalb dieser Ontologie der Sensation etwas, weswegen die Lücken ebenso wichtig sind wie die Sensationen.

Die Atheologie der Abwesenheit

Die Vorstellung einer Welt, die nicht auf mein Begehren und mein Flehen antwortet, ist eine gottlose, eine atheologische Welt. Die Lücken der Meditation sind die Empfindung gewordene Atheologie, sie bedeuten die Atheologie auf der Ebene der Empfindungen. Wenn ich keine Sensationen habe, gibt es keinen Gott. Wenn ich eine Empfindungslücke erfahre, erfahre ich einen abwesenden Gott. Und wenn ich die Wahrnehmung der sensationslosen Stellen einübe, sind das Übungen für eine Welt ohne Gott – oder zumindest für eine Welt ohne Subjekt: *Ich glaube nicht an Gott*, schreibt Bataille, AS II 63
weil ich nicht an mich glaube.

Wenn Gott der Garant der sich selbst unterwerfenden Subjektivität ist, sterben mit Gott auch das Subjekt und seine Empfindungen. Die Empfindungslücken bedeuten also nicht nur eine Therapie für Verlassenheitsgefühle, sondern auch eine Einführung in eine affirmierte Welt ohne Gott. Sie bedeuten die Praxis einer Atheologie, in der sich Gott ebenfalls nicht durch seine Präsenz, sondern durch

sein Ausbleiben erweist – ein Ausbleiben, das die *Atheologische Summe* auf einer textlichen Ebene austrägt, in Texten wie der *Inneren Erfahrung* oder der *Methode der Meditation.* Diese Texte sind Schlüssel zur atheologischen Kondition, zu einer Welt ohne Gott, es sind Texte, die die Leerstelle Gottes in verschiedenen Praktiken ausagieren und auserfahren. In all diesen atheologischen Praktiken wie der Erotik oder der Meditation werden Lücken nicht als Abwesenheit, sondern als Präsenz erfahren – als Präsenz der Abwesenheit Gottes. In meinen oft unangenehmen Gefühlen wird während der Meditation also nichts anderes positiv erfahrbar als die Abwesenheit Gottes – eine Abwesenheit, die man nicht nur betrauern, sondern auch affirmieren kann, mit jener Geste der Bejahung, die Bataille
m II 95, 97 und Blanchot von Nietzsches Ewiger Wiederkehr erben. Von diesem Prototyp einer inneren Erfahrung heißt es bei Blanchot, *sie bejaht, sie ist reine*
m II 97 *Bejahung, sie bejaht nur.*

Als ich diese Zeilen wiederlese, spaziere ich durch einen Friedhofsgarten, dessen Septemberlicht mich an die Meditation erinnert. Warum kann ich mein Leben nicht wiederholen, ich möchte das noch einmal und besser leben – ein Eichhörnchen huscht vorüber. In diesem Licht erscheinen Erfahrungen nicht als das negative Problem, das bewältigt oder beiseitegeschafft werden muss, sondern als Positivitäten, die sich empfinden lassen. So bleibt das vielfa-

che Flehen, das alle Texte der *Atheologischen Summe* durchzieht, nicht nur unerhört und damit negativ, es fordert die Abwesenheit Gottes positiv heraus und stellt diese bloß: Es geht um dieses Flehen und um diese Unerhörtheit, so wie es in der Meditation um die kahlen Stellen geht. Ebenso wie ich in der Meditation meine Empfindungslücken bejahe, bildet das Nichterhörtwerden durch keinen Gott das Zentrum der *Inneren Erfahrung*: Batailles *Flehen ohne Geste und ohne Hoffnung* erscheint vor AS I 52
diesem Hintergrund nicht als negativ, nicht als Abwesenheit; umgekehrt erscheint die Abwesenheit als das Einzige, was überhaupt positiv erfahrbar ist. *Der Mensch ist*, schreibt Bataille negativ ontologisch, *wenn er weiß, dass er nicht mehr ist*. So lassen AS II 155
sich auch die merkwürdigen blasphemischen Gebete oder Wehklagen entziffern, von denen die *Atheologische Summe* gleichfalls durchsetzt ist: *Ich will nicht mehr*, steht dort in einer Kolonne untereinander gesetzt wie in einem Gebet oder einem Poem, *ich stöhne / ich kann ihn nicht mehr ertragen / meinen* AS I 84
Kerker. Das *Ich will nicht mehr* verbinde ich sofort mit der inneren Wehklage des Meditierenden – auch ich will und kann nach Stunden des verkrampften Stillsitzens nicht mehr. Aber wem sage ich das?

Bataille ist der erste nachnietzscheanische Autor, der den Tod Gottes als Erfahrung ernst genommen und ihn nicht an ein theologisches Problem delegiert hat. Die Texte der *Atheologischen Summe*

bestehen auf der Lücke, sie affirmieren sie und stürzen sich in dieses Loch einer Abwesenheit Gottes
hinein. Sie halten es wie eine Wunde offen, weswe-
AS II 51 gen Bataille diese Lücke als *Weltengrund* erfährt.
Den habe vor Bataille nur Nietzsche erfahren: *Die*
AS III 264 *innere Erfahrung Nietzsches führt nicht zu Gott,*
sondern zu seiner Abwesenheit. Die Schule der Sensation lehrt also ein ebenso illusions- wie angstloses
Zugehen auf die eigene atheologische Kondition
der Gottverlassenheit: *Vergessen von allem*, heißt es
in einer Meditation der *Inneren Erfahrung*: *Tiefes*
AS I 54 *Hinabsteigen in die Nacht der Existenz. Unendli-*
ches Flehen der Unwissenheit, ertrinken in der
Angst. Über den Abgrund hingleiten und in der
vollständigen Dunkelheit das Entsetzen spüren, das
von ihm ausgeht. Erzittern, verzweifeln in der Kälte
der Einsamkeit, im ewigen Schweigen des Men-
schen. […] Das Wort Gott, sich seiner bedient ha-
ben, um den Grund der Einsamkeit zu erreichen,
aber seine Stimme nicht mehr kennen und hören.
Sie ignorieren. Gott als letztes Wort, das sagen will,
dass kurz darauf jedes Wort fehlen wird.

Die Spuren der Erfahrung

In den Texten der *Atheologischen Summe* geht es eher um die Erfahrung als um die Theorie der Abwesenheit Gottes. Sie lassen sich auch als Ensemble von Praktiken beschreiben – von Praktiken, die Spuren im Schreiben hinterlassen, von Schreibpraktiken, die sich mit Spuren von Präsenzen beschäftigen, wie sie in der Meditation oder in der Erotik erfahren werden, von Erfahrungen also, die Berührungs- und Reibungspunkte zwischen sinnlichen und geistigen Welten bieten.

Auch Bruno präsentiert Bataille als Aktivisten der Meditation und als Praktiker von Selbsttechniken. Er bezeichnet die Meditationstexte Batailles als *Zeugnisse* und liest sie als Spuren von Erfahrun- B 720
gen eher denn als theoretische Texte. Hollier bezeichnet die *Todesfreude* als *Protokoll der Drama-* CS 624
tisierungen, die Bataille verwandte, um sich selbst in Ekstase zu versetzen. In einer seiner frühesten Meditationen spricht Bataille davon, das Geschriebene könne nur *Spuren des zurückgelegten Weges* OC VI 296
sichern. Der Begriff der Spur ist hier durchaus wörtlich zu nehmen. Denn Batailles Texte enthalten nicht nur Spuren von Erfahrungen, die Erfahrungen sind ihr eigentliches Ziel. *Das souveräne Vorgehen*, heißt es in der *Methode der Meditation*, AS I 256
veranlasst diese Entwicklungen: es sind die Rückstände einer im Gedächtnis verbleibenden Spur und des Fortbestehens von Funktionen; sofern es aber stattfindet, ist es gleichgültig und macht sich nichts *aus diesen Rückständen*. Die Erfahrung ist hier also nicht nur das, was als Spur in einem Text zurückbleibt, der sich der Erfahrung nachordnet,

der Text verfolgt zuallererst das Ziel, eine Erfahrung zu ermöglichen, die ohne ihn nicht wäre. Die
Texte der *Methode der Meditation* sind Dispositive
für Erfahrungen, die hinterher überflüssig werden.
AS I 14 Als *Vorannahme, die zu verwerfen ist*, verkehren
sie die zeitliche und hierarchische Abfolge von Text
und Erfahrung der westlichen Metaphysik: Während die Philosophie seit der Antike eine Erfahrung
privilegiert hatte, die ihrer Niederschrift zeitlich
zuvorkam, praktiziert Bataille eine Schrift, die Erfahrungen ermöglicht und ihnen zeitlich zuvorkam – und die nach ihnen als Rest oder Ruine einer
Erfahrung zurückbleibt: *Zu finden sind* – Worte,
AS I 30 *die als Unterhaltsmittel für die Gewöhnung dienen, uns aber von den Gegenständen abkehren, die
uns insgesamt am Gängelband halten;* – Gegenstände, *die uns von der äußeren (objektiven) Ebene in die Innerlichkeit des Subjekts hinübergleiten
lassen.*

Die Depression Gottes

Aber wie soll man diese Meditationstexte dann lesen, die sich von jeder Lektüre und jedem Leser abwenden? Lassen sie sich überhaupt lesen? Als Spuren von Erfahrungen, die sie selber ermöglichen, lassen sich Meditationstexte nur dann lesen, wenn man sie als Spuren eines Nichtwissens entziffert.

Das Nichtwissen ist auch in einer Meditation zentral, in der das Wissen bei den Lücken der Sensationen endet. Meine Lücke führt mir vor Augen, was Bataille mit seinem Begriff des Nichtwissens meint: Ich spüre keine Empfindung, ich weiß nicht, was in mir vorgeht. Ich habe kein Gefühl für mich. Und ich habe keinen Gott, der mir meine Empfindung intelligibel macht, ich habe nur mein Nichtwissen.
Bataille spricht von einer *neuen Theologie*, die *das* AS I 141
Unbekannte zum Gegenstand habe. In ihr wird Gott nicht mit dem Licht verbunden, sondern mit Finsternis, Nacht und Nichtwissen. Meine sensationellen Lücken sind ein Nichtwissen auf der Ebene der Empfindung. Aus ihrer Perspektive bedeuten alle geläufigen Begriffe Gottes – wie in Mystik und
negativer Theologie – eine Reduktion des Unbe- AS I 142 f.
greiflichen auf Begriffe. Der Begriff Gott macht das
Unfassbare fassbar, er ist eine Fortsetzung des Pro- AS I 144
jekts mit diskursiven Mitteln. Weil sich der Mensch damit über die Grenzen seines Wissens betrüge, versteht Bataille die Setzung Gottes als Flucht vor sich
selbst und dem Unwissbaren; *jede tiefe Sache* gleite AS I 150
ins Leichtfassliche ab. Wo ein Projekt ist, da kann
für Bataille keine Erfahrung sein. Ist also der *Glaube* AS I 144
ein Hindernis für die Erfahrung?

Jeder Gläubige versteht seinen Glauben als Bedingung – und nicht etwa als Hindernis – der Erfahrung Gottes. Wenn man umgekehrt den Glauben als Hindernis für die Erfahrung versteht, wird die Abwesenheit von Glauben – also die Atheologie – zur Bedingung der Erfahrung. Genau darauf will Bataille hinaus: So wie die Lücken meiner Empfindung in der Meditation das Siegel der Sensation sind, ist die Atheologie die Bedingung von inneren Erfahrungen. Solange ich an Gott glaube, kann es keine innere Erfahrung geben, solange ich meine Lücken als Abwesenheit verstehe, werde ich Blicken nachhängen und Familien nachtrauern. Solange ich an Gott und an die von ihm verbürgte Abwesenheit glaube, werde ich depressiv bleiben.

Während der Niederschrift dieser Zeilen träume ich die ultimative Häresie: Ich bin Jesus und werde mit den Jüngern von den Nazis gefangen gehalten. Wir wollen fliehen, aber die Flucht wird vereitelt. Weil Hitler unter ihnen war? Es muss Verrat gewesen sein. Als ich (Jesus) den Verrat verstehe, bin ich so verzweifelt, dass ich mich umbringen will. Doch als ich den Revolver an meiner Schläfe abdrücken will, versagt er: Jesus, der sich umbringen will, die ultimative Häresie. Später überlege ich, ob ich den geträumten Suizidversuch zusammen mit Blanchots *Der Augenblick meines Todes* deuten soll – oder
AS I 140 f. eher mit *Thomas der Dunkle*, jenem Buch, in dem die Konzeptionen der Nacht und der Atheologie eine literarische Form finden.

Die Nacht des Wissens

Die Nacht – oder das Dunkle bei Blanchot – erscheint als Symbol des Nichtwissens, das ich in den Lücken der Meditation erfahre. Während wir uns bei Tag ein entgrenztes absolutes Wissen vorgaukeln, das wir nicht haben können, setzt uns die Nacht unserer atheologischen Kondition des Nichtwissens aus, das ich in den Meditationslücken physisch erfahre. Wenn ich keine Sensationen in mir ausmachen kann, herrscht Nacht in mir. Ich weiß nichts. Wenn ich nichts weiß, gibt es keinen Gott. Nur in der Nacht erfahre ich eine atheologische Kondition, die am Tag verschleiert wird. Die diskursive Welt des Wissens und Glaubens verhindert die Entstehung der Erfahrung, wie die Sprache die Meditation verhindert. Doch sobald das Wissen in der Nacht der Meditation abgedimmt wird, erscheinen die Empfindungen.

Der Entzug des Lichts ist so schwer auszuhalten wie der Entzug an Empfindungen. Doch beide führen mich – gerade dadurch, dass ich nicht mehr von der Erfahrung der Außenwelt abgelenkt bin – in innere Erfahrungen ein, bei denen ich die Augen schließe. Die Meditation ist allein schon deshalb eine Einführung in die innere Erfahrung, weil sie mit geschlossenen Augen geschieht – was Bataille auf philosophischer Ebene wiederholt. Die *Innere Erfahrung* demonstriert die atheologische Kondi-

tion von philosophischen Texten, die nicht mehr mit dem entgrenzten absoluten Wissen des Tages geschrieben wurden. Die Verstörtheit dieser Texte ist nichts anderes als die Sichtbarkeit einer Grenze, die unsere Selbst-Verständlichkeit sonst übergeht. In ihnen muss die Nacht eine so große Rolle spielen, weil sie das Gegenteil der Erfahrung des Tages verkörpern, der von unseren visuellen Vorstellungen und Repräsentationen geleitet ist. Will man wie in der Meditation von dieser Welt aus äußeren Repräsentationen in eine Welt aus inneren Sensationen gleiten und seinen Anschluss an die Außenwelt unterbrechen, muss man einfach die Augen schließen.
AS I 229 Um anzusehen, *was angesehen zu werden verdient*, wie das Motto der *Methode der Meditation* mit René Chars *Feuillets d'Hypnos* verkündet, müsse man die Augen schließen. Wer von der äußeren zur inneren Erfahrung vordringen möchte, muss auf den Tag des Wissens verzichten. Wer meditiert, ist in der Nacht. Nur in dieser Nacht der Empfindungen kann ich die Sensationen der inneren Erfahrung erfahren. Die Erfahrung der Nacht ist also ganzheitlicher, um doch einmal das abgenutzte Wort zu verwenden, als die Erfahrung des Tages. Die Nacht bringt die Empfindungen, die vom Tag des Wissens verscheucht werden.

In der von Bataille beschworenen Nacht des Bewusstseins schwinden die Differenzen zwischen Subjekt und Objekt, das Ich wird wie im Surrealis-

mus zu einem Gegenstand unter anderen. Entspre- AS I 67
chend wird die geläufige Lichtmetaphorik umgekehrt und die Vorstellungen von Licht und Dunkelheit, Tag und Nacht neu verteilt – wie auch in *Thomas der Dunkle*, dessen erste Fassung 1941 während der Niederschrift der *Inneren Erfahrung* veröffentlicht wurde. Bataille zitiert ausführlich aus dem Buch von Blanchot, dessen Leitsatz sich wie ein Mantra der Meditation anhört: *Er machte aus
diesem Fehlen von Sicht den Höhepunkt seines Se-* AS I 141
hens. Die Nacht der Meditation entbirgt, was der
Tag verbirgt. Oder mit Bataille: *DAS NICHTWISSEN* AS I 76
ENTBLÖSST. In der Nacht der Meditation sehe ich die Empfindungen und Erfahrungen. *Ich sehe, was das Wissen bis dahin verbarg*. Bataille zufolge kann ich nur in der Nacht – also mit den geschlossenen Augen der Meditierenden – sehen, was wirklich ist.
Schließlich gehe es darum, *sich in dieser geschlosse-* AS I 67
nen Dunkelheit zu wissen und dennoch klarzusehen. Weil die Abwesenheit des Lichts entbirgt, ruft Bataille nicht den illusionären Gott der Anwesenheit an, sondern den der Abwesenheit, der nicht Licht schenken soll, sondern Blendung, Nacht und
Dunkelheit: *Gebet vor dem Schlafengehen: »Gott,* AS I 60
der du meine Anstrengungen siehst, gib mir die Nacht deiner Blindenaugen«.

Ich empfinde Batailles Bilder oft als kitschig oder schwülstig. Ich muss erst selbst die Augen schließen,
um Zugang zur numinosen *Nacht des Nichtwissens* AS I 44

zu finden, in der das zweckgerichtete Handeln aus- und die Sinne angeschaltet sind. Erst in dieser *Umkehrung des Projekts*, wenn mein Geist von Gegenständen und Projekten ablässt, kann ich den Sensationen, Erfahrungen und Empfindungen nachspüren. Die Nacht ist ein Medium, kein Mittel.

Das souveräne Schweigen

In der Nacht herrscht erkenntnistheoretisches Schweigen. Wo das Licht fehlt, um die Dinge zu beleuchten, die in der Sprache erscheinen, fallen sie in Schweigen – weswegen beide, Schweigen und Nacht, Elemente der Meditation sind. Will man am Tag in die Nacht der inneren Erfahrung der Meditation gleiten, so muss man erstens die Augen
AS I 54 schließen und zweitens schweigen. Wo *jedes Wort fehlen wird,* ist die Nacht der Sprache. Das Schweigen fällt mir leichter als das Senken des Blicks, weil der Blick, nicht die Sprache, für mich der existenzielle Kanal ist. Mit Worten, die nicht gehört wurden, konnte ich meine Eltern nicht erreichen. Für Bataille, der vorher wie ein Fisch im Wasser der Künstler- und Intellektuellenkreise Saint Germains geschwommen war, mag das Schweigen während der Kriegsjahre schwerer gewesen sein. Bei Bataille bezeichnet es weniger eine Unterlassung als eine Aktivität; keine Krise, die bedauert wird, sondern

eine innere Erfahrung, die affirmiert wird. *Die Idee* AS I 236
des Schweigens […] ist entwaffnend! In der *Tier-* AS II 78
Einsamkeit haben diese Zeilen den Status einer
Meditation: *Ich steige in mich selbst herab: ich fin-* AS II 129
de dort eine ewige Trauer, die Nacht … den Tod.
Die Meditation war eine der Operationen, die Batailles berühmtes *souveränes Schweigen wiederein-*
führte, wie es in der *Methode der Meditation* heißt. AS I 250
Das souveräne Schweigen meint jedoch weniger
das Schweigen während der Meditation als ein
Schweigen während des Sprechens – also eine einigermaßen paradoxe Operation, die die Aufmerksamkeit seiner immer weniger werdenden Korres-
pondenten auf sich zog. Anders als viele andere, die
Bataillles mystischen Umtrieben zunehmend skeptisch gegenüberstanden, äußerte sich Alexandre
Kojève in später veröffentlichten Briefen noch vor
Derrida anerkennend zu diesem *einzigartigen The-* M II 87
ma – verbal (!) das Schweigen aus[zu]drücken.

In meiner Meditation geht es jedoch weniger
darum, das Schweigen zu schreiben, sondern banaler darum, meine Alltagsgedanken zum Schweigen
zu bringen. Um mich nach innen zu wenden, muss
ich auch meine innere Stimme zum Schweigen
bringen, das *von innen kommende Schweigen* ist AS I 32
auch für die Meditation zentral. Die *Schwierigkeit*
dieser Operation, schreibt Bataille, *lässt sich so be-* AS I 26
zeichnen: das Wort »Schweigen« ist noch ein Ge-
räusch. Und am Beginn der *Methode der Medita-*

AS I 236 *tion* heißt es: *Das Schweigen ist gebrochen, da ich geredet habe …*

Wie die Meditation geht Bataille davon aus, dass es nicht reicht, nicht zu sprechen, um das Schweigen zu erreichen; auch die Aktivität der Wörter im Bewusstsein muss stillgestellt werden. Damit geht Bataille in seiner Auslegung des Schweigens weiter als beispielsweise Ludwig Wittgenstein in seinem Evergreen – *Worüber man nicht sprechen kann, darüber muss man schweigen* –, weil er auch noch den unfreiwilligen Selbstwiderspruch dieses Sprechakts mit einbezieht, der darin besteht, dass Ludwig Wittgenstein eben *nicht* schweigt, wenn er das schreibt. Wittgenstein erkennt nicht, dass auch das von ihm – schriftlich – geforderte Schweigen *noch ein Geräusch [ist]*, wie Bataille Wittgenstein entgegenhält. Es ist nicht damit getan, dass man darüber schweigt, worüber man nicht sprechen kann, es reicht nicht, nicht zu sprechen. Um ein vollständiges Schweigen zu erreichen, muss ich auch den Lärm meiner Gedanken unterbinden. Daher lautet der Fortgang der eben von Bataille zitierten Passa-
AS I 26 ge, *das Wort »Schweigen« ist noch ein Geräusch, sprechen ist in sich selber zu erkennen meinen, und um nicht mehr zu erkennen, müsste man nicht mehr sprechen.*

Wittgenstein hat die meditative oder mystische Dimension der inneren Erfahrung übersehen. Trotz seines eigenen Interesses an der Mystik verkannte

er, dass Sprechen auch ein *in sich selber zu erkennen meinen* ist, ein innerer Vorgang, der nicht dadurch beendet wird, dass man einfach nur schweigt. Um ein vollkommenes Schweigen zu erreichen, muss man auch die Gedanken zum Schweigen bringen. Das ist die Aufgabe der Meditation, in der es darum geht, den Lärm nicht nur der Worte, sondern auch der Gedanken zu unterbinden. Wenn ich meditiere, bin ich radikal einsam, ich bin nicht nur von ausgesprochenen Worten verlassen, sondern auch von unausgesprochenen, weder kann ich jemanden ansprechen noch kann ich angesprochen werden, ich bin ohne Anerkennung, wie abwesend. *Gibt es eine ersticktere Einsamkeit?*, fragt Bataille AS I
und spricht davon, *das Denken lebendig zu begraben*. Das sei die *stärkende Seite der Einsamkeit*. 220–222

Die Paradoxien der Erfahrung

Batailles wechselt in seinem philosophischen Werk also von der theoretischen auf die meditierende Ebene. Aus dieser Außenperspektive kann er die Paradoxien sowohl der Philosophie als auch seines eigenen Projekts erkennen: *Ich hätte schweigen sollen und ich rede*. AS II 158. Vgl. AS I 236 / OC V 199 / M II 156 Das Wort Schweigen ist paradox, weil es begrifflich die verbale Abwesenheit des Begriffs bezeichnet. Entsprechend *unserem Unvermögen zu schweigen* AS I 236 entwickelt Bataille für sein einge-

standen paradoxes Projekt in der *Methode der*
Meditation 37 *Prinzipien*. Sie kreisen um die Paradoxie eines Projektes, das in der Beendigung jedes
projekthaften Geisteszustands besteht – nur dass es
nicht um eine Vermeidung des Paradoxes geht, sondern um dessen Affirmation. Und so schreibt Bataille nicht wie Wittgenstein *trotz* des Paradoxes,
sondern *wegen* ihm. Und versenkt sich voll in *die-*
AS I 32 *ses von innen kommende Schweigen*, das jedoch
kein organischer Vorgang mehr [ist], sondern die
ganze Empfindung, das Herz, das sich erweitert
hat. Das Schweigen wird in der Meditation selbst
zu einer Empfindung, zu *einer Empfindung, die*
durch ihre Loslösung von dem, was in die Sinne
fällt, so innerlich geworden ist, dass jede Wieder-
kehr des Äußeren, der Fall einer Stecknadel, ein
Knacken, eine gewaltige und fernwirkende Reso-
nanz hat ... wenn dann eine Stecknadel fällt, fahre
ich auf wie bei einem Hammerschlag ...

Das Wort Schweigen ist jedoch nicht die einzige
Paradoxie bei Bataille. Die gesamte *Innere Erfah-*
rung ist durchsetzt von Paradoxien und Aporien.
Sie kreisen um das Problem der Mitteilbarkeit (in)
der *Inneren Erfahrung*, das gleich zu Beginn des
AS I 11 Buches angesprochen wird: *Eine solche Erfahrung*
ist nicht unaussprechlich, und ich teile sie dem mit,
der sie nicht kennt: Ihre Tradierung ist schwierig
(aufgeschrieben ist sie kaum mehr als die Einfüh-
rung in die mündliche); sie erfordert von anderen

eine Angst und ein Verlangen, die vorher da sein müssen. Aber wenn die Erfahrung vorher da sein muss, kann sie dann überhaupt sprachlich vermittelt werden? Kann ich eine (innere) Erfahrung jemals mitteilen? Und verstrickt sich nicht auch die Meditation in diese Paradoxien? Ist nicht auch, wie Bataille formuliert, *die innere Erfahrung ein Pro-* AS I 39
jekt, was man auch anstelle?

Die *Schwierigkeit* von Meditation und innerer Erfahrung bestehe darin, *dass die Bestreitung sich im Namen einer Autorität vollziehen muss.* Wenn AS I 25
ich die Alltagsgedanken streiche, um in eine Welt reiner Erfahrungen jenseits des Projektes vorzudringen, so ist dies wieder ein Projekt – und so weiter. Dann wäre die Erfahrung nicht mehr die *einzige Autorität, einziger Wert*, wie Bataille im ersten AS I 17
Teil der *Inneren Erfahrung* titelt. Das Problem der Autorität des Projekts betrifft die Mitteilung von Erfahrungen wie *nichtdiskursiven Empfindungen* AS I 27
und Ekstasen: *Halte ich bei der Ekstase inne und* AS I 25 f.
bemächtige mich ihrer, schreibt Bataille, *so werde ich sie am Ende definieren*, weswegen er es vorziehe, ihr *weder einen Beweggrund noch ein Ziel zuzuschreiben.* Aber haben meine Sensationen in der Meditation nicht immer einen *Beweggrund* und ein *Ziel*, geht es nicht immer um Bewusstseinserweiterung und Befreiung? Man könnte natürlich einwenden: Widersprüche, Projekte und Paradoxien sind das Problem der Philosophie, nicht der Medi-

tation. Tatsächlich kümmern diese theoretischen Probleme die Lehrer auf dem Retreat wenig. Bataille
AS II 159 dagegen gesteht die *ungeheure Widersprüchlichkeit meiner Haltung* ein. Der Unterschied zwischen Philosophie und Erfahrung sei der, dass für die Erfahrung die Sensation zähle und nicht die Aussage der Sensation; wie in der Meditation zähle die *nichtdis-*
AS I 27 *kursive Empfindung* des Windzugs und nicht das Wort Wind. Daher dürfe man, um *das Wort »Schweigen«* zum Schweigen zu bringen, es nicht mehr denken. Um den Gedanken an die Sensation verstummen zu lassen, müsse er verschwinden. Aber wie lässt man den Gedanken verschwinden? Und ist das nicht wieder ein Projekt?

AS I 20 Bataille beteuert, dass Rationalität und Vernunft in der Geschichte immer beherrschender geworden seien und die Autorität der Erfahrung zerstört hätten. Inmitten einer hegemonialen Rationalität friste die Erfahrung ein reservathaftes Dasein als *stum-*
AS I 28 *mer, entzogener, ungreifbarer Teil*: *Im Bereich der Worte, des Diskurses ist dieser Teil unbekannt. Daher entgeht er uns für gewöhnlich. Wir können nur unter gewissen Bedingungen zu ihm gelangen oder über ihn verfügen.* Und mehr noch: *Übrigens be-*
AS I 56 *zeichnen die Worte nur schlecht, was der Mensch erlebt.* Weil die Worte die Erfahrung kolonisieren, geht Bataille zum Gegenangriff der Empfindungen auf die Worte über. Sein Denken habe, so urteilt er rückblickend, *von Anfang an der Erfahrung den*

Vorzug vor dem Denken gegeben; es habe sich *in dem Maße selbst verneint, in dem es die Intensität der Erfahrung – die innere Gewalt und den unregelmäßigen Verlauf des Lebens […] unterordnen würde.* Wie soll man denkend der Erfahrung ihre Autorität zurückerstatten, wenn sie das Gegenteil des Denkens ist? Wie soll der Gedanke an die Sensation verschwinden, wenn er doch die Meditation leitet? Bataille gibt mit Blanchot eine überraschende Antwort: Die Erfahrung solle zwar die Autorität sein, aber die Autorität solle sich *sühnen.* Ich stolpere immer wieder über diesen Begriff, der mir zu christlich, zu schuldbeladen und autoritär erscheint. Ich hätte stattdessen geantwortet: Die Meditation ist nicht das Gegenteil des Denkens, sie führt zu einer Berührung zwischen Denken und Empfinden.

OC VIII 582 / M II 90

AS I 19, 78

Die Aporien der Erfahrung

Während ich auf dem Retreat über die Aporien der Erfahrung nachdenke, taucht die größte Paradoxie auf: Wenn ich allen Gedankenlärm in meinem Kopf zur Ruhe kommen lassen soll, was ist dann mit dem Diskurs der Meditation? Werde ich hier nicht diskursiv zu *nichtdiskursiven Empfindungen* angeleitet? Tausche ich nicht den Diskurs der Gedanken gegen den Diskurs der Meditation? Die Bestreitung des Diskurses erscheint mir ebenso aus-

weglos wie der Kampf gegen das Projekt. Sobald ich das Projekt habe, die Welt des Projekts abzulehnen, verfolge ich wieder ein (paradoxes) Projekt. Tatsächlich besteht ein großer Teil der *Inneren Erfahrung* aus den entsprechenden Verstrickungen, die sich aus der unmöglichen Ablehnung des Pro-
AS I 80 jekts ergeben. Bataille spricht diese Probleme und Paradoxien verblüffend offen an.

Ein anderes Problem bereitet mir bei meiner Meditation größere Schwierigkeiten: Die Begriffe sind schneller als die Sensationen. Wenn ich mich nach Empfindungen in einem Körperteil frage, kommt es vor, dass ich sie vorwegnehme. Ich weiß, gleich komme ich zum linken Handgelenk – und meine schon ein Kribbeln zu spüren. Nehme ich gedanklich eine Empfindung vorweg, entkräfte ich sie und damit den ganzen sensationellen Apparat. Anders als solche selbst erfüllenden Prophezeiungen haben die Sensationen die Qualität von Überraschungen. Immer wieder denke ich bei der Meditation: Heute Morgen geht es mir nicht gut, wahrscheinlich wird es einen Schmerz im Bauch geben – doch wenn ich dorthin gelange, ist kein Schmerz fühlbar, allenfalls ein leichter Druck. Der Beginn der Meditation ist ein Sturz ins Wasser der Zeit, schreibt
AS II 123 Bataille: *Niemand* weiß, *was* Schwimmen *heißt*. Weil man etwas Unbekanntes nicht erlernen kann,
OC V 336 / sei der Beginn des Schwimmens eher ein Verlernen,
AS II 123 ein *désapprendre*.

Die Lehrer hier kümmern sich kaum um Theorien, seien sie so modisch wie das *unlearning* oder
nicht. Tut man es doch, versinkt man schnell im
Treibsand des Diskurses. *Dieser Sand, in dem wir* AS I 28
uns vergraben, warnt eine Passage der *Inneren Er-*
fahrung, *besteht aus Worten, und die Bestreitung,*
die sich ihrer bedienen muss, lässt […] an den Ste-
ckengebliebenen denken, der um sich schlägt und
den seine Anstrengungen erst recht versinken las-
sen: die Worte mit ihrem Wirrwarr, mit der er-
schöpfenden Unermesslichkeit ihrer Möglichkeiten
und endlich mit ihrer Tücke haben wirklich etwas
von Treibsand. Je mehr ich ein Projekt ablehne,
desto mehr verstricke ich mich darin. Die philosophische Entsprechung des Treibsandes ist wahrscheinlich die Dialektik, mit der Bataille ringt. Dagegen führt er eine Art negativer Dialektik ein, die
sich nicht als Sinngewinn versteht, sondern als zu-
nehmender Sinnverlust. Ich halte mich bei der Me- AS I 77–81
ditation eher an einer Ontologie der Sensationen
fest – oder ist es ein Positivismus? –, wenn ich denke: *Es gibt* die Sensationen, nach denen der ganze
Diskurs der Meditation ruft. Schließlich sei der
Diskurs transparent auf die von ihm angerufenen
Sensationen, wie Bataille versichert: *Der Diskurs* AS I 26 f.
kann […] zum Sturm blasen, aber wie ich mich
auch anstrenge, hinterm Ofen kann der Wind mich
nicht zum Frieren bringen. Der Unterschied zwi-
schen innerer Erfahrung und Philosophie liegt vor

allem darin, dass die Aussage in der Erfahrung nichts als ein Mittel ist und sogar ebenso ein Hindernis wie ein Mittel; was zählt, ist nicht mehr der ausgesagte Wind, sondern der Wind.

Der Wind des Atems

Der Wind in uns, das ist der Atem. Die Praxis des Atems löst nicht nur wie das Schweigen einige praktische Probleme, sondern auch theoretische. Der Atem ist für Bataille jener ungegenständliche Gegenstand, mit dem er das gegenstandsgebundene Bewusstsein austricksen kann. Der performative Selbstwiderspruch des Wortes Schweigen kehre
AS I 31 beim Atem wieder: *Das Schweigen ist ein Wort, das kein Wort ist, und der Atem ein Gegenstand, der kein Gegenstand ist* … Die Aufmerksamkeit der Yogi wende sich mit dem Atem also einem Gegenstand zu, der keiner ist: *Der Ruhealtar, den die Hindus wählten*, heißt es weiter in der *Inneren Erfahrung, ist nicht weniger innerlich: es ist der Atem. Und wie ein gleitendes Wort die Aufmerksamkeit einzufangen vermag, die zuvor den Worten galt, so der Atem jene Aufmerksamkeit, über die die Gesten und die auf Gegenstände gerichteten Bewegungen verfügen: der Atem ist die einzige Bewegung, die in die Innerlichkeit führt.* Auch Bruno bestätigt, dass der Atem für Bataille ein Zugang zur inneren

Erfahrung war. B 708 Sobald man seine Aufmerksamkeit von den Gegenständen der Welt löse und auf den (Un-)Gegenstand des Atems lenke, öffne sich eine sonst verschlossene innere Welt: *Kaum haben wir* AS 1 32 *die Aufmerksamkeit auf eine innere Gegenwart gelenkt, nimmt das, was bis dahin entzogen war, das Ausmaß zwar nicht eines Gewitters – es handelt sich um langsame Bewegungen –, aber einer einfallenden Flut an.* Sobald wir die Empfindungen *von den neutralen Gegenständen ablösten, denen wir sie gewöhnlich zuwenden*, werde die Empfindung *exaltiert*.

Aber meine Empfindungen sind bei der Meditation nicht exaltiert, sondern kümmerlich. In der Sprechzeit gehe ich zum Lehrer. Ich frage ihn nach dem groben Atem, der in meiner Meditation dem feinen Atem im Weg steht, den wir erreichen sollen. Er antwortet: *Dann ist es so. Versuche nicht, den groben Atem zu ändern oder den feinen Atem herzustellen. Der feine Atem ist kein Weg zur Herstellung schöner Sensationen, sondern der gegenwärtige Zustand deiner Seele, den du achten und beobachten solltest.* Mein Lehrer lehnt also die zweckgerichtete Aktivität ebenso ab wie Bataille – wobei man eben auch die *Meditation der Yogi* als zielgerichtet interpretieren kann, weil sie das Ziel verfolgt, jedes Ziel hinter sich zu lassen. Auch der Buddhist verwickle sich, wie Bataille schreibt, *in den Widerspruch einer Arbeit im Hinblick auf den* AS 1 263 *souveränen Augenblick*. Natürlich arbeiten auch die Meditierenden hier für die Befreiung ihres Geistes, wir versuchen, uns zielgerichtet aus der Herrschaft der Ziele zu befreien – was hier jedoch niemand als Widerspruch zu empfinden scheint.

Die Kunst der Permeation

Das Problem der Fremdzuschreibung von Autorität
teilt die Erfahrung mit der Kunst. Auch die Kunst
hat dauernd andere Autoritäten über sich, die ihr
sagen, was sie bedeutet und wie man sie zu verstehen hat; und sie reagiert ebenso empfindlich auf
äußere Autorisierungen, die ihr sagen, was und warum sie sein soll; auch die Kunst wird von der Intelligenz zerfressen und besitzt keine Autorität
mehr über sich. Dabei sei sie wie die Erfahrung *lo-*
AS I 21 *gisch nicht zu demonstrieren* und *nicht leicht zu-*
gänglich. Was kann die Kunst tun, wenn sie ihre
eigene Autorität werden möchte, wenn sie souve-
CS rän werden möchte? Vielleicht kann sie von der
787–792 Erfahrung lernen, auch der Meditation. Um die
Erfahrung zur Autorität werden zu lassen, schlägt
AS I 21 Bataille vor, dass *die eigentliche Philosophie aufge-*
zehrt wird, dass sie sich auflöst, dass sie sich *in*
diese neue Form des Denkens auflöst. Vielleicht
gibt es diese neue Form eines aufgelösten Denkens
bereits – und zwar in der künstlerischen Forschung.

Darin kann man Reste, Auflösungserscheinungen
von Denken und Wissen beobachten, Episteme in
Auflösung, die von der Kunst durchdrungen werden und umgekehrt. Man besuche nur einmal eine
Biennale zeitgenössischer Kunst irgendwo auf der
Welt – augenblicklich stößt man auf dieses künstlerische Denken und diese denkende Kunst, die ihr
Aussehen ebenso verändert wie das *Bild des Denkens* (Gilles Deleuze). Gewiss gehen viele dieser
Arbeiten in die Falle der modernen Kunst, von der
Bataille befürchtet, dass sie auf ihren Autoritätsver- AS II 100
lust mit spezialisierten und unzugänglichen Werken
reagiere, die alle existenziellen Fragen aufheben
würden.

Diese Auflösungsprozesse des Denkens, die Motive der Durchlässigkeit oder Durchdringbarkeit
sind für mich nicht nur ein theoretisches Thema, das
beispielsweise die Permeationen zwischen Theorie
und Praxis oder Kunst und Theorie betrifft. Beim
Schreiben drängt sich mir der Eindruck auf, dass
diese – Qualität oder Schwäche – der Durchlässigkeit auch auf mich persönlich zutrifft: Bin ich nicht
durchlässig für äußere Eindrücke und Impressionen
wie das von Bataille erwähnte *Sieb*? Bataille hört AS III 193
Don Giovanni, *wie wenn die Himmel sich auftäten.* AS I 109
Und sicher ist es kein Zufall, dass ich hier ausgerechnet über Theorien schreibe, die von der Kunst
oder von Kunstwerken so durchdrungen sind, wie
Nietzsche zu einem Zeitpunkt von Wagner durch-

drungen war – und mich umgekehrt immer für Werke begeistert habe, die so durchwandert von Theorien erscheinen wie die Marcel Duchamps oder Robert Musils, Louise Bourgeois' oder Ingeborg Bachmanns – oder von Werken, die die Grenzen gleich von beiden Seiten auflösen wie das Werk Blanchots. Für Werke, die zugleich so abstrakt *und* so sinnlich sind wie die von Pierre Klossowski oder Marguerite Duras. Tatsächlich interessiere ich mich (aktiv) nur für das, was mich (passiv) berührt und durchdringt.

Die Logik der Sensationen

Der Berührbare, der Durchdringbare, der Künstler der Sensation – das ist für Bataille Proust. Proust bildet den zweiten theoretischen Pol der *Atheologischen Summe* neben Nietzsche; in einer Welt ohne Gott treten die Sensationen und inneren Erfahrungen an die Stelle des abwesenden Gottes. Wir können keinen Gott mehr erfahren, aber Sensationen, die vielleicht ebenso göttlich sind – weswegen Batailles *Logik der Sensation* darin besteht, keinerlei Logik und keinerlei Autorität der Sensation zuzulassen, wie auch Deleuze bemerkt. Die Frage der Sensation wird von Bataille mit Proust eingeführt. Proust habe ein Problem mit dem Besitz des Unbesitzbaren gehabt. Für Proust und seine unwillkürlichen Erinnerungen, die beim Teetrinken oder beim

Stolpern über Steine aufkamen, sei das Problem
gewesen, dass der Genuss dieser Sensationen an ihren Besitz gebunden gewesen sei – die Sensationen
sich jedoch nur im flüchtigen und unbesessenen Zustand entfalten können. Proust begehrt also etwas,
das von seinem Begehren zerstört wird. Das verbindet die Impressionen mit den Sensationen: Wie die
Empfindungen der Meditation kommen auch
Prousts Impressionen spontan, flüchtig und neben-
bei zustande; und wie die Sensationen können sie
sofort verschwinden, sobald man sei-ne Aufmerksamkeit auf sie richtet. Wortreich beschreibt Batail- AS I 196
le die unglückliche Jagd nach den flüchtigen Impressionen, das unglückliche Bewusstsein dessen,
der spürt, wie das, was er liebt, ihm entgleitet. AS II 237

Das Problem der entgleitenden Liebe ist das
Hauptthema von Batailles Proust-Lektüre. Was wir AS I 196
lieben, entgleitet uns; sobald wir es fassen wollen,
ist es verschwunden. Zwar *beschäftigen die Spiele*
der Sensationen, wie Bataille schreibt, *den Bereich* AS I 208
der Bilder in uns. Doch sie *überfallen [...] den Geist,*
bevor er sie ausdrücken kann. Proust reagiert auf
das Problem der Unbesitzbarkeit der unwillkürlichen Erinnerung bekanntlich mit einem Trick: Er
überführt seine Erfahrung von unwillkürlichen Reminiszenzen in ein willkürliches sprachliches Verfahren; seine Sprache ist schließlich zur Aufnahme
flüchtiger Impressionen in der Lage, ohne diese
durch ihren Besitz zu zerstören. Ebenso reagiert die

Meditation: Wie Proust versucht, etwas zu repräsentieren, was der Vorstellung entgeht, reagiert sie auf dieses Dilemma wie der Schriftsteller mit einer geregelten Operation. Während Proust versucht
AS III 87 habe, *im Gedächtnis fest[zu]halten, was gleichwohl definitiv entfloh*, führt die Fadenscheinigkeit der Sensationen auch in der Meditation zu einem Rahmen und Ablauf, um sie wenigstens für einen Moment im Bewusstsein erscheinen lassen zu können. Auch für Bataille, der sich durchaus als Erben von Prousts unwillkürlicher Erfahrung sieht, hat Proust mit einer Operation der inneren Erfahrung auf das Entgleiten des Geliebten reagiert – ja Prousts berühmte *mémoire involontaire* ist für Bataille nichts
AS I 208 anderes als eine innere Erfahrung: *Man wird den Bereich der Bilder an den der inneren Erfahrung heranrücken*, schreibt Bataille, was seine langen Proust-Exkurse in der *Inneren Erfahrung* erklärt:
AS I 210 *Wenn ich ausführlich über Marcel Proust habe sprechen wollen*, so schreibt er, *dann darum, weil er eine innere Erfahrung besaß*. Daher verbinde ihn mit Proust eine *souveräne Komplizenschaft*.

Die Dekolonisierung der Sensationen

In *Sur Nietzsche* umkreist Bataille ebenfalls die
AS III 86 f. *Wahrheit eines Schluchzers*. Doch treibt er das Problem der Sensationen auf die Spitze, indem er als

Leser der philosophischen Sprachkritik des frühen 20. Jahrhunderts die Sprache hinzudenkt: Das Problem bestehe nicht nur darin, die Sensationen im Gedächtnis festzuhalten, sondern darin, sie in Sprache festzuhalten. Die Sprache, vor allem die geschriebene, potenziert das Problem, weshalb die Meditation nicht nur gegen mentale Repräsentationen ankämpft, sondern auch gegen sprachlich fixierte. Du sollst dir nichts außerhalb der Meditation vorstellen und du sollst auch nichts davon aufschreiben. *Die Wörter*, schreibt Bataille, *erreichen nur unvollkommen die inneren Zustände*. Sie AS I 197
verfehlen sie geradezu, wie Bataille 1944 zuspitzt. AS III 320
Daher wechselt Bataille wie meine Meditation – darin besteht die große Operation des Geistes – von der Perspektive des Bewusstseins zur Perspektive der Erfahrung.

Während wir uns gewöhnlich mit unserem Bewusstsein in der Welt orientieren und alles tun, um diese Vorherrschaft zu sichern, wechseln wir hier auf eine dem Bewusstsein gegenüberliegende Seite, die Seite der spontanen Empfindungen und Erfahrungen. Aus dieser wuchtigen Gegenüberstellung heraus, die Bataille von Hegel übernimmt – und die vom sprachphilosophischen 20. Jahrhundert intensiv bearbeitet werden wird –, schreibt er, dass die inneren Erfahrungen so flüchtig und ungreifbar seien, dass sie die Sprache *enteignen*; sie könne *nichts sagen* und müsse sich damit begnügen, *die Auf-*

AS I 28 *merksamkeit von diesen Zuständen abzuziehen.*
Die Sprache kann die Sensationen nicht kolonisieren; ja mehr noch, sie verhält sich ihnen gegenüber
aggressiv. Eine *stets den Worten (den Gegenstän-*
AS I 31 *den) zugekehrte Aufmerksamkeit* entziehe uns *die*
schweigende, unergründliche, bloßliegende innere
Gegenwart. Das ist die Dekolonisierung der Sensationen: Die *innere Gegenwart* erschließe sich allein,
wenn wir sie zuletzt selbst von diesen verschwiege-
nen Gegenständen loszulösen wissen – eine ziemlich genaue Beschreibung meiner Meditation, die
ebenfalls versucht, mein Bewusstsein von der gegenständlichen Welt zu lösen.

Die *Innere Erfahrung* liefert, wenn man so will,
eine radikale philosophische Beschreibung der Meditation. *Die schweigende, unergründliche, bloßlie-*
gende innere Gegenwart der Sensationen erreiche
ich nur, wenn ich mein gegenständliches Bewusstsein lockere und mich meinen inneren Empfindungen zuwende. Daher ruft Bataille aktivistisch zum
Widerstand gegen das hegemoniale *Gesetz der*
AS I 29 *Sprache* auf – andernfalls seien *diese Zustände so*
in uns, als ob sie nicht wären. Um die bedrohten
Zustände der Sensationen erfahren zu können,
muss man ihnen ein Reservat innerhalb eines hegemonialen Diskurses einrichten – und mir wird klar,
dass ich mich auf meinem Retreat in genau einem
solchen Reservat befinde, innerhalb dessen *die Be-*
freiung von der Macht der Worte stattfinden kann. AS

Denn genau das machen wir hier: In diesem Lager wird eine *Befreiung von der Macht der Worte* praktiziert. Paradoxerweise wird diese Befreiung hier selbst mit Worten durchgeführt, mit Worten vom Tonband – und mit Worten noch dazu, mit denen ich auch meine Empfindungen beschreiben soll, wie mir die Tonbandstimme sagt. Doch wenn die Sprache jede Sensation vereitelt, was ist dann mit meinem sprachlichen Durchgang durch den Körper, der mir ein Kribbeln in der rechten Fußsohle meldet? Die Stimme vom Band schlägt sich nicht mit derlei Aporien herum – sie verkündet eine Weisheit, die älter ist als die Sprachkritik des letzten Jahrhunderts. Auch Bataille gibt irgendwann seinen Widerstand gegen die Sprache auf – und schickt stattdessen eine ebenso sprachliche Meditationsanleitung hinterher: *Es ist dann besser*, heißt es in der *Inneren Erfahrung*, *sich einzuschließen,* AS I 29
das Licht zu löschen und in einem gespannten Schweigen zu verharren, mit dem wir den Schlaf eines Kindes belauschen. Mit ein wenig Glück gewahren wir, was die Wiederkehr eines solchen Zustands begünstigt und was seine Intensität vermehrt. Um dann noch deutlicher zu werden: *Diese Herrschaft, die wir über unsere innersten Regungen erlangen können, ist wohlbekannt: es ist der* Yoga.

Die Debatte zwischen Körper und Geist

Immer wieder verrennt sich die *Innere Erfahrung* in den Fallen der Sprache, in den Aporien der Wör-
AS I 197 ter Schweigen oder Atem. Doch Bataille lernt auch etwas von Proust, was dazu führt, dass er sich in der *Debatte* zwischen Sprache und Sensation anders positioniert. Während der Anfang des Buches noch eine unversöhnliche Opposition zwischen Sprache und Erfahrung annimmt, vertritt sein Ende eine dialektischere Position. Bataille entwickelt eine an der Mystik geschulte Dialektik: Die Wörter bilden die Sensationen zwar nur unvollkommen ab, aber sie fangen doch etwas von ihnen auf. Sie sind nicht nichts und operieren nicht in einer vollkommenen Leere. Hegels Reich der Negativität hat uns nicht vollkommen im Griff. Wie die Sprache
AS I 201 der Mystiker *übersetzen sie [die Wörter] ein unzugängliches (unmögliches) Element in gerade noch vertraute Formen*. Zwar gehen die Sensationen fast verloren, können aber gerade noch von der Sprache aufgefangen werden. Umgekehrt werde das Bewusstsein von den Sensationen auch nicht vollkommen enteignet, wie von anderen Erfahrungen wie dem Wahnsinn, sondern könne noch *Herr im Hause* bleiben.

Ich zweifle. Werden die Sensationen während der Meditation bei ihrem Eingang in die Sprache reduziert, bleiben sie in meiner sprachlichen Prüfung die gleichen oder verändern sie sich? Und wenn ich sprachlich meine Empfindungen verändere oder überhaupt nicht an sie herankomme, wie kann die Erfahrung jemals eine Autorität bleiben oder werden? Was passiert genau, wenn ich nach der Frage nach den Empfindungen zum Beispiel im unteren Rücken mein spärliches Antwortprogramm mental durchlaufen lasse (es reduziert sich auf Pulsieren, Kribbeln oder Wärme- oder Kälteempfindungen)? Verschafft mein klägliches Erkennen der Sensationen dem Bewusstsein nicht doch einen uneingestandenen Genuss? Behält das genießende Bewusstsein in der *Debatte* nicht am Ende die Oberhand über die Sensationen, wenn es sich darüber freut, ausnahmsweise auch mal ein Kitzeln oder Kribbeln in einer Körperregion ausgemacht zu haben? Werden meine Sensationen am Ende nicht doch Opfer eines Imperialismus der Sprache?

In der Meditation verbringen wir tatsächlich ganze Tage mit der *Debatte* zwischen Fühlen und Denken, mit dem fragilen Verhältnis zwischen Sensation und Sprache, Körper und Geist. Sie wiederholt sich jeden Tag hundertfach in meinem inneren Monolog während der Meditation. Wieder und wieder begegne ich meinem Begehren nach dem Besitzenwollen von Sensationen, ich habe Angst, nichts zu empfinden oder meine Empfindungen nicht mitzubekommen. Ich wechsle also ebenfalls auf die Seite der Sensationen. Sie sagen: »*Hasche*

AS I 207 *mich*«, wie es gegen Ende der *Inneren Erfahrung* heißt, »*wenn du die Kraft in dir hast, und versuche das Rätsel des Glücks, das ich dir aufgebe, zu lösen.*« Genau das ist die Hoffnung der Schüler und Schülerinnen, die sich hier gemeinsam mit mir quälen: Die Sensationen enthalten das Glück. Mit ihnen lassen sich alle inneren Rätsel und Probleme lösen. Daher versuche ich unentwegt, sie zu erhaschen, daher verbringe ich Tage damit, Antworten auf die Frage zu finden: Welche Sensation hast du im rechten Knie? Also fixiere ich wieder einen Körperpunkt; doch sobald ich mich über eine anwesende Sensation freue oder über eine abwesende enttäuscht bin, habe ich etwas falsch gemacht. Dabei sind die Sensationen ohnehin fadenscheinig genug und verschwinden sofort wieder, sobald ich sie sprachlich dingfest zu machen versuche. Das Flackern in meiner linken Schläfe ist kein Gegenstand – und sobald ich es in einen verwandle, verschwindet es oft genug. Dieser flackernden Anwesenheit jage ich nach, als hinge mein Leben von ihr ab. Ich sage mir: Nur wenn du diese Anwesenheiten in dir entdeckst und kultivierst, kannst du glücklich werden, weil du nur dann auch die Welt draußen als anwesend und präsent erfahren kannst. Das Heil liegt im Kitzel, wie auch Christian Metz schon festgestellt hat.

Das Glück der Sensationen

Natürlich lässt sich die *Debatte*, die sich den ganzen Tag in meinem Kopf abspult, auf den Dualismus von Körper und Geist bringen, die in der modernen westlichen Philosophie hoffnungslos zerrissen scheinen. Doch die *Debatte* ist hier keine AS I 205
Theorie, sondern eine Praxis, die Meditation entfaltet diesen Bereich und möchte den Bruch heilen. Daher zwängt sich zwischen die großen Begriffsblöcke des westlichen Denkens keine Reflexion und keine Theorie, sondern eine heilende Praxis. Darin besteht das Glück der Meditation, auf diese zentrale Frage der westlichen Metaphysik – wie lassen sich Körper und Geist zusammen denken? – nicht mit einer Reflexion und Theorie zu antworten, sondern mit einer Praxis. Sie besteht darin, seinen Geist zu fühlen und die Sensationen zu denken – die Materialität des Denkens zu erfahren. Körper und Geist, Denken und Fühlen sollen sich verhaken und berühren; die Meditation möchte einen Handshake zwischen Körper und Geist herbeiführen – weswegen ein Ausbleiben einer Sensation immer noch besser ist, als ganz den Kontakt zu verlieren.

Tatsächlich stellt auch Bataille am Ende seines langen Proust-Exkurses mit seiner mystischen Repositionierung ein *Gleichgewicht* zwischen den Po- AS I 205
len von Körper und Geist her. Zwar folgt Bataille

zunächst Hegel, der die unaufhebbare *Zerrissen-*
heit zwischen den Polen festgeschrieben habe – inklusive der postromantischen Wendung, nicht Poesie werde die Zerrissenheit kitten, allenfalls die
AS I 212 allgemeine Wehrpflicht. Doch anschließend versucht Bataille mit Nietzsche, die Zerrissenheit zu
affirmieren. Im Leiden an der Zerrissenheit artiku-
liere sich wenigstens eine Erkenntnis, die Qual des
Nichtbesitzenkönnens der Sensationen berge ein
Wissen: Lassen wir unsere Körper zerfallen und
sich zersetzen, damit der Zerfall wenigstens noch
AS I 214 f. eine Erkenntnis generiere. Genau das hätte Proust
vorgemacht, der nicht *trotz*, sondern *wegen* seines
Schreibens gestorben sei, indem er den Rosenkranz
durch das Manuskript ersetzt habe. Proust gab sich
den Tod und die Qual mit jedem geschriebenen
Wort.

Der Qual und der Marter, die in der Meditation
bald an Bedeutung gewinnen, entspricht auch Batailles Deutung der *Suche nach der verlorenen Zeit*:
Bei Proust habe nicht die Befriedigung des Erkennens und Besitzens des Liebesobjekts zum Werk
geführt, sondern umgekehrt ihr Ausbleiben – Bataille stellt sogar die ketzerische Frage, ob das Ausbleiben der Befriedigung des Besitzens nicht die
AS I 205 *tiefere* Erfahrung sei; schließlich habe Proust sein
Liebesobjekt nie besessen oder erkannt, seine Sehnsucht sei völlig ungestillt geblieben, woraus schließlich das Werk entstanden sei. Aber ist es nicht in

der Meditation genauso, kompensiert nicht das Werk der Meditation die erlittenen Qualen? Doch es gibt keine Aufhebung der Sensationen in der Meditation, sie werden nicht besessen oder in eine Werkform überführt wie bei Proust. Genau darum habe ich Angst, der Empfindungen nicht habhaft zu werden, und deshalb schreibe ich – um im Schreiben zu vollenden, woran meine Meditation scheiterte, um meine Sensationen in einem Werk aufzuheben. Ist das der tiefere Grund meines Schreibens, verwandle ich damit das werklose Meditieren in ein Werk? Die Tonbandstimme sagt: Im lächelnden Weitergehen soll ich lernen, das Ausbleiben und die Abwesenheit – nicht nur der Sensationen – wahrzunehmen, ohne vor Enttäuschung in Aversion oder Depression zu verfallen. Ich soll, wie Bataille mit Nietzsche schreibt, das Tragische der AS III 329
Lücken sehen und darüber lachen.

Der Speicher der Sensation

Diese Rebellion gegen die aristotelische Trennung zwischen Tragödie und Komödie erscheint mir leichter gesagt als getan – schließlich geht es um Depressionen, bei mir ebenso wie bei Carrere. Aber es geht auch um die Lücken einer ganzen Theologie, um die Abwesenheit eines ganzen Gottesprogramms. Soll ich also endlich über meine Depres-

sionen schreiben oder weiter Bataille vorschieben
und Theorie machen? Bataille schildert im Verlauf
AS I 50 / seiner Meditationen Depressionen und Autoag-
II 28, 41 gressionen. In der *Freundschaft* wechselt das Wie-
AS II 27 f. derfinden des Lebensmuts jäh mit der Beschreibung
von Ermattung und Depression ab, Alltagseuphori-
AS II 126 en mit Erschöpfungszuständen. Er beschreibt seine
AS II 32 *extreme Unbeständigkeit, die Abwechslung zwi-
schen Exaltationen und Depressionen.* Er zögert
OC VI 417 / nicht, aus Nietzsche, Proust und sich ein fatales
M II 129 Dreieck der Depression zu machen. *Ich fürchte nur,
OC V 557 / was meiner tiefen Depression entstammt.*

M II 98 War die Depression bei Bataille Ursache oder
Wirkung? War sie Effekt des Rückzugs der Kriegsjahre oder zog er sich aus dem mondänen Pariser
Leben wegen seiner Depressionen zum Meditieren
zurück? Mir scheint, Batailles Meditation war eine
Reaktion auf eine Depression, zu deren Heilung
der Dualismus von Geist und Körper bestritten
wird: *In der Meditation bestreitet das Subjekt sich
AS I 259 selbst*, schreibt Bataille in der *Methode der Meditation*, *verfolgt sich (auf eigenwillige Weise, oftmals
sogar mit Heiterkeit)*. In meinen Meditationen verfolge ich mich ebenfalls selbst, auch wenn mir das
mit der Heiterkeit nicht wirklich gelingt. Ich *bestreite mich selbst*, indem ich alle Alltagsgedanken
aus meinem Kopf zu verbannen versuche. Aber
Bataille schlägt Proust nicht vor, zu meditieren.
Eine wichtige Differenz zwischen der Meditation

und Proust besteht darin, dass es bei den Sensationen um aktuelle Empfindungen geht, bei Proust jedoch – wenigstens seit *Die wiedergefundene Zeit* – um inaktuelle Reminiszenzen und flüchtige Erinnerungen: Es geht um die Differenz zwischen Empfinden und Wiederempfinden, Erkennen und Wiedererkennen, zwischen Verstand und Gedächtnis. Diese entscheidende Differenz nutzt Bataille für seine *Debatte*: Schließlich sei es der Vorteil der Erinnerung AS I 197
gegenüber der aktuellen Sensation, dass sie im Gedächtnis verhältnismäßig greifbar sei.

Die Verfügbarkeit der Erinnerung und die Speicherbarkeit der Sensation waren die große Entdeckung in *Die wiedergefundene Zeit* – wir können jederzeit in unsere Erinnerungen abtauchen und sie sogar aufschreiben. Das ist Prousts Trost. Mit dieser Entdeckung hatte er nicht nur eine Lösung für sein Problem der Flüchtigkeit der Erinnerungen gefunden, sondern auch für Batailles *Debatte*. Der macht zwei verschiedene Trägermedien von Sensationen und Erinnerungen aus: Der Träger der aktuellen Sensationen sei die Erkenntnis eines AS I 198
zukunftszugewandten Verstandes, der die Zeit negiere und dem Projekt verbunden sei. Der Träger der Erinnerung sei jedoch ein Gedächtnis, das in seiner Vereinigung von Vergangenheit und Gegenwart identisch mit der Zeit werde. Das berühmte Triumphgefühl Prousts ergäbe sich allein aus dem Vorteil des Gedächtnisses gegenüber dem Verstand,

der darin bestehe, die Zeit ohne Zweck besitzen zu
können. Während der Verstand sich auf die Zeit
richte, um sie in Dienst zu nehmen, und er sich auf
die Gegenwart richte, um in der Zukunft etwas mit
ihr anzufangen, sei der Umgang des Gedächtnisses
mit der Zeit zweckfrei: Weil das Gedächtnis ein
zeitlicher Speicher ohne einen Zweck sei, könne die
AS I 199 *gewöhnlich verborgene Wesenssubstanz der Dinge*
befreit werden: Proust kann die Sensationen bewahren wie einen Schatz.

AS I 207 Doch Prousts *Triumph der Reminiszenz* wird sogleich von Bataille relativiert. Zwar stimmt er Proust
AS I 199 darin zu, dass das Gedächtnis frei von Ziel und Zeit
sei und damit im Gegensatz zum Verstand souverän.
Jedoch schränkt er dessen Idealismus ein, wenn er
meint, dass das Gedächtnis zwar keine *Wesenssubstanz* freisetze, wohl aber etwas Unbekanntes, das
Bataille nicht besitzen und damit auflösen möchte
wie Proust. Es sei geradezu die Tragödie der *Suche
nach der verlorenen Zeit*, dass sie zwar den Schatz
des Gedächtnisses gefunden hat, ihn aber durch sein
Besitzenwollen gleich wieder verliere. Daher weist
der meditierende Bataille darauf hin, dass die spei-
chernde Erkenntnis *im Bereich der »Eindrücke«*
AS I 200 *[…] nichts reduzieren, nichts auflösen* dürfe. Die
Sensationen müssen unbedingt flüchtig und rein
AS I 207 bleiben, um sich *mit dem Unbekannten* zu verbinden: Um den Schatz der Meditation zu wahren, dürfen die Sensationen nicht zu einem Schatz werden.

4. TAG oder *Die Schule des Schmerzes*

Natürlich lenke ich schon wieder von meiner Depression ab. Dabei bin ich von meiner unkonzentrierten Meditation irgendwann so niedergeschlagen, dass es mir auf den Magen schlägt: schlechte Verdauung, schlechte Gedanken, kein Mittagsschlaf. Aversionen gegen andere Schüler. Der Spannungsschirm der Meditation bricht irgendwann zusammen. Alle Aufmerksamkeit zerstört, alle Sensationen kommen zum Erliegen. Stille. Ich bin in der Angst. Sie überwältigt mich nicht, sie unterspült mich. In meinem Kopf toben Sequenzen der Ausgeschlossenheit. Wo soll ich hin? Ich werde sterben müssen!

Die Angst kommt mir während der Meditation sehr nah. Ich spüre ein starkes Bedürfnis, die Meditation zu unterbrechen und zum Telefon zu greifen. Der Impuls ist stark – warum ihm nicht nachgeben, warum es nicht einfach tun? In meinem Kopf irrlichtern die Worte, die ich am Telefon stammeln würde. Ich kann den Impuls kaum kontrollieren, den Druck kaum aushalten. Ich versuche, dem

Mantra der Meditation zu folgen und den inneren Beobachter einzuschalten: Ich sehe, ich habe den Impuls, anzurufen und meine Angst zu teilen. Ich beobachte, ich möchte mich entlasten.

Später erklärt der Therapeut in meiner Gruppentherapie, dass es dem inneren Beobachter gleichgültig sei, wie es mir gehe – er beobachte einfach nur. Er werte die Beobachtungen nicht, stattdessen soll ich mich auch in meinen schwächsten Phasen annehmen. Das lerne ich in der Meditation, in der mein Körper fleht: Nimm mich an, Geist, beurteile meinen Zustand nicht, nimm mich, schwach, wie ich bin, in meinem sensationslosen Elend. Tatsächlich fange ich mich irgendwann wieder, ein paar grobe Sensationen setzen ein und der Mut kommt wieder. Schrecksekunde. Ich kann mich aus der Depression herausarbeiten, einfach weitermachen. Bald ist die normale Aufmerksamkeitsspannung wiederhergestellt. In der Gruppentherapie erzählt eine Teilnehmerin, wenn sie an sich schlechte Eigenschaften entdecke, habe ihr ihre Therapeutin geraten, sie zum Tee einzuladen. Als ich den Text redigiere, flattert die Presse herein, die *ZEIT* titelt: *Was gegen Depressionen wirklich hilft*. Mir hat damals nichts geholfen. Im Rückblick erscheint mir der Spuk der Depression als Loshaken und Entkoppeln des Körpers vom Geist; ein Geist, der sich selbstständig macht und jeden Kontakt verliert. Dagegen lehrt die Meditation, die unangenehmen

Empfindungen – es könnte auch ein Jucken, Kitzeln oder Ziehen sein – nicht zu übergehen, sondern sie zunächst einmal zu spüren und wahrzunehmen: Ich sehe, es juckt. Ich spüre, es kitzelt. Ich merke, mir ist heiß und ich schwitze. Diese Anschauung sorge dafür, dass die unbewussten Begehrensknoten, die man hier *Sankharas* nennt, an die Oberfläche des Bewusstseins gelangen und dort aufgelöst werden können. Indem ich im Schwitzen (Jucken, Kitzeln, Schmerzen) verharre und die unangenehmen Empfindungen nicht automatisch eliminiere, durchbreche ich mein gewohntes Reiz-Reaktions-Schema: Unangenehmes zu vermeiden und Angenehmes zu suchen. Was wirklich gegen Depressionen hilft, ist, so scheint mir, auf sie nicht mit Ablehnung und Aversion zu reagieren, nicht vor seinen Ängsten zu fliehen, sondern sie erst einmal wahrzunehmen und zu sehen. Sie nah kommen zu lassen, mit ihnen zu schlafen. *In bed with my anxieties* lautete der Refrain meiner Depression.

Die Schule des Schmerzes

Wer ist die Königin unter den Sensationen? Es ist der Schmerz. Der Schmerz ist gleichzeitig das Herz der Sensationen, der Meditation und der *Inneren Erfahrung*. Warum ist der Schmerz so mächtig? Weil wir ihm blind gehorchen, weil er unser gesamtes intuitives Denken und Handeln beherrscht, die alle auf Schmerzvermeidung ausgelegt sind. Der Schmerz ist die erste Sensation, die uns automatisch und wie ferngesteuert handeln lässt. Bloß weg davon! Aber was ist seelischer Schmerz und wo ist er? Ist er im Kopf, ist er im Körper – und was ist mit dem anhaltenden Juckreiz, dem ich nicht nachkomme und der sich mehr und mehr in einen Schmerz verwandelt: Ist dieser Schmerz physisch oder psychisch? Ich habe starke seelische Schmerzen. Sie kommen von oben, von hinten und überschütten meinen Körper. Meine Depression kam in Schüben, in regelmäßigen Abständen, in denen über mir Kübel voll Scheiße ausgeschüttet wurden.

Jetzt, die Depression hat sich lange gelegt, habe ich Schmerzen im linken Knie. Es tut weh, wenn ich es beim Meditieren beuge. Wenn ich mich hinknie und das Meditationskissen ist nicht hoch genug, sodass ich die Knie stärker beugen muss, könnte ich schreien vor Schmerzen. Ich beginne zu meditieren. Die Meditation macht etwas mit den Schmerzen. Ich lenke meine Konzentration ab. Die Ablenkung wirkt – ungefähr eine halbe Stunde lang, dann ist es nicht mehr auszuhalten. Die Schmerzen sind da, scheinbar unrepräsentiert wie die Sensationen, Lacans Reales oder Heideggers Sein. Ewige Minuten lang liege ich mit schmerzenden Knien auf dem Boden meiner Zelle. Ich soll mich nicht mit meinem Schmerz identifizieren, ich soll ihn nicht einmal als meinen betrachten. Ich soll mich wie Simone Weil mit ihm desidentifizieren. Diese Desidentifikation hat in der Meditation die Aufgabe, den Geist von seiner normalen Reaktion auf den Schmerz zu trennen. Normal ist es, auch Bataille stimmt dem zu, körperlichen wie seelischen AS I 168 Schmerz vermeiden zu wollen. Dabei sind die Schmerzen in der Meditation kein Selbstzweck, ich möchte mir keinen Schmerz zufügen, ich möchte mit meinem Schmerz leben können. So sagt die Meditation: Sieh deinen Schmerz, stärke ihn nicht dadurch, dass du vor ihm davonläufst. Der Schmerz ist der beste Lehrer, sagt der Mediationslehrer seinen Schülern.

Sofort drängen sich Einwände auf: Ich bin zu schwach, wie soll ich meine Schmerzen ertragen können? Wie soll ich mich von Schmerzen trennen, die mich ausmachen? Und wie soll ich sie nicht als meine betrachten, wenn sie meine allerintimste Empfindung sind? Schließlich ist es kein Zufall, dass ausgerechnet ich, dessen Leben man mit dem Schmerz knacken konnte wie eine Nuss, dass ausgerechnet ich einer Praxis begegne, deren verborgenes Zentrum der Schmerz ist. Und es ist noch viel weniger ein Zufall, dass eine Kultur, die gerade auf ihren Schmerz stößt wie auf einen faulen Zahn – wir hören das Geschrei andauernd in den sozialen Medien –, gleichzeitig den Boom einer (Meditations-)Praxis erlebt, in deren Zentrum ebenfalls der Schmerz und die Schmerzbewältigung stehen. Weil die Meditation um den Schmerz kreist, ist sie auch keine Therapiemethode des Schmerzes, die sich nachträglich über ihn beugt, um ihn zu lindern und zu kurieren; sie ist gleichzeitig und gleichursprünglich mit ihm, sie besteht aus der gleichen Substanz wie der Schmerz und ist schmerzförmig. Sie tritt der Illusion einer schmerzfreien Moderne entgegen, sie ist Gegengift gegen die anästhesierenden Tendenzen einer schmerzvergessenen Kultur, die sich dem Schmerz umso rückhaltloser auslieferte.

Weil die Meditation den Schmerz beobachtet, ohne ihn zu neutralisieren, bedeutet sie eine *Kultur der emotionalen Abkühlung*, die jüngst von Andreas Reckwitz gefordert wurde. Emotional erhitzt habe sich die Spätmoderne durch die positive Besetzung von Gefühlen, mit der sie sich von allen früheren Epochen unterschieden habe. Durch die verstärkte Emotionalität der sozialen Netzwerke würden aber auch negative Gefühle an die Oberfläche gespült, gegen die man gegensteuern müsse: *Die tiefgreifende Emotionalisierung hat die spätmoderne Kultur in eine Sackgasse geführt.* Dagegen empfiehlt der Soziologe, an die antike Stoa anzuknüpfen, denn *die stoische Haltung ist für ihre Skepsis gegenüber den eigenen Emotionen bekannt und dafür, die unkontrollierbaren Gegebenheiten, die einem das Leben präsentiert, mit Gleichmut zu behandeln. Emotionen kommen und gehen – die negativen der Enttäuschung und des Ärgers, aber auch die positiven der Euphorie. Eine Lebensform, die sich von ihnen abhängig macht, sie fokussiert, verstärkt, beständig ausdrücken will und an ihnen leidet, erscheint wenig erwachsen. Eine emotionale Abkühlung der Kultur würde wohl manche Erleichterung bringen.* Selbst moderne Soziologen kommen also zu einer ähnlichen Diagnose wie eine jahrtausendealte Weisheit. Man kann den Boom aber auch direkter lesen: Weil die Meditation auf der gleichen Höhe wie der Schmerz ist, nimmt ihre Bedeutung parallel zu den Schmerzen zu, die innerhalb der Kultur auftreten. Wachsen die Schmerzen innerhalb einer Kultur (und auch Populismen sind natürlich Ausdruck von Schmerzen), so wachsen auch die Narkotika und schmerzstillenden seelischen Substanzen.

Doch wenn ich meditiere, bin ich der Erste, der den Schmerz nicht erträgt, der alles dafür tun würde, um an seinen sicheren Schreibtisch zurückkehren zu können. Ich bin der Erste, der sich nicht der Ausweglosigkeit der Sitzpositionen beugen mag, die nie passen, der sich nicht die Knie aufscheuern mag, um nicht den Schmerz der Gelenke spüren zu müssen. Weil die Meditation schmerzförmig ist, ist das abgegriffene Bild des Fakirs auf den glühenden Kohlen als Sinnbild der Meditation zugleich richtig und falsch: Es ist richtig, weil der Schmerz tatsächlich im Zentrum der Meditation steht, aber zugleich falsch, weil der Schmerz nur ein Mittel ist und kein Zweck. Die Schmerzen der Meditation sind ein Modell, mit dem eine schmerzvermeidende Kultur lernen kann, mit ihm umzugehen. Die Lehrer werden nicht müde zu betonen, dass wir mit der Meditation für das Leben lernen sollen und nicht umgekehrt. Dennoch ist der Schmerz nicht eine unter den vielen Empfindungen der Meditation, sondern die, auf die alle anderen Empfindungen hinauslaufen. Der Schmerz codiert alle anderen Empfindungen wie der Tod das Leben. Und so wie der Tod für das Leben nicht der Rahmen ist, der es äußerlich begrenzt, sondern das Geflecht, das es intern durchsetzt, ist der Schmerz überall im Leben. Wenn die Meditation die Funktionsweise des Bewusstseins offenlegt wie ein Buch, dann ist der Schmerz in ihm die Schrift, die seine Seiten beschreibt. Er ist wie *das Außen*, von dem Deleuze in den *Unterhandlungen* schreibt, es sei *ferner als jede Außenwelt. Darum ist es aber auch näher als jede Innenwelt.*

Die Methode des Schmerzes

Meine Schmerzen kommen nicht von irgendwoher. Sie gehen von einem bestimmten Punkt meiner Seele aus – vom selben Punkt, der mich auch dazu gebracht hat, wie ferngesteuert auf bestimmte Impulse oder Ängste zu reagieren. Dabei reagiere ich nur auf Gefühle, die ich schon seit meiner Kindheit kenne, auf Anziehungen und Abstoßungen, die ein Teil meiner selbst zu sein scheinen. Um sie geht es hier, wo ich mir und meiner Seele auf die Spur komme. Schließlich lehrt die Methode der Meditation nicht, Glück zu erstreben und Unglück zu vermeiden, Schmerzen zu bannen und in Glück zu verwandeln – die Meditation lehrt, alles mit Gleichmut hinzunehmen und zu beobachten. Es geht darum, unabhängig zu werden von der Gier nach angenehmen und dem Schrecken vor unangenehmen Gefühlen. Es geht in der Liebe nicht darum, ob meine Gefühle erwidert werden oder nicht, vor mir selbst oder von anderen – es geht darum, dass ich dabei gleichmütig bleibe, den Moment des Ausbleibens jeder Reaktion gleichmütig auszuhalten. Es ist durchaus irritierend oder verstörend, dass positive oder negative Gefühle hier gleichgültig zu sein scheinen – dass sie allein als Mittel dienen, um Gleichmut zu erreichen. Schließlich geht es nicht zielgerichtet um Glück; glücklich sein kann nur, wer das Streben nach guten und die Vermeidung von schlechten Gefühlen hinter sich gelassen hat. Das ist die Methode des Schmerzes: Jedes Desaster ist eine Gelegenheit, um eine gleichmütige Haltung zu entwickeln. Abweisung trainiert die Gleichmut besser als Zuneigung. Das wäre die Souveränität.

Die Meditationsbemühungen aller Zeiten, notiert Bataille in den Aufzeichnungen zur *Methode der*
OC V 471 *Meditation*, *sind daran gescheitert, dass man, um Zugang zu diesen souveränen Momenten zu erhalten, über sie sprechen musste, als wären sie es nicht.*

Aber ist das nicht dialektischer Bullshit, jede Niederlage in eine Aufgabe umwandeln zu wollen? Ist ein Desaster nicht einfach ein Desaster? Muss
AS II 152 man die Liebe nicht so treiben, *wie man weint*, wie Bataille schreibt, muss man sich nicht einfach gehen lassen? Aber es geht nicht um die Liebe, es geht ums Überleben – es geht darum, sein Leben zu ändern. Ich muss meinen Körper neu konstituieren, ich muss mein Betriebssystem auswechseln. Man muss sich einen anderen Körper bauen.

Der Herr des Schmerzes

In meiner Meditation dient der Schmerz als Methode, als Schule fürs übrige Leben. In ihr lerne ich, mit negativen Gefühlen so umzugehen, dass sie mich nicht regelmäßig auseinandernehmen. Ich lerne, mich nicht mehr mit meinen seelischen Regungen zu identifizieren, mich nicht mehr von meiner Angst fernsteuern zu lassen. Diese Schule des Schmerzes beruht auf der Einsicht, dass unsere normale Schmerzvermeidung nicht zu seiner Verringerung, sondern zu seiner Vergrößerung führt, sodass seine Macht über uns zunimmt. Die Meditation geht den umgekehrten Weg: Sie will den Schmerz bewältigen, ihn bannen und zur Strecke bringen. Sie ist vorgeführter Schmerz für das Ende der Schmerzen, sie ist eine Aufführung und Bühne des Schmerzes, damit wir uns als Zuschauer und Darsteller auf dieser Bühne kathartisch von ihm trennen können. Darum sagt sie: Wenn dich in der Meditation der Schmerz überkommt, wechsle nicht deine Position, um ihn zu vermeiden, wie du es in deinem übrigen Leben tust, sondern sieh ihn an. Jedes Arbeiten gegen den Schmerz – und welches Arbeiten wäre nicht gegen den Schmerz gerichtet – unterwirft sich ihm und vervielfältigt ihn. Sobald du wegsiehst – und sei es nur durch ein banales Wechseln deiner Meditationshaltung, einem Verrücken der schmerzenden Knie oder der Wirbelsäule –, hat der Schmerz gewonnen. Der Meister des Schmerzes kanalisiert die Wege der Empfindungen: Entweder du bringst den Schmerz zum Verschwinden. Indem du deinem Verlangen folgst, verschwindet zwar der Schmerz, aber deine seelische Konstitution bleibt, wie sie ist. Die Majestät des Schmerzes wird dich ewig fernsteuern und kontrollieren, deine intuitiven Reaktionen bleiben, wie sie waren. Du wirst dich immer von deiner Angst fernsteuern lassen. Du wirst nie die Quellen, die Energien und Ursprünge deines Schmerzes berühren und den Schmerz in eine Kraft wandeln können. Oder du siehst und akzeptierst deinen Schmerz, ohne ihn gleich zu fliehen, zu kaschieren und zu verdecken. Sieh also deine Angst. Sie ist *da*, dir am nächsten, unentrinnbar wie ein Schatten. Vielleicht bist du schon wieder allein, einsam, zurückgeworfen in diese Welt ohne Gott. Vielleicht musst du *sterben* – so spricht meine Angst, die mich beherrscht und fernsteuert. Es kostet mich große Mühe, diese Angst zu sehen und nicht aus ihr heraus zu handeln. Ich muss mich überwinden, diesem Tod ins Auge zu blicken.

Der Freund der Angst

AS I 257 / Bei Bataille kommt der Angst, wie bei Heidegger,
AS II 123–127 eine zentrale Rolle zu. Einerseits unterdrückt das
AS I 68 f. Denken die Angst, wie Bataille schreibt: *Ich bin in*
der Angst und ich denke, das Denken suspendiert
die Angst in mir, ich bin das Wesen, das mit der
Fähigkeit begabt ist, das Sein selber in ihm zu sus-
pendieren. Andererseits erscheint die Angst bei Bataille wie schon bei Kierkegaard als Medium der
AS I 58 Erkenntnis: *Die Angst ist nicht weniger als die In-*
telligenz ein Mittel des Erkennens. Die Angst ver-
lässt mich aber nicht und ich erkenne sie auch
nicht. Sie ist mit mir im Bett. Versuche nicht, sie
auszutricksen, sonst trickst dich der Teufel der
Angst aus, der klüger, schneller und schlauer ist als

du. Ignoriere deine Angst nicht, sie ist deine beste
Lehrerin. Nur wenn du dem Negativen ins Angesicht blickst – wie Hegels berühmte und von Bataille
einverleibte Stelle in der *Phänomenologie des Geis-*
tes lautete –, nur wenn du im Angesicht des Todes CS 625
verweilst, wie Hegel geschrieben hatte, kann er sich
in etwas Positives wandeln und sich selbst auffres-
sen. Nur wenn du ihn direkt ansiehst, kannst du
mit diesem Herrn ins Geschäft kommen. Denn ein
Herr ist der Schmerz, weil er sich nicht wie der
Knecht ängstigt, wie Hegel geschrieben hatte. Nur
wenn du dem Schmerz gleichmütig ins Angesicht
zu blicken vermagst, ohne dich zu ängstigen, wird
er dir sein Geheimnis verraten, seine Herkunft und
seinen Ursprung. Nur dann wird er dein Freund.
Sonst frisst er dich auf. Bevor du es mit dem Herrn
des Schmerzes aufnimmst, musst du auf seine Höhe
gelangen, dich auch *als Herr aufführen*, wie es in AS II 58
der *Freundschaft* heißt – die auch eine Freundschaft mit der Angst meint, Herrschaft über den
Schmerz. Und als Herr führst du dich nur auf,
wenn du alle Angst verlierst. Der Schmerz wird nur
dein Freund, wenn du ihm gleichmütig und akzep-
tierend begegnest.

Hat Bataille das versucht? Hat er sich seinem Schmerz gestellt? War er ein Freund des Schmerzes, hat er sich die Angst zum Freund gemacht? Bataille hatte ein besonderes Verhältnis zum Schmerz. Seine seitenlangen Meditationen enthalten die Vorstel-

lung glühender Zangen oder ausgebissener Zähne;
AS II 91 in ihnen erscheint der Schmerz nicht als zu elimi-
nierendes Übel, sondern als Medium der Selbster-
AS II 90 fahrung: *Der Schmerz hat meinen Charakter ge-
formt.* Zu dieser Bildung hat offenbar die Beobachtung der Ausweglosigkeit des Schmerzes beigetra-
AS I 52 gen. *Er stellt sich dann den Ausweg aus seinen Qualen vor*, heißt es in der *Inneren Erfahrung*, *wenn er
mehr Geld hätte, eine Frau, ein anderes Leben …
Statt in die Tiefe seiner Angst hinabzusteigen,
schwatzt der Ängstliche, erniedrigt sich und flieht.
Indessen war die Angst seine Chance: Im Maße seiner Ahnungen war er auserwählt. Aber welche Pfu-
scherei, wenn er ausweicht: er leidet nicht weniger
und demütigt sich* […].

Bataille hatte offenbar einen Begriff von dem,
was wir heute den inneren Beobachter nennen. Das
beeindruckt mich. Und ich? Bin offenbar noch acht-
zig Jahre später nicht zu dieser Form der Selbstdis-
tanz fähig. So stellt sich auch *der Ängstliche* Batailles eine Flucht aus der Misere vor – die jedoch nur
darin bestehen kann, die Angst als *Chance* zu verstehen, als Spiel. *Wir weichen aus*, heißt es eine Sei-
AS I 53 te später, *von einem Möglichen zum anderen, bei
uns fängt alles immer wieder an und nichts wird
jemals ausgespielt* […]. Die Meditation versucht genau das: unsere Schmerzen und unsere Angst einmal auszuspielen. Das Spiel der Angst beginnt.

Das Schreiben der Marter

Batailles deutlichste Reaktion auf den Schmerz stellt das Schreiben (oder Spielen) der *supplice* dar. Ist der Schmerz das Herz der Meditation, so ist die *supplice* – also das Kapitel der *Inneren Erfahrung*, das man mit »Marter« oder »Folter« übersetzen kann – der Kern von Batailles theoretischem Werk. Hier erscheint, was Batailles philosophisches Programm des Projektentzugs für ein Bewusstsein bedeuten kann: Wenn das geistige Leben im optimistischen Möglichkeitsraum der Projekte, der Mach- und Denkbarkeit verläuft, bedeutet der Entzug dieses Raums eine Krise und eine Marter für den Geist. Ohne die Möglichkeit, zu denken und zu handeln, liefert sich der moderne Mensch einer existenziellen Unmöglichkeit aus; wenn das bürgerliche Leben aus Fluchtmöglichkeiten bestand, wenn das Leben des Geistes eine einzige Flucht vor sich selbst war, wie Bataille meint, dann wird er in diesem Buch und in diesem Kapitel plötzlich mit der Unmöglichkeit dieser Flucht konfrontiert – mit Nietzsches *fürchterlicher Wahrheit* oder unpathetischer: mit den Sensationen der Meditation.

Was ist eine Marter? Ein willentlich zugefügter Schmerz. Es schmerzt den Geist, es ist eine Marter, während des Meditierens nicht denken und handeln zu können. Es ist eine Folter, tatenlos der Nichterfüllung seiner Wünsche zuzusehen, es quält

mich, die Fliege nicht von meiner Nase zu verscheuchen oder nicht sofort auf meine heftigsten Ängste reagieren zu können. Die *Bestreitung* des Begehrens zerrüttet den Körper und schüttelt das Bewusstsein durch. Diese abstrakte Marter wird auf dem Retreat physisch präsent gemacht und ist mit Händen zu greifen: Jeder kämpft hier mit seinen Qualen. Wechselt man in der Meditation von der Position des Geistes auf die Position der Empfindungen, so wird die Spannung zwischen beiden auf die Spitze getrieben. Das in der Meditation praktizierte Verfahren, sein eigenes Verlangen zu bestreiten, indem man es beobachtet, führt zunächst einmal zu einer Verstärkung der Schmerzen, zu Marter, Folter und Qual. In diesem Sinne er-
AS I 75 scheint die *Marter,* die Bataille immer als Herz der *Inneren Erfahrung* behandelt hat, als Radikalisierung der sensationellen Schmerzerfahrung. Entsprechend heißt es in der *Marter*, dass er sich *wei-*
AS I 63 *gere,* glücklich *zu sein (gerettet zu werden).* Denn *das Verlangen, glücklich zu sein*, führe geradewegs zum *Leid* und zu dem vergeblichen Verlangen, diesem Leid zu entgehen. Während der Heilsgedanke eine Folge der Auflösung des Menschen sei, komme
AS I 63 f. es darauf an, diesen Niedergang zu beherrschen. Daraus folge *das Bedürfnis, zerbrochen zu werden, sich auf die Zerrüttung einzulassen.*

Die Verschränkung von Meditation und Marter, die beim Lesen noch heute schrill wirkt, kommt mir in der Praxis völlig naturgegeben vor. Dieser Retreat ist nicht nur eine Folter für meine Knochen und für die schmerzenden Beine, sondern auch für meinen Geist, der noch nie so radikal seiner Beschäftigung entrissen wurde – für ein Bewusstsein, das ich dazu zwingen muss, nicht aufzuspringen und mir die Beine zu vertreten. Die Meditation quält ein Bewusstsein, das seinem eigenen Ausschluss beiwohnt. Daher ist sie auch für die Philosophie eine Folter, denn wer meditiert, darf nicht denken und seine Gedanken spazieren führen. Wer meditiert, unterfordert seinen Geist brutal. Das zeigt sich schon an Batailles Sprache: Waren weite Strecken der *Inneren Erfahrung* in einer diskursiven und theoretischen Sprache verfasst, so nähert sich dieses Kapitel performativ der Erfahrung der Marter an, von der Bataille spricht. Hier erscheint ein Schreiben der Marter, das nicht mehr *über* die Marter schreibt, sondern *die Marter schreibt* wie ein EKG die Schmerzempfindung – oder wie Emily Brontë, die von Bataille 1957 in einem Aufsatz in *Critique*, der in *Die Literatur und das Recht auf den Tod* abgedruckt ist, mit dem Gedicht *The Prisoner* zitiert wird: *Doch wollt ich keinen Stachel missen, wünschte nicht weniger Qual; / je größer die Marter der Furcht, desto eher wird sie beseligen; / Und gekleidet in Feuer der Hölle oder strahlend in himmlischem Glanz, / Verkündet sie nur den Tod, ist die Erscheinung göttlich.*

The Empire Fights Back

Bataille schreibt die *Marter* in der Einsamkeit und Zurückgezogenheit von Vézelay. Ihn quält nicht nur die Einsamkeit, sondern auch die Beschäftigungslosigkeit seines Geistes, die berühmte *négativité sans emploi*. Seine Nerven *liegen jetzt blank*, er
AS III 124 hat getrunken und ist *unglücklich darüber, allein zu sein und warten zu müssen. Diese Pein ist unerträglich. […] Was habe ich zu tun, wenn nicht gerade dies zu schreiben, dieses Buch, in dem ich meine Enttäuschung (meine Verzweiflung), nichts zu tun zu haben auf dieser Welt, ausgeführt habe?* Es quält den Geist, nichts zu denken zu haben, nichts zu tun zu haben, weil er nur durch dieses Denken und durch dieses Tun zu sich gekommen ist. Das Nichtstun bestreitet ihn ebenso wie die Meditation, der Leerlauf ist eine Marter, ein *undoing* des Geistes und *unlearning* des Denkens. Dabei weiß ich auch nicht, was mich mehr quält, meine freidrehende Negativität oder mein Geist, der mir dauernd beim Meditieren in die Quere kommt. Es ist nicht möglich, gleichzeitig zu meditieren und zu reflektieren, aber noch viel weniger kann man meditieren, ohne abzuschweifen. Eine Hegel'sche Welt: Entweder die sinnliche Unmittelbarkeit regiert oder die distanzierte Reflexion. Mein Geist ist eine Geißel, die mich weder meditieren noch denken lässt: Einmal geweckt, werde ich die geistige Wach-

heit nicht mehr los. Ich muss noch dies aufschreiben und das, ständig in Sorge, irgendetwas zu vergessen. Dauernd stört der Geist die geistlose Ruhe der Meditation, ich finde keine Ruhe vor dem Wadenbeißer des Geistes. Er stört die Meditation, weswegen hier alles getan wird, um die reflexive Unruhe zu unterbinden. Doch mein Geist ist nicht beschäftigungslos, er ist keine *négativité sans emploi*, unentwegt versucht er, weiter zu arbeiten und sich in Gang zu halten. Die Meditation stockt, ich stagniere.

In meiner Blöße betrachte ich die anderen Schüler. Auch wenn ich sie nicht anblicken darf, sehe ich ihre Gestalt. Der Dresscode der Meditation wird von allen vollkommen anders ausgelegt, auch wenn der Sanyassin-Style die Leggins überwiegt. Mit den Dutzenden Schülern, die hier unterrichtet werden, wird eine Industrie zur *Austreibung des Geistes* (Friedrich Kittler) betrieben, um zu den Betriebssystemen eines Geistes vorzudringen, der den Rest der Welt kolonialisiert hat. Weil wir eine Kolonie unseres Geistes sind, weil wir uns nicht selbst ermächtigen oder besitzen, ist das Meditieren auch eine Dekolonisierung, wenn schon nicht eine Austreibung, des Geistes. Um die Arbeit der Austreibung erfolgreich zu absolvieren, wimmelt es von Optimierungsstrategien zur Unterbietung des Geistes; eine Masse an Vorschriften, die die Negativität, die dem Geist genommen wird, anderswo wieder

hervortreibt. Jeder Handgriff im Lager wird programmiert, überall Anleitungen zur regelgerechten Verrichtung der Dinge, nur damit keine Kommunikation nötig wird, die uns beim Meditieren stört. Das Lager als unfreiwillige Gebrauchsanweisung seiner selbst. Dabei schlägt die vollendete Negativität in ihr Gegenteil um, wie Bataille in der *Inneren*
AS I 110 *Erfahrung* beobachtet, wo von einer *Zerstörung des Zerstörers* die Rede ist. Das ist die Operation der Meditation: das kalkulierte Zurückschlagen des Geistes gegen den Geist. *The Empire Fights Back*. Dieser Rückschlag geht so: Wir negieren die Welt durch unsere Arbeit oder durch die Arbeit unseres Geistes. Dadurch machen wir uns von einem Geist abhängig, der uns nicht mehr in Ruhe lässt. Daher bestreitet und negiert die Meditation diese Negation, in ihr versuchen wir, wieder zu jener geistlosen Konzentration zu finden, von der wir ausgegangen sind. Dennoch ist sie keine Negation der Negation, keine naive Rückkehr zum reflexionslosen Ursprung, sondern nur beschäftigungslose Negativität, denn die Meditation bleibt geistig und negativ, nur dass sie dem Geist jeden Inhalt entzieht.

Zu diesem Entzug gehört die Kahlheit der Tagesabläufe mit ihren Wiederholungen, den langen Weilen, den riesengroßen Zeitfenstern ohne Ausblick: All das hat natürlich System, die Abgründe an unvertreibbarer Zeit konfrontieren mich mit der

Unmöglichkeit, nichts zu tun, mit der Armut meines geistigen Reichtums. *Die Hindus*, schreibt Bataille, *haben noch andere Mittel, die in meinen Au-* AS I 32
*gen nur den Wert haben zu zeigen, dass die armen
(die ärmsten) Mittel allein die Kraft besitzen, den
Umbruch zu bewirken (die reichen Mittel sind zu
bedeutend, schieben sich zwischen uns und das Unbekannte wie Gegenstände, die um ihrer selbst willen gesucht werden). Allein die Intensität ist wichtig*. Die Armut der Mittel zeigt sich auch in der
Gestaltung der Speisesäle. Dem Geist wird jegliches
Futter verweigert, es gibt keine Bilder oder sonstige
Dekoration an den Wänden, bei denen der Geist
verweilen könnte. Allenfalls Blumen, was mich daran erinnert, dass Bataille die Meditation einmal
mit einer Blüte vergleicht. Im Speisesaal hängen AS II 42
umgekehrte Tafeln wie verhüllte Kruzifixe. Die äl-
teren Schüler (zu denen ich gehöre) wissen, dass
diese Tafeln am Ende des Retreats umgedreht werden. Wenn das Geheimnis gelüftet wird, kann der
Geist all jene Informationen zur Meditation ver-
schlingen, die ihm zuvor vorenthalten wurden.

Der Negativitätsentzug besitzt den Ernst des Hegel'schen Systems: Kein Gedanke, nur ein Lachen könnte es sprengen. Was wäre, wenn hier jemand während der Meditation in Lachen ausbrechen würde? In ein rückhaltloses, nicht zurückzuhaltendes Gelächter? Grund zu lachen gäbe es, schließlich ist das System der Meditation so ver-

schlossen wie das Hegel'sche. Weswegen der Negativitätsentzug auf dasselbe hinausläuft wie die totale Negativität des absoluten Wissens: Beide neutralisieren sich gegenseitig und tendieren zu einem Moment, den man am letzten Tag live erleben kann, wenn man wieder sprechen darf – und es aber gar nicht mehr möchte. Wenn man wieder blicken darf, aber darauf verzichten kann. Wenn sich Wissen und Nichtwissen die Waage halten. Insofern hat die Meditation ähnliche Effekte, wie sich in einer Bibliothek einzuschließen oder ins Internet. Der beste Kommentar zu dieser Situation einer vollen Leere, zur Begegnung von Abstraktion und Konkretion, absolutem Geist und bewusstloser Lächerlichkeit besteht in einem Marienkäfer, der – mitten in Ba-
AS II 61 tailles Erörterungen der *Freundschaft* hinein – auf einem Schema Hegels herumspaziert.

Was passiert hier? Der Geist reduziert den Ma-
AS I 110 rienkäfer, also die *Natur auf die Leere*, und startet einen *Prozess der Anmaßung*. Diese *vollendete Negation der Natur durch den Menschen* besteht darin, dass er *sich über ein Nichts erhebt, das sein Werk ist*. Diese Anmaßung – das Hegel'sche System gegenüber dem Marienkäfer – hat Konsequenzen, sie *schlägt unmittelbar zurück in den Taumel, den Sturz in die Leere des Himmels*. Das ist die Situation hier: Aller Anhaltspunkte beraubt, taumeln wir meditierenden Bewusstseinsmaschinen unter einem entvölkerten Himmel auf dem Gelände um-

her. In der dauernden Unterforderung unseres Geistes stürzen wir *in die Leere des Himmels*, der von unseren Sensationen nicht berührt wird. In unserem *Überschuss an Nichts*, unserer *unbrauchbaren Freiheit*, wie Blanchot in *L'Entretien infini* die m 11 92
Innere Erfahrung reformuliert, versuchen wir, unsere beschäftigungslose Negativität zu bejahen. Ich bejahe in der Meditation also die Negation – und genau das ist in den Worten Blanchots die *Innere Erfahrung*: *die Art und Weise, in der sich diese radikale Verneinung bejaht.*

Die Aufhebung des Schmerzes

Wenn ich meditiere, negiere ich einen negativen Geist. Dennoch ist die Meditation nicht negativ, sie ist keine Negation der Negation, weil sie diese Verneinung affirmiert und konsumiert, weil ich diese Negation der Negation affirmiere. Wenn ich meditiere, bejahe ich eine Verneinung meines Geistes. Daher kommt es auch nicht zu einer Destruktion, sondern zu einer Dekonstruktion des Geistes, um die berühmte Abwandlung Derridas aufzugreifen, zu einem Rückbau unserer Gedankengebäude. Das geschieht beispielsweise mit dem Schmerz: In der Meditation soll er nur gesehen, aber nicht auf den Begriff gebracht werden. Der Schmerz soll nicht zum Gegenstand meines Denkens werden. Jede abhebende und abschweifende Operation ist meinem Geist verboten. Den Schmerz zu sehen heißt, seine Banalität zu akzeptieren: keine Theorie. Jede Theorie erhebt und betrügt uns über den Schmerz; während sie vorgibt, sich mit ihm zu beschäftigen, verfehlt und verstärkt sie ihn. Umgekehrt die Meditation, die ihn anerkennt und verschwinden lässt, indem sie ihre Konzentration woandershin lenkt.

Dabei wird vielleicht die gesamte intellektuelle Tätigkeit durch den Schmerz geboren: Ich habe Schmerzen, also beginne ich zu denken. Aber während ich denke, ersetze ich die physischen Schmerzen durch metaphysische; beide haben sich nie getroffen, im Gegenteil: Indem ich über meine Schmerzen nachdenke und glaube, auf der Fährte ihrer Linderung zu sein, dehne ich ihre Macht aus, weil ich sie nicht auf ihrem Territorium bekämpfe. Ich begegne dem physischen Schmerz nicht, wenn ich über ihn nachdenke und ihn zum Gegenstand der Reflexion mache – es bleiben zwei verschiedene Gegenstände. Der vermittelte Schmerz ist kein Schmerz mehr, es ist aufgehobener Schmerz. Das ist also Hegels legendäre Maschine der Aufhebung bei der Arbeit – deklinieren wir sie durch: Um eine Aufhebung handelt es sich erstens, weil der physische Schmerz in den metaphysischen Begriff des Schmerzes transformiert und dadurch zerstört wird; doch während der Begriff ihn eliminiert, wird der Schmerz zweitens als geistiger aufgehoben;

weswegen er drittens auf eine höhere Stufe gehoben wird, weil er als geistiger mehr Wert hat denn als unmittelbarer. Der Trug und die Tücke dieser ebenso einfachen wie genialen Operation besteht darin, dass der ursprüngliche Gegenstand und der aufgehobene nicht mehr identisch sind: Der aufgehobene Schmerz ist nicht mehr der empfundene Schmerz. Sobald ich den Schmerz als Gegenstand im Kopf habe, ist es nicht mehr der physische Schmerz, über den ich nachdenke, sondern ein Gegenstand meines Geistes. Kurz: Wer wahrhaft Schmerz empfindet, kann nicht über ihn nachdenken, und wer noch nachdenken kann, wird keinen Schmerz mehr empfinden.

Ich sitze gerade viel bei Ärzten und rede über meine Schmerzen (banale Verletzungen in Knie und Schulter). Soll ich lieber meditieren und den Schmerz in Schach halten? Auch wenn er eher von einer *Sus-
pendierung* statt von einer Aufhebung der Schmer- AS I 68 f.
zen sprach, war Bataille gut über die Gefahr der
Aufhebung der inneren Erfahrung unterrichtet. AS I 172
Zwischen Erfahrung und Projekt, schreibt er, *etab-* AS I 81
liert sich das Verhältnis, das zwischen dem Schmerz und der Stimme der Vernunft herrscht: die Vernunft führt die Nichtigkeit eines Seelenschmerzes vor Augen (indem sie sagt: die Zeit wird den Schmerz vergehen lassen – etwa wenn man auf das geliebte Wesen verzichten muss). Die Verwundung ist da, gegenwärtig, abscheulich, und sie weist die

Vernunft zurück, indem sie zwar zugibt, dass sie im Recht ist, aber darin nur ein zusätzliches Schrecknis erblickt. Ich leide nicht weniger an einer Wunde, wenn ich ahne, dass sie bald geheilt sein wird. Das lange Statement zum Schmerz lässt sich auf die kurze Frage bringen: Heilt die Zeit alle Wunden und hebt sie mit der Zeit auf oder nicht?

Während ich diesen Text redigiere, sehe ich die Installation *The Clock Is Always Wrong* (2022) von Johanna Hedva im Gropius-Bau, die auf diese Frage antwortet. *Aber*, verkündet sie in einem Saaltext – *Fürsorge, Heil und Reparatur gibt es nicht.* Und weiter heißt es: *Was tun mit der Aussage »Zeit heilt alle Wunden«, wenn sowohl Zeit als auch Heilung nicht existieren? Wie erkennt der Körper – von Menschen, Tieren, Nichtmenschen, der Erde und dem Übernatürlichen – Zeit?* Wie Hedva hatte ich immer den Eindruck, das Bonmot von der Zeit, die alle Wunden heilt, sei eine versöhnliche Lüge – die Nietzsches *fürchterliche Wahrheit* kaschiert, die das Gegenteil behauptet. Meine Wunden haben sich mit der Zeit kaum geschlossen, sie haben sich verändert. Wie soll ich mit diesen Wunden leben, die nicht aufhören, sich nicht zu schließen? Mit der Meditation, meditierend? Dabei nimmt die Meditation eine ähnliche Position ein wie Bataille: Beide denken nicht von der Position des Geistes aus, sondern wechseln auf die Seite der Empfindung. Die Meditation spricht zwar unablässig vom Geist, kehrt aber dessen Mission ins Gegenteil: Der Geist dient nicht mehr der Reflexion oder Rationalität, Verstand oder Vernunft, sondern der Beschreibung von Zuständen und Sensationen. Indem der Geist in der Meditation nur beobachtet, arbeitet er an der *Abschaffung des Geistes* mit. In diesem Sinne weist der Lehrer uns an, während der letzten Tage der Meditation die Aufmerksamkeit unseres Geistes alle Zeit – und nicht mehr nur während der Meditationszeiten – auf die Realität des Körpers zu richten. Das absolute Wissen des Geistes besteht hier im Nichtwissen der Sensationen und körperlichen Zustände.

Doch während die Lehrer hier sagen, das Denken neutralisiere die Empfindung, geht Bataille noch einen Schritt weiter. Er versorgt das Denken mit einem Grund, aus dem es die Empfindung abtötet. An zwei Stellen der *Inneren Erfahrung* interpretiert Bataille das Hegel'sche System als Effekt seiner Verzweiflung: Hegel habe geglaubt, verrückt zu werden, also entwickelte er als Rettung und Flucht vor dem Wahnsinn das System. AS 164 *Hegel, denke ich, rührte an das Extrem*, schreibt Bataille. *Er war noch jung und glaubte, verrückt zu werden. Ich denke mir sogar, dass er das System ausarbeitete, um dem zu entkommen (jede Art Eroberung ist sicher die Tat eines Menschen, der vor einer Bedrohung flieht)*. Bataille spekuliert auch über die Gründe für Hegels Angst vor dem Wahnsinn (Angst

vor dem Bösen, dem Tod oder Gott?). Jedenfalls unterstellt er Hegel, dass seine Philosophie aus der Flucht vor dem Schmerz entstanden sei – und wer wie Hegel aus Angst vor dem Schmerz zu philoso-
AS 164 phieren beginne, sei ein *verstümmelter* Mensch: *Hegel indes gewann das Heil im Leben, tötete das Flehen und* verstümmelte sich. *Es blieb von ihm nichts übrig als ein Schaufelstiel, ein moderner Mensch.*

Die Materialisierung der Marter

Doch die Frage bleibt: Wenn der moderne Mensch ohne seine wegrationalisierten Wunden *verstümmelt* ist, die Wunden aber nicht von der Zeit geschlossen werden, wie soll man dann mit seinem Schmerz umgehen? Die Meditation tritt dem Schmerz auf seinem eigenen Terrain entgegen – mit einer Operation, die geistig ist, ohne den physischen Schmerz aufzuheben, und die physisch bleibt, ohne auf die Steuerung des Geistes zu verzichten. Der Geist bleibt anwesend genug, um die Befragung der Sensationen zu lenken – die ihrerseits präsent genug bleiben, um nicht als Begriff abstrahiert zu werden. Die *große Operation* der Meditation erlaubt es dem Geist, den Schmerz zu berühren, ohne ihn zu negieren. Der meditierende Geist beugt sich über den Körper und seine Empfindungen; die Meditation versucht, die Balance zwischen Denken und Empfinden zu halten und gleichzeitig geistig und empfindend präsent zu sein.

Einige Jahre nach der *Marter* gibt Bataille in *Sur Nietzsche* einen Rückblick auf das Schreiben des Schmerzes. Nachdem er sich von der Meditationspraxis verabschiedet hatte, spricht er von der *diffusen, unpersönlichen und gegenstandslosen Freude* AS III 96 *der Yoga*. Während er seine Methode mit seinen bewährten Motiven (Flamme, Leere, Rausch) noch einmal beschreibt, kommt er auf buchstäbliche Foltermethoden zu sprechen, die in der *Marter* unerwähnt blieben. Er erwähnt das Pfählen sowie aktuelle Foltermethoden der Nazis. AS III 134

Sturm tost über das Land. Es knallt im Wald. Sind das Schüsse oder nur die nahen Bagger? Während der Sturm immer stärker bläst, wird mein Geist immer ruhiger. Eine Empfindung: Während der Meditation rinnen zwei Tränen meine Wangen hinunter und kitzeln mich. Statt sie wegzuwischen und zur Beute meiner Hand zu machen, fordert die Meditation, die gewohnheitsmäßige Handlung zu unterlassen und die Situation zu sehen: Zwei Tränen rinnen meine Wange hinunter. Sie kitzeln mich, ich möchte sie wegwischen. Außer einer Störung sind die Tränen eine Materialisierung der Zeit: Das Kitzeln ist, es verläuft in der Zeit. Eine Träne ist ein zeitbasiertes Medium. Ich spüre Sehnsüchte nach Gemeinschaft, nach Totalität, nach einer Gefährtin,

nach Aufhebung der Einsamkeit. Aber auch Ge-
AS I 221 danken an die, wie Bataille schreibt, *stärkende Seite der Einsamkeit*.

Mir schmerzt alles. Die Gruppenmeditation in
der großen Halle nenne ich innerlich nur noch Fol-
terstunde. Meine schmerzenden Glieder quälen
mich ebenso wie die Lücken an Empfindungen,
wenn ich sie gar nicht mehr spüre. Mir ist mittlerweile klar, dass die Schroffheit dieser Meditation
Methode hat. Die quälende Kargheit der Tagesabläufe ist penibel – es fühlt sich ungefähr so an, wie
sich freiwillig mit dem Auto in einen Stau zu bege-
ben. Ein etwas heroischerer Vergleich: Die Lücken
an Sensationen ragen aus den Empfindungen hervor wie kahle Berggipfel aus einem bewaldeten Ge-
birge. Denn tatsächlich besitzt diese Kahlheit auch
eine schroffe Schönheit, die von Bataille gefeiert
AS II 74 wird. Er meditiert vor der *bedrückenden Kahlheit
einer Berglandschaft im Krieg* und beschreibt be-
rauscht ihre Lebensfeindlichkeit. Was ist der Unterschied zwischen dem Erhabenen und der Souveränität? Wenn die Lücken der Sensationen das Projekt
ruinieren und die Ruine des Projekts für Bataille
souverän ist, dann führen die Lücken zur Souveränität. Sie sind das Siegel der Souveränität. Mit anderen Worten: Man muss kämpfen, gegen sich
selbst ankämpfen. Ich muss kämpfen, um nicht einfach aufzustehen, um mich nicht an der Nase zu
kratzen, um nicht wegzugehen und meinen Gedan-

ken im Kopf aufzuschreiben, der gleich wieder verschwunden sein wird. Der Lehrer peitscht uns vom Tonband zur unermüdlichen und aufmerksamen Jagd nach den Sensationen an. Auch Bataille hat offenbar mit sich gekämpft. *Die Schwierigkeit* sei, so versichert er, *dass man weder leicht noch ganz und gar dahin gelangt, zu schweigen, dass man ge-* AS 1 29
gen sich selber ankämpfen muss. Bei diesem *Ankämpfen* gegen die Alltagsgedanken besteht die Schwierigkeit darin, dass man sich umso rückhaltloser in sie verstrickt, desto mehr man sie zu vermeiden versucht. *Wir suchen*, so beschreibt Bataille diese Verstrickung, *zu ergreifen, was in uns vor den verbalen Dienstbarkeiten sicher ist, aber wir ergreifen nur uns selbst, die wir Unsinn reden und Phrasen aneinanderreihen, vielleicht über unsere Bemühung (und ihr Scheitern), aber doch Phrasen, in der Unfähigkeit, etwas anderes zu ergreifen.* Jeder Versuch, aus dem Labyrinth der Gedanken zu entkommen, führt noch tiefer hinein.

Warum leiden, warum quälen und schinden wir uns hier Tag für Tag? Nach ein paar Tagen beobachte ich mich und die anderen Schüler dabei, wie man nicht nur eine Freundschaft zu sich, sondern auch zu den Pflanzen pflegt: Man legt sich beschäftigungslos ins Gras, um es wachsen zu hören, man beobachtet die Ameisen. Jemand umarmt die Bäume und man betrachtet die Struktur der Moose. Ich betrachte die Baumrinde. *Du, einmal glatte*

Rinde, hauche ich ihr mit Rilkes *Atmen, du unsichtbares*-Gedicht entgegen, *Rundung und Blatt meiner Worte.* Ich werde zum Freund und Gefährten meiner Umwelt. Ich gehe ins Wäldchen und lerne neu sehen, ich erfreue mich an den Formen der Natur, den Wundern des Waldes und am Rauschen der Bäume. Statt mit meinesgleichen beginne ich, mich mit den Bäumen und Blättern zu unterhalten, ich werde auch zum Freund der Pflanzen und Gräser, der Kiefern und Föhren, der Gräser und Pilze, die aus dem feuchten Septemberboden sprießen. Ich nehme die Einladung der geschmeidigen Waldgräser an und lege mich hinein. Die neue Nähe zur Natur wird von den beschäftigungslosen Negativitäten genossen. Schließlich negiert die menschliche Negativität nicht nur die eigene Empfindung, sondern auch die Natur. Die Erde wird
AS I 111 zum *Abfall*, wie es in der *Inneren Erfahrung* heißt. Die Unterwerfung unter ein abstraktes Selbst ist gleichbedeutend mit der Unterwerfung der Natur: *Gerade der Prozess*, schreibt Bataille, *in dem der Mensch die Mutter Erde verleugnet, die ihn geboren hat, eröffnet den Weg der Knechtschaft. […] Die Erde zu seinen Füßen ist wie Abfall. Der Himmel über ihm ist leer.*

Die Meditation arbeitet sich an dieser Negation ab, sie räumt den Weg zu einer neuen Sinnlichkeit und Positivität frei – nicht nur die Empfindung für uns selbst wird freigeschaltet, sondern auch die für

die Natur. Aber ist die Rede von einer unverstellten Sinnlichkeit nicht reichlich romantisch, haben wir den Kitsch der Unmittelbarkeit nicht längst hinter uns gelassen? Was soll das sein, die Positivität? Die Positivität, das ist zunächst einmal: dein Körper, seine Zustände, seine Spannungen und Empfindungen. Alles, was du gerade spürst, alles, was ist, ist positiv, bevor es in den Rahmen des Begriffs eingespannt wird. Es geht also auch um Respekt, um nicht zu sagen Demut, um die Verneigung vor dem, *was da ist* – um eine Euphorie oder Ekstase vor AS I 171
dem Anwesenden, wie sie Bataille beschreibt: vor der Natur natürlich, dem Wetter, von dem man hier viel abbekommt, den Elementen, der Luft, dem Wasser. *Wichtigkeit der jahreszeitlichen Veränderungen,* notiert Roger Caillois in seinen Notizen zu CS 202
den Bruderschaften.

Die Archäologie der Sensationen

Während ich den ökologischen Bataille entdecke, stellen sich mir archäologische Fragen: Ist die Positivität das Gleiche wie die Materialität? Besteht die Materialität im Entzug von Negativität? Wäre eine Welt ohne Negativität eine positive, materielle Welt? Lerne ich hier nicht nur das Umschalten auf die Positivität, auf das Gegebene, sondern auch auf die Materialität? Und zieht mich die Materialität an, weil sie eine Heilung von der Krankheit der Negativität verspricht? Beim Nachdenken über diese Dinge sortiere ich meine therapeutischen Praktiken: Wie verhält sich die Meditation zur tiefenpsychologischen Gruppentherapie, die ich manchmal mache, zu den Ausgrabungsarbeiten in meiner Seele? Ich behelfe mir mit einer Arbeitsteilung: Für die Analyse von Inhalt und Ursprung der Schmerzen ist die psychoanalytische Gruppe zuständig, für ihre Therapie die Meditation. Tatsächlich ist die Meditation auch eine Ausgrabung, schließlich kommen dabei so viele Dinge hoch, dass ich mich frage, aus was für einer Tiefe sie erscheinen?

Die Theorie der Meditation, die uns immer noch jeden Abend verabreicht wird, arbeitet mit einer ausgeprägten Schichtmetaphorik. Sie versteht das Unbewusste als eine Art Archiv von angesammelten Verknotungen der Seele (*Sankharas*), die bei Aktualisierung wieder zum Vorschein kommen. Ein Lehrbuch der Meditation von William Hart definiert dieses Stadium dadurch, *dass alte, bisher im Unbewussten verborgene Unreinheiten, die lange in der Tiefe schlummerten, zur Oberfläche des Geistes aufsteigen und sich als körperliche Empfindungen manifestieren.* Und weiter heißt es: *Indem der Meditierende diesen Empfindungen gegenüber Gleichmut bewahrt, erzeugt er keine neuen* Sankharas *und erlaubt den alten, sich aufzulösen und zu vergehen.* Eine *Sankhara*-Verknotung bilde sich beispielsweise jedes Mal, wenn wir eine Aversion oder Abneigung empfinden – zum Beispiel gegen das Ausbleiben von angenehmen Empfindungen während der Meditation. Dabei prägen sich diese negativen Gefühle physisch ein, unsere Körper speichern jede Aversion. So entstehen Bestände, Depots, Archive von aufbewahrten Verknotungen, die *aufgeräumt wie in einem Archiv* (Freud) irgendwo in unserer Seele lagern und für unsere blinden Reiz-Reaktions-Mechanismen verantwortlich sind. Nach dieser Theorie reagieren wir blind auf Ängste, weil Verknotungen aus der Vergangenheit existieren, die den aktuellen Fluss der Energie blockieren. Um diese Stellen freizuschalten, müsse man die alten Verknotungen auflösen, wofür sie erst einmal an die Oberfläche transportiert werden müssten. Die Meditation macht also nicht nur die Gegenwart über die Empfindungen verfügbar, sondern auch die Vergangenheit. Wie das psychoanalytische Gespräch ist sie ein Zugang zum Archiv der Vergangenheit, zu *Stellen, an denen es in die Tiefe geht* (Walter Benjamin).

Aber es ist gar nicht nötig, Benjamin oder Freud zu entsichern, die alten Theorien der Meditation sind durchaus elaboriert. Es gibt alte *Sankhara*-Listen, die aufschlüsseln, welche Verbindungen von Emotionen in der Vergangenheit (oder in einem früheren Leben) zu welchen aktuellen physischen Sensationen führen, Verbindungen zwischen Ele-

menten und Empfindungen, zwischen Empfindungen und Geschmäckern oder Gefühlen (zum Beispiel Zorn = Feuer, Angst = Luft, scharf = Hitze). Die Meditation kümmert sich um diese schlummernden Verbindungen, die aus der Vergangenheit unsere Gegenwart fernsteuern. Sie holt die negativen Gefühle aus der Tiefe der *Sankharas* an die Oberfläche. Dabei kann es in schmerzhafte Tiefen gehen. Manche Stellen fühlen sich in der Meditation wie Krater mit aufgeworfenen Rändern an, wie vernarbte Erinnerungen und Traumata unerfüllten Begehrens und frustrierter Mangelerfahrungen. Es sind Monumente der Vergangenheit, die aus dem Gestern ins Heute meiner Empfindungen ragen. Uns wird eingeschärft, dabei sowohl auf die negativen wie auf die positiven Empfindungen mit Gleichmut zu reagieren – sonst würden sich die *Sankharas* noch vervielfältigen. Also Attacke auf die *Sankharas*! Bei diesem Angriff kann sogar Nietzsches *Zara-*
AS III 175 *thustra* helfen; so schreibt Bataille in *Sur Nietzsche*, es gelte, Zarathustras *Rundtanz um die Zeit* zu tan-
AS III 166 zen, der Vergangenheit nicht zu folgen, sondern mit ihr zu spielen, um sich von ihr zu lösen.

Über die Tage und Nächte der Meditation werden viele unangenehme und unverarbeitete Erfahrungen aus der Vergessenheit wieder hochgespült. So unangenehm das ist, so ist dieses Hochspülen von negativen Empfindungen auch eine Probe auf die Methode, ohne die sie nicht wirksam wäre.

Schließlich soll ich nicht bei den Lücken ausharren, um Schmerz zu produzieren, sondern der Schmerz soll die *Sankharas* an die Oberfläche spülen, um sie aufzulösen. Der Schmerz ist wie die Sensationen ein Medium einer Ausgrabung, die erst mit dem Schmerz beginnen kann. Meditation, Ausgrabung und Schmerz sind sich solidarisch; sie brechen das Mantra einer Wellnesskultur, die sich darauf geeinigt hat, dass man sich vor allem nicht quälen solle. Die Meditation lehrt, dass das Ertragen einer Qual, selbst wenn sie so schrill wirkt wie Batailles, unter Umständen sinnvoll sein kann, um die Marter unseres Bewusstseins zu lösen. Sie beglückt nicht durch Trance oder Ekstasen, ihr Glück besteht in der Souveränität, dem Gebieten über den Schmerz. Ich soll mir nicht von angenehmen Gefühlen schmeicheln lassen wie in Wellness-Meditationen und Meditations-Apps. Auch bei Bataille existiert ein deutliches Misstrauen gegenüber den Wohlgefühlen, die die Meditation auslösen kann, gegenüber dem geistigen *Vermögen, […] in sich in-* AS I 160
nere Bewegungen hervorzurufen. In der Meditation, die ich hier lerne, geht es nicht um die Produktion besonderer Bewusstseinszustände, sondern um das Aufspüren und Aushalten unangenehmer Stellen und negativer Sensationen – es geht um die Beobachtung dessen, *was da ist.* AS I 171

Abends geht mir die Theorie noch einmal durch den Kopf: Man nimmt also an, dass die Empfin-

dungen, die ich gerade jetzt empfinde und die
scheinbar zufällig von irgendwoher kommen, ge-
speicherte Gefühlsdaten vergangener Zeiten darstellen, die im Hier und Jetzt abgerufen werden.
Die Vorstellung von abgelagerten Begehrens-Aver-
sions-Knoten erinnert mich an Freuds frühe Phy-
siologie der Seele; auch Bataille verwendet zuweilen eine physiologische Ausdrucksweise, wenn er in
der *Methode der Meditation* beispielsweise von *Er-*
AS I 258 *gießungen* spricht, die *gewichtige Muskelbewegun-*
gen seien und die *Energie verzehren, ohne einen*
anderen Effekt als eine Art innerer Erleuchtung.
Weniger psychophysiologisch als psychoanalytisch
berichtet er dann in der *Inneren Erfahrung* über
AS I 16 *tiefe Empfindungen, die aus den Untergründen der*
Kindheit stammen oder von einer Gegend, mit der
AS II 70 ihn *schreckliche Kindheitserinnerungen* verbinden.
OC IV 370 / Im Filmszenario *La maison brulée* gräbt er einmal
M II 111 die Kindheitsszene eines geschlachteten Kanin-
AS II 32, chens aus. Und in der *Freundschaft* holt er mehr-
122, 129 fach die Vision des Gesichts seines früh verstorbe-
nen Vaters aus der Tiefe hervor. Diese Szene war
bereits in *Die Geschichte des Auges* aufgetaucht,
Batailles berühmtestem literarischen Text, der bereits 1928 Effekt einer psychoanalytischen Ausgrabung war.

Die Dialektiken des Begehrens

Aber ich bin nicht mein Therapeut, ich leide. Mein Leiden insistiert. Machen mich meine Sehnsüchte nicht aus? Ich kenne die Antwort schon: Ich muss mich von nichts trennen, ich muss das Begehren nur anschauen. Die Meditation geht davon aus, dass man diesen tiefen seelischen Schmerzen nur beikommt, indem man bei den alltäglichen physischen Impulsen beginnt – und seien sie so banal wie das Kratzen einer juckenden Stelle. Allein die Vergegenwärtigung des Begehrens durch einen inneren Beobachter ändere die Situation, allein durch diese Distanzierung verliere das Verlangen seine Kraft, der Brand der Sehnsucht werde abgeschwächt, die Schmerzen geringer. Die Momente gehen vorüber, alles verändert sich im Zyklus von Werden und Vergehen: *anicca, anicca* – eine Veränderung, ein *permanent change*, wie der Lehrer vom Tonband sagt, deren Spiegel Bataille in den veränderlichen AS II 54
Wetterphänomenen erblickt.

Ich betrachte mein Begehren an der Oberfläche meines Geistes. Es ist ein Spiel mit dem Feuer, mit leicht entzündlichem Material, schließlich kommen immer wieder Trauerfetzen hoch, die sofort in Flammen aufgehen können. Ich könnte sofort in Schluchzen ausbrechen, aber ich bleibe ruhig. Und sehe, dass es eine Differenz zwischen dem Begehren und mir gibt, dass es nicht ich ist – es ist ein

Schmerz, der vorüberzieht wie das Wetter, eine Sehnsucht, die verfliegt und die immer wieder neu entsteht wie Wolken und Regen – Phänomene, an AS 11 59 denen Bataille immer neue Verschmelzungszustände zwischen Körper und Geist, Subjekt und Objekt beobachtet. Mein Schmerz verliert seine tödliche Kraft. Mir kommen andere Sätze in den Sinn. Dabei geht es nicht darum, den Schmerz und das Verlangen zu löschen, was ohnehin nicht gelingt, sondern darum, sich als Verlangender zu sehen und zu akzeptieren (es ist okay, wenn du dich kratzen möchtest) – und schon verfliegen diese Sätze und verlieren ihre Macht. Nach der Theorie.

Der Lehrer unterrichtet uns ausführlich über die Dialektiken und Aporien des Begehrens, von dem man sich nicht abhängig machen dürfe. Die Erhaltung der Gleichmut sei wichtiger als das Erreichen der Ziele des Verlangens, weil es immer nur temporäre Befriedigungen, aber nie dauerhaftes Glück gewähre. Um unsere größten Ängste und Schmerzen zu erreichen, müssten wir bei den kleinsten und banalsten Empfindungen anfangen. Glücklich und gleichmütig werde man nicht, indem man dieses oder jenes Ziel seines Verlangens erreiche, sondern indem man keine Aversion gegen ihre Abwesenheit hegt. Das *Go on smilingly* sei für unser Wohlbefinden wichtiger als die Erfüllung unserer Wünsche. Das Gleichmütigkeitstraining solle auf der kleinsten Ebene beginnen; wenn ich mit den Traumata der

Abweisung klarkommen wolle, müsse ich bei den sensationslosen Lücken der Meditation beginnen, schließlich bedeute die Erfahrung der Abwesenheit von Sensationen eine Zurückweisung auf der materiellsten und physischsten Ebene. An den Lücken der Meditation, also am physischen Zurückgewiesenwerden durch mich selber, lerne ich, mit den Zurückweisungen des Lebens umzugehen – für unseren Körper seien beide identisch. Wenn ich zurückgewiesen werde, ist es wichtiger, die Zurückweisung anzunehmen, als sie rückgängig machen zu wollen. Während die Stillung meines Verlangens mich in der Dialektik aus Begehren und Befriedigung gefangen hält, kann ich durch den angenommenen Schmerz zur Gleichmut gelangen. Auf die Erfüllung meines Begehrens würde nur das nächste folgen, so will es schon Hegels Dialektik des *unglücklichen Bewusstseins*, weswegen die Zurückweisung für das Gleichmütigkeitstraining vorteilhafter erscheint als die Befriedigung. In der Meditation beginne ich also, den angenehmen *free flows* und gleitenden Empfindungen zu misstrauen.

Das Gleiten der Sensationen

Aber ich gleite nicht von einer Empfindung zur nächsten, bei mir stockt die Meditation, immer wieder fahre ich in Empfindungslöchern fest. Wenn ich

an einer Stelle nichts empfinde, fühlt sich das wie ein Ausrutscher an, ein Ausgleiten. Ist das Batailles berühmtes Gleiten, das zur erkenntnistheoretischen Kategorie ausgebaut wird? Beim Meditieren geht es nicht ums Sein, sondern um gleitende Zustände dazwischen, man denkt nicht wie Beuys mit dem Knie, sondern man empfindet mit ihm. Wenn ich nichts empfinde, gerate ich ins Gleiten, ich verliere mich ohne Halt und Orientierung, weil ich mich an keiner Identität mit mir, keiner Substanz und keinem Wesen festmachen kann. Was empfinde ich gerade? Keine Ahnung! Weil die Meditation den Geist gezielt ins Gleiten versetzt, mag sie für Bataille attraktiv gewesen sein. Die sensationslosen Stellen sind wie Narben in der Haut der Empfindung, wie klaffende Wunden, positive Lücken, die nicht angeeignet werden können. Wie gern würde mein Geist den blinden Fleck in der rechten Wade benennen und assimilie-
AS I 32 ren, wie gern möchte ich der *Flut* der Empfindungen, von der Bataille spricht, einen Rahmen und einen Namen geben, wie gern möchte ich die lauernde Entdifferenzierung beherrschen – in die Lücken zu eiern fühlt sich einfach nur jämmerlich an.

5. TAG oder *Die Kommunikation der Meditation*

Ich erwache mit der Morgenglocke. Ich trete hinaus in die Dunkelheit und blicke mit weit geöffneten Augen in die Nacht. Der Moment des Erwachens ist durchaus von Bedeutung; schließlich dreht sich die Meditation um ein Erwachen aus dem bisherigen Leben mit seinen blinden Routinen. Es geht darum, das alte Leben sehen zu können, dich so zu sehen, wie es dir bisher verborgen war, aus dem Schatten herauszutreten, den du auf dich geworfen hast. Die Meditation lehrt eine Ethik des Anwesenden, eine Demut vor dem, was da ist und sich zu sehen gibt.

Ich sehe das jeden Morgen in die Welt einströmende Licht, die kommenden Farben der Morgendämmerung. Ich sehe die Schärfe und Präzision des eigenen Blicks, ich sehe das Sehen. Über die Reinigung der Sinne hinaus gibt es kaum Möglichkeiten, aus den Dialektiken des Begehrens auszusteigen, die von der Meditation als Grund des menschlichen Übels betrachtet werden – wir reagieren auf die Welt immer entweder verlangend oder abweisend, was beides gleich kindisch ist. Aber wenigstens gibt es die Möglichkeit, diese fatale Verkettung und Verstrickung zu sehen: *Ich sehe* mein Verlangen ... Das Vorführen meines Selbst und seiner Idiotie verkehrt die subjektive Perspektive – jedoch nicht ins Objektive, sondern in eine Beobachterperspektive, einen Beobachter zweiter Ordnung, der auch das sehende Subjekt sieht, das mir selbst verborgen ist. Der Gruppentherapeut erklärt den inneren Beobachter einmal mit Heinz von Foerster, dem zufolge Objektivität die Wahnvorstellung sei, Beobachtungen könnten ohne Beobachter gemacht werden – eine Vorstellung, die der innere Beobachter korrigiert. Ich schalte also einen Beobachter zweiter Ordnung ein, den Beobachter des Beobachters der Sensationen. Die Aufforderung, alle körperlichen Empfindungen geistig zu begleiten, hat auch etwas Poetisches; so erinnere ich mich an einen Text Georges Perecs, der das Leben an der Place St. Sulpice schreibt.

Dabei ist das Problem ein abgründig psychologisches. Wie kann ich sehen, was ist? Wie kann ich den oder die andere sehen, wie sie ist? Normalerweise sehe ich von der Welt nicht, was ist, sondern nur das, was ich brauche und begehre. Wenn ich bedürftig bin, sehe ich nur die schmerzhafte Abwesenheit dessen, was ich brauche. Auch vom anderen sehe ich nicht, was er oder sie ist und brauchen könnte, sondern nur, was meinem Begehren entspricht: Wenn ich bedürftig nach Anerkennung bin, dann ist der andere automatisch der, der mich nicht anerkennt usw. Das Bild des anderen schmiegt sich in die Lücken meiner Bedürftigkeit ein, der andere ist eine negative Konstruktion meines *wishful thinking*. Wenn die Geliebte mir etwas verweigert, sehe ich nicht sie und den Grund ihrer Verweigerung, der womöglich nichts mit mir zu tun hat – ich sehe nicht sie, sondern mich. Wie soll ich sie sehen, wenn mein Blick immer nur mein Begehren spiegelt? Wie kann ich aus dem Spiegelkabinett meiner Subjektivität aussteigen?

Ich kann nur sehen, was ist, wenn ich mich nicht mehr mit meinem Blick identifiziere, wenn ich meinen Blick von außen sehe. Entsprechend geht es in der Meditation nicht darum, auf mein Begehren zu antworten und sich wohlige Gefühle zu verschaffen, sondern ich soll den inneren Beobachter mit neutralen Sensationen aktivieren, die nicht subjektiv sind. Wie subjektiv ist mein Empfinden von Kälte, von Prickeln, von Kitzel? Der Juckreiz äußert sich nicht auf der Grundlage einer Subjektivität, sondern als Wahrnehmung eines Beobachters. Das eine ist die Immaterialität einer unlokalisierbaren Stimmung, die überall und nirgends ist, das andere die Materialität eines lokal existierenden Juckreizes, den auch ein Nashorn empfinden könnte, das mit seinem Schwanz eine Fliege verscheucht. Doch im Gegensatz zum Nashorn folge ich in der Meditation nicht dem Bedürfnis. Ich begnüge mich damit, es zu beobachten. Der Sprung vom Beobachter erster zum

Beobachter zweiter Ordnung besteht darin, vom Träger eines Bedürfnisses zu seinem Beobachter zu werden – vom Subjekt zum Objekt und vom Gefühl zur Empfindung zu gehen: *Ich habe* nicht ein Bedürfnis, dem ich in diesem Moment folgen muss, sondern *ich beobachte*, dass ich dieses Verlangen verspüre – womit es hoffentlich neutralisiert wird.

Weil ich plötzlich sehen lerne, träume ich so intensiv wie selten zuvor. Nie werde ich diese Morgen vergessen, nie diese Glocken, nie die geträumten Szenen meines früheren Lebens, die an mir vorüberlaufen wie im Kino. Beim Erwachen geht es darum, dein altes Leben zu *hacken*. Dabei ist überhaupt nicht klar, wo das Alte aufhört und das Neue beginnt; überall ragen die Enden des Alten in diese Anfänge hinein; es gibt ein Fortleben oder Nachleben der alten Enden in den neuen Anfängen. Das Alte hört nicht auf, im Neuen aktiv zu sein. Daher ist das Erwachen wie bei Proust kein Zeitpunkt, sondern ein nicht endender Prozess, eine nicht abschließbare Bewegung, die nicht aufhört, nicht zu enden. Dein ganzes Leben erscheint dir plötzlich wie ein Traum, aus dem die Meditation dich erwachen lässt. Wenn dein bisheriges Leben ein mit offenen Augen geträumter Traum war, dann kannst du nur mit geschlossenen Augen aus diesem ferngesteuerten Leben erwachen. Also schließe deine Augen und *start again, start again …*

Die Erkenntnis der Erotik

Gibt es einen Bezug zwischen der Ethik des Blicks und Batailles Entblößungen? Zwischen der Forderung, zu sehen, *was da ist,* und Batailles Erotismus? AS I 171
Zwischen der Nacht der Meditation und den aufgerissenen Augen, mit denen Bataille die nackten Mädchen anglotzt, die auch durch die *Atheologische Summe* geistern? Ich möchte versuchen, einmal nicht von Batailles Erotik auf die innere Erfahrung (der Meditation) zu blicken, sondern umgekehrt von der Meditation auf die Erotik, über die so viel geschrieben wurde. Schließlich sind Erotik und Meditation nicht nur zwei zentrale innere Erfahrungen Batailles, aus der Perspektive der Meditation verändert sich auch der Blick auf die Erotik – es gibt eine Erkenntnisfunktion des Erotischen, eine Epistemologie des Erotischen. Die erotische Entblößung wird von Bataille immer auch als epistemische Kategorie verwendet – nicht nur die Nacht entblößt die Empfindungen, die das Licht des Tages verschleiert, auch das Objekt seiner Begierde entblößt die Sensationen, die (jedenfalls für Bataille) von ihren Kleidern verhüllt werden. Die Entblößung der Nacktheit ist bei Bataille immer auch die Entblößung eines Denkens und Erkennens. Und die Figur der Entblößung des Erkennens in der Erotik wiederholt sich in einer entblößenden Meditation: So wie die Nacktheit vor seinen Augen

einst die Materialität seines Begehrens entblößte,
so entblößt nun die Meditation die Materialität
seiner Gedanken. Das ist das *Elend eines* entkleide-
AS I 57 ten *Geistes*, das nackte Mädchen entsubjektiviert
auch das blickende Subjekt. Diese Entblößung bewirke ein Hervortreten der Materialität sowie ein
AS I 26 *inneres Aufhören* des Denkens, das in der Erotik
ebenso geschehe wie in der Meditation. Dieses
Ende bewirke aber keine Abkehr von der Erkenntnis, im Gegenteil produziere die Ekstase eine Erkenntnis, weswegen aus der Ortsveränderung des
Außersichseins ein Erkenntnismodell wird, eine
M I 432 erotische Epistemologie. Julia Kristeva spricht von
einer *Erotisierung des Wissens* bei Bataille, von ei-
M II 48 ner *Erkenntnis der Erotik*. Das Objekt unserer Begierde bewirkt also auch eine Erfahrung der Entsubjektivierung, es beraubt uns unserer subjektiven
Vermögen. Ohne Gott und ohne Projekte wissen
wir nicht mehr, was wir machen und was wir denken sollen, vor dem Objekt unserer Begierde wissen
wir nicht einmal mehr, wer oder was wir sind. Und
so heißt der Teil der *Methode der Meditation*, der
»Entblößung« (*nudité*) betitelt ist, in den Druckfahnen noch: *Face au ciel vide*.

OC VII 547 *Beziehung zwischen erkennen wollen und ent-
kleiden wollen*, notiert Bataille an den Rand der
M I 452 folgenden Überlegung: *Die praktische Erkenntnis
ist berechtigt, ihren Gegenstand wie ein totes Ding
zu betrachten, aber sie verwirklicht nur einen Teil*

des Willens zur Erkenntnis: Ich habe den angstvollen Wunsch, diesem Universum […] sein Geheimnis zu entreißen, als ob es ein lebendiges Mädchen wäre. Mit anderen Worten: Erkenntnis ist nicht nur durch analytische Trennung möglich, sondern ebenso durch *Kommunikation*, durch Formen der Verbindung und Fusion, seien sie erotischer, poetischer oder humorvoller Art – das ist Batailles erotische Epistemologie, seine Theorie der Kommunikation.

Im Zentrum der *Atheologischen Summe* steht
eine andere Erkenntnistheorie – diese Summe wird
nur deshalb (von einigen Lesern und Leserinnen)
als theoretische Philosophie verstanden, weil sie
Fragen der Erkenntnis an Mittel der Erotik koppelt. Ebenso wie Walter Benjamin kurz zuvor den
Traum zur Erkenntniskategorie ausgebaut hatte,
verleiht Bataille der erotischen Erfahrung erkenntnistheoretischen Status. Während Erkenntnis in der CS 762
westlichen Erkenntnistheorie durch eine analytische Trennung von Objekt und Subjekt ermöglicht
wird, kehrt Bataille dieses Modell durch seine Forderung nach Annäherung und Verschmelzung um.
Wie in der Sensation fordert und fördert er die Erkenntnis nicht durch Abtrennung, sondern durch
Verbindung. Erkenntnis entstehe durch *Konjunkti-*
onen, weswegen Bataille schreibt: *Ich möchte in* AS II 115
mir nur noch die Beziehung zu etwas anderem se-
hen. In der erotischen Epistemologie wird Erkennt- AS II 155
nis eher durch Annäherung als durch Trennung er-

AS II 25 möglicht. Zwar würden *Gelächter und Küsse keine Konzeption [erzeugen]*, heißt es in der *Freundschaft*, sie würden jedoch *wahrere Zugänge zum Seienden als die Ideen verschaffen*. Batailles notorische Beschreibungen seines Begehrens sind folglich nicht als Ungenügen zu lesen, als Schwäche, sondern als Erkenntnisform; seine Verwirrung ist kein Mangel an geistiger Ordnung, sondern das Vermögen, aus Verbindungen (Nicht-)Wissen zuzulassen – und nicht umgekehrt. Die Zustände des Unklaren, der Verwirrung und des Chaos, die durch die Notizen der *Freundschaft* geistern, sind kein Scheitern der Erkenntnis, sondern Zulassen des Unerkannten. Aus dieser umgekehrten Perspektive wird die Anklage formuliert, dass das sinnliche Erkennen gewöhnlich auf das diskursive reduziert werde, weswegen Bataille immer wieder auf deren Irreduzibilität be-
AS II 25, 31, 37 harrt. Dem gegenüber werden Sensation und Emotion als adäquate *Erkenntniswege* ins Spiel gebracht:
AS II 25 *Lachen, lieben, sogar weinen vor Wut*, heißt es weiter in der *Freundschaft*, *sind Erkenntniswege, die nicht auf die Verstandesebene versetzt werden dürfen, die höchstens mit dem Verstand konform gehen, und zwar insoweit, als der Verstand das Lachen, die Liebe oder die Tränen mit den anderen Aktions- und Reaktionsweisen der Gegenstände assimiliert […], wir dürfen auf keinen Fall zwei Erfahrungen des Universums miteinander verwechseln, die aufeinander nicht zurückzuführen sind.*

Illustriert wird diese Dualität der Erkenntniswege durch das Bild einer gleichzeitig offenen und geschlossenen Tür: *Die Tür muss gleichzeitig offen und geschlossen bleiben.* Diesem Zitat entsprechend schickte René Magritte dem Autor von *Madame Edwarda* 1961 eine Zeichnung mit dem Titel *Le savoir* (»Das Wissen«), die genau das zeigt: eine offene Tür, durch die man in eine bestirnte Nacht blickt. Auch ich schaue durch die Tür meiner Kammer in den Sternenhimmel. Wie sind Gefühl und Verstand, Sensation und Reflexion vereinbar? Innere Erfahrung und Meditation praktizieren eine Verschränkung von emotionaler und diskursiver Erkenntnis, von Sensation und Reflexion, *zwischen den Merkmalen einer allgemeinen und rigorosen emotionalen Erkenntnis und denen der diskursiven Erkenntnis. […] Die Möglichkeit,* an einem präzisen Punkt *zwei Arten der Erkenntnis zu vereinigen, die bis dahin einander fremd waren oder gröblich verwechselt wurden, gab dieser Ontologie ihre unverhoffte Konsistenz.*

AS I 131

AS I 12

Die Theorie der Kommunikation

Diese *Möglichkeit,* an einem präzisen Punkt *zwei Arten der Erkenntnis zu vereinigen,* nennt Bataille *Kommunikation*: *Es genügt nicht, zu erkennen,* heißt es in der *Inneren Erfahrung, das bringt erst*

AS I 79

den Geist ins Spiel, das Erkennen muss auch im Herzen stattfinden (in den intimen halbblinden Bewegungen). Das ist keine Philosophie mehr, sondern das Opfer (die Kommunikation).

Batailles Theorie der Kommunikation demonstriert die Sprach- und Diskurszentrierung der westlichen Erkenntnis- und Kommunikationstheorie; dabei meint Kommunikation bereits in der katholischen Eucharistie die Vergegenwärtigung Gottes im Abendmahl, dessen Teilnehmer und Teilnehmerinnen über den fleischgewordenen Christus mit
AS I 186 Gott kommunizieren. Entsprechend deutet Bataille
das Bild von Christus am Kreuz als Kommunikati-
AS I 166 / AS III 50–52, 64 on und Verwundung – als christliche Version der
Marter. *Die Kommunikation mit dem Gott der*
Christen werde, heißt es bei Mattheus, *dem mensch-*
M II 18 *lichen Geist allein durch die Kreuzigung, das heißt*
die Wunde möglich – analog der nackten, zur Liebe
CS 624 *bereiten Frau. In meiner Freizeit kreuzige ich mich*,
kommentiert Bataille lakonisch.

Eine weniger chauvinistische Version der Kommunikation liest sich folgendermaßen: *Wenn ich mich mit anderen im Salon des Hotels Roma an einen Tisch setzte*, schreibt Leonora Carrington zur gleichen Zeit wie Bataille 1943, *hörte ich die Schwingungen von Lebewesen ebenso deutlich wie Stimmen […]. Es war nicht mehr nötig, die Geräusche, die körperlichen Berührungen oder die Empfindungen in rationale Begriffe oder in Wörter zu*

übersetzen. Ich verstand jede Sprache in ihrer eigenen besonderen Weise: Geräusche, Empfindungen, Farben, Formen und so weiter. Mit Carringtons Sensualismus und Batailles Erotismus bahnt sich eine surrealistische Erkenntnistheorie ihren Weg. Wenn Bataille die Kommunikation als Fluss von Energien beschreibt, als das, *was vom einen zum* AS I 134
anderen herüberströmt, wird aus der archaischen Medientheorie der Kommunikation eine Theorie der Durchdringung. *Wenn wir uns so wechselseitig* AS III 173
durchdringen, heißt es in *Sur Nietzsche*, *verflüchtigen wir uns, nichten wir uns. Nichts bleibt bestehen, was nicht leer wäre – ein Nichts, wie es das Weiße der Augen ist*. Die Theorie der Kommunikation ist also auch eine Theorie der Permeation, wie man sie heute in ganz anderen Bereichen wie beispielsweise der Beziehung zwischen Kunst und Theorie diagnostizieren kann. Das wird insbesondere in der *Diskussion über die Sünde* deutlich, die AS III 267–334
um die Abweichung von einem konventionellen Begriff der Kommunikation kreist. Die erotische AS III 332
Kommunikation sei das Gegenteil der analytischen Trennung; Erkenntnis sei nicht nur im abgetrennten und unbeteiligten Zustand möglich, wie es die westliche Erkenntnistheorie seit Aristoteles lehrt, sondern auch im affizierten und berührten. Das chauvinistische Bild der nackten Frau demonstriert, dass das Erkenntnisobjekt kein abgetrennter Gegenstand sein muss, ja dass es überhaupt kein

Objekt sei. Der involvierte und beteiligte Betrach-
AS II 30 ter *kommuniziert* im erotischen Bild mit dem Er-
AS II 43 kenntnisobjekt, Bataille unterläuft also jeden konventionellen Begriff von Kommunikationen von
abgetrennten Einheiten oder medial fixierten Aus-
AS II 89 sagen durch Radio oder Telefon. Bataille versteht
unter Kommunikation etwas vollkommen anderes,
eine gegenseitige Durchdringung, seelisch und physisch, nach der niemand derselbe ist wie zuvor. Es
geht also auch um eine andere Theorie des Subjekts:
Keine Subjektivität und Identität durch Abtrennung
und Autonomie, sondern durch Verbindung und
Fusion. Entsprechend wird die Aufforderung for-
AS I 135 muliert, *die bündigen Wände deiner Isolierung* zu
durchbrechen. Dabei entstehen jene offenen und
durchlässigen Wesen, die mit ihrem Riss kommuni-
AS II 43 f. zieren, mit der eigenen Offenheit und Unvollendetheit, die im Gegensatz zu den verschlossenen Ein-
AS III 321 heiten stehen, die Bataille immer wieder angreift.

Aus der Aufwertung des Offenen und Unvollen-
deten leitet sich eine Wertschätzung von Fehler und
AS II 44 Fragment ab, die als *realer* beurteilt werden als der
falsche Schein der Vollendung. Alles sei besser als die Isolation von Individuen, deren Bewusstsein sie nicht nur von der Welt und von sich selbst abtrennt, sondern auch von anderen. Daher richtet sich die *Methode der Meditation* nicht auf die Abtrennung diskontinuierlicher Wesen, sondern auf die Etablierung einer verbindenden *Erfahrung*, in

der es *keine begrenzte Existenz mehr [gibt]. Ein* AS I 46
Mensch unterscheidet sich da in nichts von den anderen.

Die Kommunikation der Meditation

Aber wie verhält sich diese Kommunikation zur Meditation? Umfasst Batailles Theorie einer archaischen Kommunikation auch eine asketische Praxis
wie die Meditation? Bataille differenziert zwischen AS II 182
einer starken und einer schwachen Kommunikation: Die schwache meint den konventionellen diskursiven Austausch und dient dem Verständnis, während die starke zwei Wesen miteinander und mit dem Universum verbinde. Die starke erotische Kommunikation berühre nicht nur indirekt wie die diskursive poetische, sie affiziere unmittelbar und lasse die Verbundenheit von Subjekt und Objekt direkt in Erscheinung treten. Dies geschehe auch in der Meditation, weswegen Bataille eher die Ähnlichkeiten zwischen meditierender und erotischer Kommunikation betont als die Differenzen: Ebenso wie in der Erotik beide Geschlechter miteinan- AS II 30
der kommunizieren, kommunizieren sie in der Meditation mit dem Universum. Die Meditation ist eine andere Kommunikation mit mir, kein Selbstgespräch und keine Reflexion, sondern Erkenntnis an der Grenze zwischen Sensiblem und Intelligiblem.

Auch die Meditation erscheint also als Kommuni-
AS I 134 kation *von deinesgleichen zu dir*, von Organ zu
Organ innerhalb eines organlosen Körpers; als *Er-*
AS I 244 *kenntnisgewebe* unterscheide ich nicht mehr zwischen Innen und Außen, Subjekt und Objekt, orga-
nischen und anorganischen Körpern; wenn ich
meditiere, bin ich ein organloser Körper, der den
blinden Reiz-Reaktions-Mechanismen des Körpers
ebenso Widerstand entgegenbringt wie Artaud. Der
hatte im Jahr der Publikation der *Methode der Me-*
ditation 1947 im Radio die folgende Forderung
aufgestellt: *Wenn Sie ihm einen Körper ohne Orga-*
ne hergestellt haben, dann werden Sie ihn von all
seinen Automatismen befreit und ihm seine wirkli-
che und unvergängliche Freiheit zurückerstattet
haben. Artauds Befreiung von den *automatischen*
Reaktionen des Körpers scheint das Gleiche zu
meinen wie die Abkehr von den blinden Reiz-Reaktions-Mechanismen, zu der mich die Meditation
bringen möchte. Beide verwerfen die Zukunft für
den Augenblick und *widersetzen sich*, wie es bei
AS III 61 Bataille heißt, *der Sorge für die kommende Zeit*.
Ohne Sorge und Zukunft gibt es nur das Jetzt des
funktionslosen organlosen Körpers, den *flow* der
Sensationen.

Während der Redaktion dieses Buches lande ich 2022 in der großen Duchamp-Ausstellung im Frankfurter Museum für Moderne Kunst. Wiedersehen mit jenem *Großen Glas*, das von Deleuze und Guattari ebenfalls als *organloser Körper* bezeichnet wurde. Der organlose Körper hat keinen Phallus, den man bei Duchamp vergeblich sucht, Duchamps Kunst zeigt eine Welt ohne Phallus, die Welt der organlosen Körper. Die Meditation arbeitet ebenfalls mit einem organlosen Körper ohne Phallus. Auch wenn von Duchamp keine Meditationspraxis überliefert ist – immerhin spielte er Schach –, erscheint er viel eher als Bataille als Prototyp des meditierenden Künstlers, mit einer Männlichkeit neuen Typs, ohne Aggression, aber mit Witz, Eleganz und Geistesgegenwart. Er zeigt eine Männlichkeit, die ohne azephal(l)ische Gewaltakte auskommt und trotzdem – wie die hingegebene, aber kopflose Frau in *Étant donnés* von 1946 bis 1966 – zur Kopflosigkeit imstande ist.

Die Kommunikation der Liebe

Aus der Integration der Sensationen in die Theorie der Kommunikation ergab sich jedoch ein Problem, das in der Auseinandersetzung Batailles mit Proust deutlich wird: Wenn Prousts Impressionen Zeichen von Batailles starker Kommunikation sind, die starke Kommunikation aber nur unter Ausschluss der schwachen diskursiven Kommunikation zustande kommt, schließen sich Literatur und Erfahrung aus. Wie kann Proust über Impressionen schreiben, die in der Sprache gar nicht stattfinden, sondern von ihr unterbunden werden? Wird die emotionale Erkenntnis nicht sofort benachteiligt und verraten, wenn es um Sprache, Literatur und Werk geht?

Diese Fragen werden beispielsweise anhand von Batailles Überlegungen zur Liebe erörtert, die er mit Blanchot diskutierte – schließlich ist die Liebe eine Kommunikation an der Grenze zwischen Sensiblem und Intelligiblem, die sich aber dennoch, anders als die Erotik, *schreibt*. Tatsächlich erscheint
AS II die Liebe in Texten wie *Die Liebe eines sterblichen*
245–255 *Wesens* oder auch dem *Halleluja* als erotische Me-
AS II ditationsanleitung, die sich jedoch an ein Du wen-
189–215 det. In der *Freundschaft* erscheint die Liebe als der
AS II 149 *andere Planet*, an dem wir *stranden*: *Denn in der Liebe hören wir auf, wir selbst zu sein*. Die Liebe erscheint als Praxis der Kommunikation, als Austausch von Strömen und Energien, die das Individuelle überschreiten. Dabei will Bataille das Individuum nicht abschaffen, sondern etabliert eine Dialektik zwischen Einzelwesen und Auflösung, die
AS I 135 *die stabilisierte Ordnung der isolierten Erscheinungen* intakt lasse. Sie müsse nur porös genug sein, um jederzeit durchbrochen werden zu können. Entsprechend wird der Subjektivität eine *geringe Stabilität* attestiert, bisweilen sogar *das völlige Fehlen der Stabilität*. Das labile Subjekt wird durch die Erfahrung der Überschreitung also ein anderes, es

kehrt nicht in eine alte Subjektivität zurück. Als Bataille einmal die Formel eines *zu sich selbst zurückkehrens* AS I 21 f. verwendet, beeilt er sich, sogleich hinzuzufügen: »*Sich selbst*«, *das ist nicht das Subjekt, das sich von der Welt isoliert, sondern ein Ort der Kommunikation.* In diesem Sinn empfiehlt Bataille, *von einer leeren und tristen Solidität zur glückli-* AS I 136 *chen Ansteckung der Wärme und des Lichtes* überzugehen, *zu den freien Tumulten, die die Gewässer und die Lüfte durch ihre Kommunikation herbeiführen.* In dieser Kommunikation werde man *insgesamt wie die Wellen des Meeres, es existiert keine Scheidewand mehr zwischen ihnen […], sie sind nicht mehr getrennt als zwei Wellen, doch ihre Einheit ist ebenso unbestimmt, ebenso prekär wie die der erregten Gewässer.*

Weniger bekannt als diese ekstatische Interpretation der Liebe bei Bataille ist jedoch deren pessimistische Deutung. Die auf Verausgabung statt auf Aneignung basierende Interpretation der Liebe als Grenzerfahrung stößt ihrerseits bald an Grenzen: Ist Liebe nicht auch Aneignung des anderen und Besitzergreifung? Verzehrt man sich in der Liebe nicht nach einem Abwesenden, das die Anwesenheit letztlich nie einlösen kann? Diese Fragen erscheinen nicht nur als Reaktion auf den Tod der Geliebten, Colette Peignot, die an verschiedenen Stellen zitiert wird und nach deren Ableben sich OC V 263, Bataille nach Vézelay zurückzieht. Er liest sie auch 267

aus Proust heraus. Nichts erscheint Bataille deutlicher als die Verzweiflung Prousts angesichts der er-
AS I 194 f. sehnten, aber nie eintretenden *gegenseitigen Durchdringung der Seelen*. Die *Obsession des Besitzens, des Erkennens zersetze* die Liebenden, das Begehren, den anderen zu besitzen, fresse alles auf. Die Liebe erscheint als Verlangen nach Abwesendem,
AS I 172 woraus die *Unmöglichkeit der Sättigung in der Liebe* resultiere.

Genau dieser Vorwurf wird Bataille auch in der berühmten Auseinandersetzung mit Sartre gemacht. Sartre hielt Bataille die ziellose Selbstbezüg-
AS III 241 f. lichkeit einer inneren Erfahrung vor, die *nicht mehr*
Vgl. M II 89, 130 / *wert [sei] als das Vergnügen an einem Glas Wein*
OC VI 408 *oder an einem Sonnenbad am Strand*. Statt Sartre zu widersprechen, affirmiert Bataille die selbstbezüglichen Freuden: *Das ist wahr*, antwortet er auf
AS III 242 Sartres Kritik, *aber ich beharre darauf: gerade weil sie [die Freuden] so sind – leer lassend –, setzten sie sich in mir unter der Perspektive der Angst fort*. Die gleiche irritierende Strategie einer Verstärkung oder Überbietung verfolgt Bataille auch bei Proust. Er bestreitet gar nicht die besitzergreifenden Aspekte der Liebe, sondern unterscheidet zwischen besitzender Liebe und ephemerer Ekstase: *Und vor*
AS I 88 *allem kein Objekt mehr*, heißt es in der *Inneren Erfahrung*: *Die Ekstase ist nicht Liebe: die Liebe ist Besitzergreifung, für die das Objekt nötig ist, das zugleich Besitzer des Subjekts ist und von ihm*

besessen wird. Es gibt kein Subjekt=Objekt mehr, sondern eine »klaffende Bresche« zwischen dem einen und dem anderen, und in der Bresche sind Subjekt und Objekt aufgelöst, es gibt Übergehen, Kommunikation, aber nicht vom einen zum anderen: das eine *und* das andere *haben ihre gesonderte Existenz verloren.* Mit der *gesonderten Existenz* überschreitet die Kommunikation auch die Subjektivität: Man hat nicht seine Ekstase, sie komme *von* AS I 89
außen. Wie im Lachen sei die Ekstase in der Meditation *entbunden, immanent.* Sie *öffne ihn unend-* AS II 138
lich, schreibt Bataille über seine Ekstase. *Die Ekstase geht aus einer Gleichgewichtsstörung hervor*, heißt es in der *Inneren Erfahrung. Eher erreiche ich* AS I 89
sie durch äußere Mittel.

Der zerfetzte Anthropozentrismus

Ähnlich dezentrierend wie die Theorie der Kommunikation sind Batailles Überlegungen zu einem post-anthropologischen Denken. Wenn die Kommunikation Subjekt und Mensch überschreitet, dann stellt sich irgendwann die Frage nach dem Post-Anthropozentrismus Batailles. Seine Theorie der Kommunikation ist ein Erkenntnismodell für ein anderes Wissen und für eine andere Praxis, die über westliche Rationalitätsmodelle hinausgeht und rationalitätskritisch mit anderen, queeren und

indigenen Denkweisen kompatibel erscheint. Die
Rationalitätskritik bestreitet ein Wissen, das um
AS I 149 den Menschen kreist und deshalb *anthropomor-
phisch* ist. Stattdessen wird ein *zerfetzter Anthro-
AS II 37 pozentrismus* entwickelt, der die Semantik der
Theorie radikal verändert: Bataille dialogisiert mit
einem *Sonnen-Auge* oder kommuniziert auf Gräbern mit Glühwürmchen. In der *Methode der Me-
AS I 242 ditation* wird die *verlorene Heiterkeit der Sternen-
höhe* beschworen und ein *Gesang imaginiert*, der
*gleich der Modulation des Lichts, von Wolke zu
Wolke am Nachmittag, in der unerträglichen Weite
des Himmels* erklingt. Die Kommunikation verwandle die Menschen in *Wellen des Meeres*, sie sei-
AS I 136 en *ebenso prekär wie die der erregten Gewässer*.
Falls der Mensch überhaupt in diesen Visionen erscheint, wird er verkleinert, verlacht oder relativiert. Diese Kommunikationen reihen ihn eher ins
Universum ein, als ihn ins Zentrum desselben zu
stellen – was methodisch nicht ganz unproblema-
OC V 282/ tisch ist, denn *er kann sie nicht reflektieren, denn*
M II 20 *da er selbst der Mittelpunkt der Reflexion ist, ist er
nicht mehr kompetent für das, was keinen Mittelpunkt hat*.

Auch Batailles blasphemische Gebete ohne
Gott, mit denen *Die innere Erfahrung* endet, strot-
AS I zen vor post-anthropozentrischen Motiven. Das
223–227 schreibende Nobjekt imaginiert sich als *verirrte
AS I 223 Ameise / klein und schwarz, ein rollender Stein /*

trifft mich / zu Tode / im Himmel / wütet die Sonne / sie blendet / ich schreie. Oder als *Stern/ich bin er / O Tod / Donnerstern / tolle Glocke meines Todes.* AS I 225
Bei allen Gebeten fällt ihr ichferner Charakter auf, die den Schreibenden fern jeder Subjektivität situieren: *Wer bin ich / nicht »ich« nein nein / aber die Wüste die Nacht der Unermesslichkeit/die ich bin.* AS I 224

Batailles Post-Anthropozentrismus schält sich in der *Inneren Erfahrung* schon in deren ersten Texten von 1934 heraus, die wie *Das Blau des Himmels* erst nachträglich in das Buch eingehen. AS I 109–115
Daran anschließend stellt sich Bataille in *Das Labyrinth* 1936 eine Welt ohne Menschen vor. In der AS I 106
Freundschaft wird ein post-anthropozentrisches Poem publiziert, in dem er sich als *heitere Fliege / und ich mit abgehauener Hand* besingt, als Bett- AS II 148
nässer und Körper ohne Organe, der nicht handelt, sondern schreit: *Ich schreie zum Himmel, dass ich* AS II 149
es nicht bin. Während er dies schreibt, treten aus seinem Mund nicht vernünftige Wörter, sondern (wie bereits in *Documents*) *weißer Speichel.* Schwellenlos geht Bataille zu kosmologischen und biologischen Reflexionen über, die sich um das Verhältnis von Einheit und Vielheit drehen, um das Vermögen von einzelnen Lebewesen, sich zu neuen Vielheiten, zu Kolonien und Korallen zusammen- AS I 118
zuschließen.

Die beflügelte Meditation

Auch die Meditation ermöglicht eine nicht-visuelle
und damit nicht-menschliche Wahrnehmung der
AS I 110 Welt. Die *freien, bewusstseinsunabhängigen Bewegungen* der Sensationen erscheinen mir ebenfalls
post-anthropozentristisch. Bataille enthauptet mit
Acéphale die Vernunft und meditiert mit einem
Sonnen-Auge auf jener Schädeldecke, an der auch
viele meiner Meditationen beginnen. Zweifellos bedeutete die Meditation für Bataille eine azephali-
sche Praxis mit abgeschlagenem Kopf, eine Praxis
AS II 37 des Enthauptens und Opferns des Geistes. Die Meditation bot eine Möglichkeit, mit abgeschlagenem
Kopf zu denken und den Tag der Vernunft zu beenden, um in der Nacht der Sensationen anzukom-
men. Mit der Meditation versuchte er, in die Welt
AS I 56 der lichtabgewandten Erfahrungen und Empfindungen vorzudringen.

Was für ein anderer Umgang mit dem Motiv
des abgeschlagenen Kopfes möglich ist und wie ein
beflügelter statt eines *zerfetzten* Anthropomorphis-
mus aussehen könnte, demonstrierte die 59. Biennale in Venedig. Deren Motto *The Milk of Dreams*
zitierte ein Kinderbuch von Leonora Carrington
aus den 1950er-Jahren, dessen französische Erstpu-
blikation wie die *Methode der Meditation* von den
Vgl. M II 160 Éditions Fontaine verlegt wurde. In diesem Buch
erzählt und zeichnet Carrington die Geschichte von

Headless John, einem Kind, das Flügel anstelle von Ohren hat: *The boy had wings instead of ears*. Während Headless John tagsüber von allen bestaunt wird, macht sich sein geflügelter Kopf des Nachts ohne den Körper auf die Reise und besucht all das, wovon Kinder träumen – eine zauberhaft leichte Version der Kopflosigkeit. Sie ist hier kein Mythos jener, die unter der Last ihres Kopfes zusammenbrechen, sondern eines schwerelosen Jungen, der in seinen Träumen leicht wie eine Feder abhebt. Und sie erscheint nicht als Effekt einer gewalttätigen Köpfung oder des Todes Gottes, sondern als grundloses Wegschweben eines Kopfes, der sich in ein seltsames Flügelwesen verwandelt: Headless John wachsen Flügel, die betonen, *what and who we can become*.

In Carringtons surrealistischer Vision erscheint die Kopflosigkeit nicht als Opfer, sondern als Befreiung – und der Kopf nicht als Träger des Denkens, sondern der Fantasie. Auch in meiner Meditation ist mein Kopf nicht länger Organ der Reflexion, sondern der Sensation. Mit der Frage: Welche Sensationen hast du an der Schädeldecke?, wird mein Kopf vom aktiven Hirn zum passiven Empfänger von Empfindungen. Plötzlich entfaltet der Schädel, in den Worten Georges Didi-Hubermans jenes *Zauberkästchen*, jene *knöcherne Schatulle*, wie in einigen Arbeiten von Giuseppe Penone ein materielles Eigenleben – wie auch mit der Frage, welche

Sensationen spürst du am linken Augapfel, mit der das Auge vom aktiven Organ des Sehens zum passiv abgetasteten Organ einer Empfindung wird.

Die Kritik der Ontologie

Batailles Post-Anthropozentrismus mag als Brücke
zu dessen aktuellen Versionen wie dem Neuen Materialismus oder der Object Oriented Ontology erscheinen. Von diesen unterscheidet er sich jedoch
durch die Unterschreitung der Ontologie: Während
der Neue Materialismus klassisch ontologisch das
Sein auf eine ontische Substanz reduziert – nicht
mehr der Mensch, sondern das Sein ist das Zen-
AS I 116 trum des Universums –, reflektiert Bataille über das
Sein als Gegenteil des Ungenügens. Er formuliert
eine Kritik an einem Seinsgeschehen, das für ihn zu
nah an einer Substanz logiert, an der Selbstgenüg-
samkeit eines Seins, das Bataille noch als Teil der
Welt der Projekte interpretiert. Wenn er schreibt,
AS I 14 die Erfahrung sei *in Fieber und Angst die Infrage-
stellung (Erprobung) dessen, was der Mensch vom
Seinsgeschehen weiß*, so erscheint ihm das Sein
grundsätzlich als noch wissbar und erfahrbar; das
Sein erscheint hier noch als etwas, es will noch etwas, man kann nach ihm verlangen und etwas über
AS III 64 es wissen – anders als die innere Erfahrung und das
Nichts, die als Ziel der mystischen Zustände als

Gegenpol zum Sein aufgerufen werden. *Warum ist es nötig*, schreibt er, *dass es* das, was ich weiß, *auch* AS I 152
gibt? Während ein Sein auch jenseits des Horizonts eines wissenden Subjekts angestrebt werden kann, verhält es sich mit dem Nichts der Erfahrung anders: Es *entgeht dem Verständnis*, es erscheint als AS I 14
anti-anthropozentrisches Loch, das man unmöglich anstreben oder erreichen kann – außer in einer Meditation, die ausgerechnet auch das Nichtseiende, die Lücke, in ihre Erfahrung integriert. Assimiliert die Meditation also das Nichts und arbeitet dem Sein zu, wird das Nichtsein ins Sein eingemeindet? Und wie verhält sich die Meditation zum Sein der Zeit?

Die Zeitlichkeit der Meditation

Heideggers Epoche machende Idee war es, das Sein an die Zeitlichkeit zu koppeln. Doch Bataille interessiert sich offensichtlich für andere Zeitlichkeiten als Heidegger; und es ist fraglich, ob Sensation und Kommunikation, Ekstase und Entsubjektivierung überhaupt ein Sein haben. Die entsubjektivierenden und anti-anthropozentrischen Erfahrungen, von denen Bataille berichtet und die die Meditation durchführt, können nur im Augenblick erlebt werden und sind nur im Moment zu haben. Aus diesem Grund stellt die Beziehung der Meditation

zur Zeit ein philosophisches Problem dar: Einerseits repräsentieren wir die Zeit in uns, unser apriorisches Bewusstsein ist zeitlich und erscheint in der Zeit; doch andererseits unterläuft die Meditation die Repräsentation der Zeit, weil sie selbst eine fundamentale Erfahrung der Zeitlichkeit ermöglicht. Sie verläuft allein in der Zeit, die Meditation ist Beziehung zur Zeit und in der Zeit. Sie erscheint
AS I 196 als reine Zeiterfahrung, als *ein Stück Zeit im Reinzustand.* Was Proust von der Liebe sagt, lässt sich auch von der Meditation sagen: Die Meditation ist
AS I 192 *Zeit, dem Herzen fühlbar gemacht.*

Die Zeit der Sensationen stiftet eine materielle Zeiterfahrung, sie codiert die Zeit als Materialität: Ich fühle in der Meditation nicht die Zeit, ich spüre die Materialität der Empfindungen in der Zeit. Ich bade in einem Meer von materiellen Zeitlichkeiten und körperlichen Zuständen: Zeit der Konzentration, Zeit des Schmerzes, Zeit der Zuckungen – jeder Meditationsmoment hat seine eigene Zeitlichkeit und Dauer und ist nicht durch eine chronologische Zeittaktung reguliert. Es gibt die Dauer eines Kitzels, der bald verschwindet, und die Dauer eines Prickelns, das nur kurz auftaucht. Es gibt die Dauer einer Konzentration, bis ich mich ablenken lasse; die Dauer des Abwartens, bis ich eine Sensation empfinde; die Dauer des Ertragens einer Meditationshaltung, bis mich die Schmerzen zu einer Bewegung zwingen. Diese verschiedenen Dauern sind nicht extern getaktet, sondern besitzen eine immanente Zeitlichkeit. Auch Bataille schildert verschie- AS II 123 dene Zeitlichkeiten von der Sorge bis zur Entspannung. In jedem Fall gelangt eine interne, materielle Zeitlichkeit zur Erscheinung, die die apriorisch in uns versenkte Zeit bestreitet. Auf diese Weise codiert die Meditation eine archaische Zeiterfahrung, eine Ur-Zeit, die sie nicht an ein transzendentales Bewusstsein koppelt wie Kant, sondern an den Verlauf der Empfindungen. Die Meditation verläuft also zugleich innerhalb und außerhalb der Zeit. *Die Immanenz*, heißt es im ersten Notizheft der *Methode der Meditation*, *ist zeitlos, insofern die* OC V 466 *Zeit eine Funktion der Sprache ist.* Sie ruft *»nicht* AS I 87 *genug!«*, wie Bataille schreibt, während man *einen Finger in kochendes Wasser steckt.*

Die immanente Zeiterfahrung ist philosophisch nicht unproblematisch, vor allem im Bezug zum Schreiben und zur Repräsentation. Wenn die Vorstellungskraft einen äußeren Gegenstand in meinen Kopf projiziert, tut sie das in einem bestimmten Moment, in einem Augenblick – der jedoch schon vorbei ist, wenn ich ihn aufschreiben und repräsentieren möchte. Während die Repräsentation eines Augenblicks im Geist noch möglich ist – ich kann erotische, poetische oder ekstatische Augenblicke wahrnehmen –, gelingt das der Schrift nicht. Sie ist nicht dabei, sie kommt immer erst nachträglich, sie kann den Augenblick nicht fassen, wie Bataille be-

AS II 237 klagt: *Erst wenn die Dinge schon vollendet sind
und wenn die Nacht anbricht, kann die Eule der
Minerva der Göttin berichten.* Die Eule der Minerva kommt also immer schon zu spät zu den ekstatischen Augenblicken. Die westliche Philosophie,
für die sie steht, hängt unser Bewusstsein an transzendentalen Zeitvorstellungen auf und klammert
die materielle Zeitlichkeit der Sensationen aus. Seit
Kant ist daher einiges unternommen worden, um
die apriorische Zeitvorstellung zu befragen; *Sein
und Zeit*, die Zeit der Dauer (Bergson) und des Lei-
bes (Merleau-Ponty), Zeit des Anderen (Lévinas)
und des Geschlechts (Butler).

Das Sterben (in) der Zeit

Bataille fügt den zahlreichen Angriffen auf die transzendentale Ästhetik von Raum und Zeit einen wei-
AS I 104 f. teren hinzu: die *Katastrophe* des Sterbens. Wie nach
ihm Blanchot und Lévinas, bietet er die (Nicht-)Er-
fahrung des Sterbens als anti-transzendentale Zeiterfahrung auf: *So antwortet die Zeit*, heißt es in der
AS I 105 *Inneren Erfahrung*, *als Gegenstand seiner Ekstase,
auf das Ekstasefieber des* Ich sterbe: *denn ebenso
wie die Zeit ist das Ich=sterbe reine Veränderung,
und weder das eine noch das andere hat eine wirk-
AS I liche Existenz*. Vor der Reflexion über den Schmerz
103, 106 steht bei Bataille das Nachdenken über das Sterben.

Dabei steht die Figur eines *moi qui meurt*, eines
Sichselbersterben im Mittelpunkt eines Ich, das sei- AS I 130
ne Erfahrung nicht mitteilen kann: »Ich sterbe« ist
so unmitteilbar wie die innere Erfahrung. Der na-
hende Tod und das *Nahen der Verwesung* werfen AS I
den Menschen auf seine Animalität zurück. Damit 101–103
ist das Sterben aber auch der Moment der Existenz,
an dem die Spaltung des Menschen zwischen Körper und Geist, Transzendenz und Immanenz aufgehoben wird. Die *Illusionen* von Vernunft und Geist,
Kunst und Werk des Menschen verflüchtigten sich.
Mit dem Ich stirbt auch seine Zeit.

Bei Bataille und Blanchot erscheint das Sterben im Gegensatz zu Heideggers Beschwörung des Todes als Einspruch gegen die vorgängige Zeitstruktur des Menschen. Das Sterben attackiert die apriorische und transzendentale Zeitstruktur und ordnet den Menschen wieder in den universellen Kreislauf von Werden und Vergehen ein. Und die Meditation? Für Bataille stellen neben dem Sterben und der Erotik auch die Sensationen der Meditation einen apriorischen Zeithorizont der *reinen Veränderung* dar. Aus diesem Grund brauchen wir bestimmte Operationen – zu denen das Sterben natürlich nicht gehört –, um uns mit der Welt der Sensationen zu beschenken, die ansonsten vom transzendentalen Zeitbewusstsein ausgeklammert werden. Normalerweise bemerke ich meine Empfindungen überhaupt nicht. Ich denke ohne sie, sie

kommen nicht im Kopf an. Bevor eine unangenehme Empfindung in meinem Bewusstsein ankommt, habe ich sie auch schon verschwinden lassen. Bevor ich merke, dass meine Nase kitzelt, habe ich die Fliege auch schon verscheucht. Um dagegen eine reine Gegenwärtigkeit im Bewusstsein zu etablieren, muss unser gesamter Zeithorizont aus den Angeln gehoben werden, unsere Ausrichtung auf die Zukunft – und eine Zeitlichkeit etabliert werden, die sich, wie Bataille nicht nur gegen Kant, sondern auch gegen
AS III 61 Heidegger gerichtet in *Sur Nietzsche* schreibt, *der Sorge für die kommende Zeit widersetzt.*

Die Zeitlichkeit der Sensationen

Die Revolte gegen die Sorge, die *die Verschiebung*
AS I 68 *der Existenz auf später* bedeute, führt Bataille philosophisch unter dem Stichwort des Projekts durch. Er bestreitet alle zielgerichteten und zukunftszugewandten Bewusstseinszustände und lehnt das Projekt entschieden ab. *Ich gelange zu dieser Einstellung*, proklamiert er: *Die innere Erfahrung ist das Gegenteil des Handelns. Nichts sonst. Das Handeln ist ganz und gar abhängig vom Projekt. Und, was schwerwiegender ist, das diskursive Denken ist selber an die Existenzform des Projekts gebunden.* Die philosophische Begründung des projektgebundenen diskursiven Denkens findet Bataille bei Descartes.

Bei Descartes sollten die *Meditationen über die* AS I 146–150 *Erste Philosophie, in welcher die Existenz Gottes und die Unsterblichkeit der Seele bewiesen wird*, 1641 die empirische Sinnenerkenntnis widerlegen. *Sie zeichnen*, so schreibt Edmund Husserl in seinen *Cartesianischen Meditationen* im Kapitel über »Descartes' Meditationen als Urbild der philosophischen Selbstbesinnung«, *vielmehr das Urbild der notwendigen Meditationen eines jeden anfangenden Philosophen, aus denen allein eine Philosophie ursprünglich erwachsen kann.* In diesem Sinn versteht Bataille Descartes' *Cogito* als *Boden des* AS I 151 *Wissens*, der in einer Art *self fulfilling prophecy* das *wahre Wissen* hervorbringe. Genau dieser *Wert der* AS I 149 *rationalen Erkenntnis* wird jedoch von Bataille in- AS I 147 frage gestellt, der ihm den *Geist der Bestreitung* entgegenstellt.

Es ist Nietzsche, der diesen *Geist der Bestreitung* für Bataille verkörpert. Nicht Heidegger, sondern Nietzsches Lehre von der Ewigen Wiederkehr wird von Bataille gegen die transzendentalen Zeitlichkeiten von Descartes und Kant aufgeboten: Es ist die Wiederkehr, die den Augenblick von seiner Zwecksetzung befreie. Die Wiederkehr *demotiviert den Augenblick*, wenn etwas wiederkehrt, ist es so AS III 28 zweckfrei wie die Sensation der Meditation.

Keine Frage: Die Meditation hatte eine so große Bedeutung für Bataille, weil sie wie die Erotik oder das Sterben das Projekt und seine Transzendenz bestreitet. Die Sensation reißt mich aus der projektiven Zeitlichkeit heraus und holt mich in den vom Bewusstsein ausgeschlossenen Augenblick zurück. Sie lehrt nicht nur wie jeder Lebensratgeber die Kunst, im Moment zu sein, sondern auch eine Technik dazu. Bataille lernt von der Meditation eine anti-transzendentale Operation, die er zur philosophischen *Methode der Meditation* ausbuchstabiert. Aber ist die Meditation nicht auch ein Projekt? B 710 f. Auch Bruno meint, Batailles Meditation verfolge durchaus einen Zweck, nämlich die Ekstase, was nicht nur der buddhistischen Praxis widerspreche, sondern auch Batailles eigenem Projekt des Nicht-Projekts. OC V 247 / M II 17 Im Gegensatz zur Erotik, die *zur Depression, zum Ekel, zur Unmöglichkeit, Ausdauer zu zeigen* führe, gelinge die Meditation immer, weil sie projekthafter und zweckorientierter sei als die Erotik. Zwar lassen sich auch erotische Ekstasen zielgerichtet verfolgen, weniger aber die unwillkürlichen AS II 160 erotischen Ideen und Vorstellungen. *Was man liebt*, heißt es in der *Freundschaft*, *kommt wie ein Niesen.*

Die Liebe zum Unwissen

Tatsächlich muss ich einmal während der Meditation niesen, wie andere Schüler auch. Ich fühle das Kitzeln in meiner Nase, das ich zunächst durch Desidentifikation abzuwenden versuche (Ich sehe, du

hast das Bedürfnis zu niesen). Ich gebe dem Reiz
nicht nach, sondern versuche, ihn vorübergehen zu
lassen wie eine Welle – bis es schließlich doch passiert und ich laut und prustend niese, was meine
Meditation für einen Moment zusammenbrechen
lässt. Wie intentional ist das Niesen? Ist das Niesen
ein Projekt? Kann ich es beeinflussen? Für Bataille
ist das gesamte moderne Zeitbewusstsein eine blinde Flucht nach vorn in Projekte. Deren philosophische Form sei Hegels *Phänomenologie des Geistes*,
die *von unerreichter und gewissermaßen unerreich-* AS I 114
barer Tiefe sei und die er sowohl fortsetzen als auch
zersetzen wolle: *Darin setzen meine Bemühungen
Hegels »Phänomenologie« fort und zersetzen sie*,
schreibt er. *Hegels Konstruktion ist eine Philosophie
der Arbeit, des »Projekts«. Der Hegelsche Mensch
[…] verwirklicht sich, vollendet sich in einer Anglei-
chung an das Projekt.* Es bleibe jedoch auf der Strecke, *was nicht aufs Projekt zu reduzieren ist.*

Für Bataille ist das System der Effekt einer
Flucht Hegels, der Angst gehabt habe, *da er dem
ekstatischen Weg widerstrebte*, verrückt zu werden. AS I 153
Das Denken verdanke sich folglich nicht dem
Wunsch zu wissen, sondern durch dieses Wissen zu
fliehen; Denken bedeutet für Bataille immer schon,
sich mit Projekten und Aktivitäten vom eigenen
unaushaltbaren Sein abzulenken. Unser Zeithorizont ist ein gigantischer Rettungsschirm, der vor
dem unerträglichen Augenblick aufgespannt wird.

AS I 54 *Der Mensch*, schreibt Bataille, *ist nicht Kontemplation (er findet Frieden nur, indem er ausweicht), er ist Flehen, Krieg, Angst, Wahnsinn*. Die Diagnose einer Flucht vor dem Augenblick wird von meiner Meditation bestätigt. Meine Gedanken begraben die Sensationen, sobald ich abschweife, gerät meine Empfindung außer Reichweite, die Unmittelbarkeit wird der Vorstellung untergeordnet. Weil die Vorstellung auf das Handeln gerichtet ist, entscheiden wir uns jeden Moment dafür, nicht im Moment zu leben. Wir leben nicht in der Gegenwart unserer Empfindungen, sondern in der Zukunft unserer Projekte, unseres Handelns. Dagegen schläfert die
AS I 248 Meditation *meine Intelligenz ein*, wie es in der *Methode der Meditation* heißt. Weil er nicht in der Zukunft des Projekts leben möchte, bestreitet Bataille die transzendentale Welt; und weil ich mich nicht von alten Reiz-Reaktions-Mechanismen fernsteuern lassen will, bekämpfe ich meditierend ebenfalls
AS I 259 die Zukunft. *In der Meditation sucht das aufgebrachte Subjekt sich selber*, wie es in der *Methode der Meditation* heißt: *Es verweigert sich dem Recht, in der Sphäre der Aktivität eingeschlossen zu bleiben.* Die Suche ist konkret Sensationssuche; immer wieder mache ich mich auf die Suche nach Empfindungen, die mich aus der *Sphäre der Aktivität* herausholen. Diese Suche hat ein offenes Ende, ich weiß nie, welche oder ob überhaupt Sensationen auftauchen. Aus dieser anti-teleologischen Zeit-

erfahrung entwickelt Bataille eine Mystik des Un- AS II
vollendeten. Sie sieht in der Zukunft nicht wie He- 38, 43 f.
gel die Vollendung, sondern eine Unterdrückung.
Bataille hält es stattdessen mit Nietzsches *Liebe
zum Unwissen um die Zukunft*; während Hegel bei AS II 36
Bataille als derjenige erscheint, der die Knechtschaft
der Zeit festschreibt, breche Nietzsche aus ihr aus.
Nietzsche erscheint als Denker der Souveränität,
der sich dem geistigen Unterdrückungssystem entzogen und sich im Wahnsinn gefunden habe. *Der
Mensch*, schreibt Bataille, *kann sich nur unter der* AS I 188
*Bedingung finden, dass er sich selbst ohne Unterlass
dem Geiz entzieht, der ihn erdrückt.*

Die Falle des Begehrens

Doch warum schließen wir uns in Aktivitäten und Projekten ein? Warum kesseln wir uns in einer Welt des Wachstums ein, anstatt uns zu fragen, was wir wirklich brauchen? Warum müssen wir immerzu etwas *machen*, anstatt einfach nur zu *sein*? Warum ertragen wir das Nichtstun und die Unproduktivität nicht? Eine Antwort wäre: Weil wir die Gegenwart dann nicht mehr der Zukunft unterordnen könnten, weil wir uns dem Augenblick ausliefern würden, weil ich die Fliege auf meiner Nase ertragen müsste. Doch die Unterwerfung der Gegenwart unter die Zukunft beginnt schon viel früher: Wenn

ich etwas Ungegenständliches oder Unverständliches erkenne, reduziere ich es auf das Erkannte und unterwerfe es damit – und mich als Erkenntnissubjekt gleich dazu. Bataille illustriert das an einem
AS I 14 populären Beispiel: *Wenn ich bestimmt sagte: »ich habe Gott gesehen«, würde das, was ich sehe, sich verändern. An die Stelle des unfassbaren Unbekannten träte ein totes Objekt und die Sache des Theologen – der das Unbekannte unterworfen wäre, denn im Falle Gottes wird das dunkle Unbekannte unterworfen, um mich zu unterwerfen.* Die Unterwerfung beginnt für Bataille also bereits beim Gedanken an etwas, bereits die Herstellung eines gegenständlichen Gedankens – und jeder Gedanke ist ein Gegenstand des Geistes – wird als Arbeit eines Geistes verstanden, der sich mit dieser Aktivität selbst unterwirft. Ein Gedanke ist ein Produkt der Arbeit. Aus dieser Arbeit des Geistes folgt unmittelbar eine Handlung, die aus dem unterworfenen Geist eine unterworfene Geste macht. Sobald ich einen Gegenstand im Kopf habe, habe ich ihn mir und meinem Denken unterworfen – woraus nur die weitere Unterwerfung der Welt folgen kann. Wenn ich denke: Es juckt, dann vergegenständliche ich den Kitzel; ich kratze mich unverzüglich, womit ich mich dem Imperativ meines Handelns unterwerfe. Mein Bewusstsein verwandelt sich in ein aktives, der Aktivität und dem Vollzug unterworfenes Bewusstsein. Ohne weiter darüber nachzudenken,

habe ich mich meinem Verlangen unterworfen; ohne dass ich eingreifen kann, habe ich mich dem Begehren untergeordnet, das für die Stillung des Juckreizes sorgt. Bataille lässt keinen Zweifel daran, dass wir zu Sklaven unserer selbst werden, sobald wir auf den Juckreiz reagieren, sobald wir ein Projekt verfolgen: *Das Projekt ist ausdrücklich die* AS 183
Sache des Sklaven, es ist die Arbeit, und die Arbeit ausgeführt von einem, der nicht den Nutzen davon hat. Während diese Unterwerfung für die repräsentierte Welt schon heikel genug ist, wird es beim Denken des eigenen Ich dramatisch: Plötzlich wird nicht nur die Welt meinem Denken unterworfen, sondern auch mein unmittelbares Sein, meine Empfindungen und Sensationen, die zu Gegenständen des Denkens werden, bevor sie ein Sein erhalten.

Der Besitz der Zeit

Doch wir wollen nicht nur in der Zeit handeln, wir wollen sie auch besitzen. Die Tendenz zum Besitz, zum Festhaltenwollen der Zeit ist ein weiterer Aspekt, den Bataille und die Meditation bekämpfen. Wir meistern die Zeit, indem wir etwas aus ihr machen. Wenn wir nichts aus ihr machen, haben wir das Gefühl, es handle sich um vertane Zeit. Doch indem wir etwas aus der Zeit machen, verlieren wir sie, weil wir den gegenwärtigen Moment der Zu-

kunft unterordnen. Bataille schildert das Problem
des Besitzes der Zeit am Beispiel Prousts: Wir haben
AS I 207 das Verlangen, der Sensationen und Impressionen
habhaft zu werden, wir befürchten, sie zu verlieren,
und unterwerfen uns dieser Angst. Aus der Angst
folgt die Selbstermächtigung des Subjekts – der zentrale Impuls, den Bataille von Hegels berühmter
»Dialektik von Herrschaft und Knechtschaft« aus
der *Phänomenologie des Geistes* übernimmt. Die
machttheoretische Wendung dieser berüchtigten
AS I 152 f. Dialektik wird Bataille unmittelbar vor der *Atheologischen Summe* durch Alexandre Kojève vermittelt.
Ihr Clou besteht darin, dass der Knecht sich zwar
durch seine Arbeit vom Herrn befreit, jedoch nur,
um sich aus Angst den Produkten dieser Arbeit erneut zu unterwerfen, sodass die Arbeit zu seinem
AS I 181 neuen Herrn wird. *Die Daseinsangst*, schreibt Bataille, *verwandelt den Menschen in einen Schank-
AS I 247 wirt*, er sei *ein Kniefall*. Der Knecht bleibt also un-
frei und leidet weiter an seinem Begehren, das,
einmal befriedigt, immer wieder neu erwacht. In
unzähligen Wendungen schildert Bataille die Tragödie eines (auch kapitalistisch lesbaren) Konsums,
der den Menschen ewig hungrig, verlangend und
unbefriedigt hinterlasse. Dauernd stelle sich der be-
AS I 185 gehrende Mensch *den Ausweg aus seinen Qualen
vor: wenn er mehr Geld hätte, eine Frau, ein anderes
Leben* … Doch diese Vorstellungen ketten ihn nur
umso rückhaltloser ans System seiner Abhängigkeit.

Dieses Hamsterrad des Begehrens wird auch in den Abendvorträgen immer wieder heraufbeschworen. Stets aufs Neue wird die Ausweglosigkeit eines Begehrens veranschaulicht, das uns nur unbefriedigt lassen könne; immer wieder produziere es Impulse zu seiner Befriedigung, was immer wieder zu blinden Handlungen führe, vor denen die Meditation und Bataille gemeinsam warnen.
Die eitle Befriedigung findet man nur im Projekt, AS I 73
schreibt Bataille, *die Befriedigung entweicht, sobald man etwas realisiert, schnell kommt man daher auf die Ebene des Projekts zurück; auf diese Weise stürzt man auf der Flucht wie ein Tier in eine nicht endende Falle*. Doch warum tappen wir dauernd in diese Falle, warum wissen wir nicht, dass uns das nächste Projekt, die nächste Aktivität ebenso unbefriedigt zurücklassen wird wie das letzte? Und beruht nicht der gesamte Kapitalismus auf dieser Falle des Begehrens?

Bataille geht von einem *Prinzip des Ungenü-* AS I 116
gens aus: *Ich bin mir selbst nicht genug […]*. Immer stört mich irgendetwas, immer brauche ich etwas, also handle ich. Doch dieses Handeln aus Bedürftigkeit führe den Menschen auf Wege im
Treibsand, *auf denen wir noch mehr einsinken. Der* AS I 129
Mensch kann durch keine Zuflucht dem Ungenügen entkommen. Auch meine Meditation begreift den Menschen durch sein ewiges Begehren. Weil der Mensch sich nicht selbst genügt, verlangt er an-

dauernd nach diesem und jenem; doch indem er auf sein Verlangen eingeht, macht er sich abhängig und verfällt dem unbefriedigten Begehren. Um es zu befriedigen, greifen wir zu Techniken und Medien, die zu Mitteln unserer Abhängigkeit werden – eine Abhängigkeit, die besonders von den digitalen Medien ausgenutzt wird, die das Begehren nicht stillen, sondern am Laufen halten. Es gibt die sozialen Medien (in dieser Form), weil wir uns nicht selbst genügen. Davon befreit eine Meditation, die zwar lange vor jeder Digitalität erfunden wurde, aber heute mehr benötigt wird denn je – und die paradoxerweise durch die unzähligen Meditations-Apps simuliert wird, die uns Abhilfe von jenem Verlangen versprechen, das sie selbst produzieren.

Bataille macht sein *Prinzip des Ungenügens* noch an einer anderen Stelle aus: in der Beziehung zum anderen. Weil wir uns nicht selbst genügen, surfen wir nicht nur im Netz oder swipen auf Tin-
AS I 116 der – wir gleiten auch zwischen zwei Zuständen hin und her, einem autonomen und einem gemeinschaftlichen. Zwischen diesen Zuständen existieren
AS I 121 wir in einer *gleitenden Position,* die nach Verschmelzung mit dem anderen verlangt und gleichzeitig *dazu verurteilt [ist], sich anders zu wollen.* Wir sehnen uns nach der Überschreitung unserer Ichgrenzen, die uns sein lassen und gleichzeitig vom Nächsten abtrennen. Diese ausweglose Dialektik führe uns in jene *Falle*, die in *Das Labyrinth*

1936 beschrieben wird: Indem wir unserem Verlangen folgen, verstricken wir uns in die *absurde Sehn-*
sucht nach dem Gipfel und verirren uns in *eine der* AS I 122 f.
Bahnen des »Labyrinths«: Und diese Bahn, die wir Köder um Köder ablaufen müssen, auf der Suche nach dem »Sein«, können wir auf keinen Fall vermeiden.

Auch ich befinde mich in der Verlangensfalle. Immer wieder erscheinen Köder meines Begehrens und meiner Bedürftigkeit vor mir; mein Blick verhakt sich, ich verstricke und verirre mich – und verfolge am Ende nur mein albernes Scheitern. Die Meditation bringt mir bei, die Köder zwar zu sehen, aber nicht auf sie zu reagieren. Es geht weniger um eine Unterbindung des Begehrens als darum, es zu sehen: Ich sehe, ich bin bedürftig – und schon versiegt seine Kraft. Am Boden meiner Empfindungen erfahre ich mich zwar als bedürftig, aber auch als souverän darin, nicht auf mein Bedürfnis reagieren zu müssen.

In der Diagnose der Verstrickungen eines labyrinthischen Daseins stimmen Bataille und die Meditation überein. Beide diagnostizieren eine *aus*
Wegen, aus Bewegungen […] komponierte Exis- AS I 126
tenz. Beide sehen diese Existenz von *Zerrüttung* AS I 153
und *unvermeidlicher Ermüdung* markiert, ein *er-*
schöpfter Kopf sei ihr Ausdruck, *in dem »ich« bin* AS I 122
und in dem dieses Ich *so ängstlich, so gierig gewor-* AS I 112
den sei. Eine Differenz besteht in der Reaktion auf

diese Diagnose: Während die Meditation den mön-
chischen Rückzug des Retreats predigt, besitzt die-
ser für Bataille wieder die Form des Projekts; er
verachtet eine Einsamkeit als Substanz, in die man
OC V 282 / sich zurückzieht wie in eine Festung. Er *hasst das*
M II 20 *Bild des mit der Isolierung verbundenen Wesens.*
Ich lache über den Einsiedler, der behauptet, die
Welt zu reflektieren.

6. TAG oder *Die Souveränität der Sensationen*

Das Wetter wechselt mittlerweile so heftig wie die
Sensationen meiner Meditation, von Starkregen zu
schönster Septembersonne. Nachdem ich gestern
chaotisch und stümperhaft meditierte, erfahre ich
heute irgendwann, als Gnade gewissermaßen, den
free flow: als würde in mir in Zeitlupe Dampf auf-
und absteigen. Man darf nicht nach diesem souveränen Zustand verlangen, ihn erwarten oder auch
nur auf ihn hinarbeiten. Ich habe das Lachen Batailles im Ohr *über den Einsiedler, der behauptet,* OC V 282/
die Welt zu reflektieren. Aber der Einsiedler reflek- M II 20
tiert nicht, er meditiert. Die Meditation dient nicht
der Reflexion, sondern der Revolte und Befreiung
eines geknechteten Geistes. Wie befreit man ein unterworfenes Bewusstsein? Wie soll man aus dem
Hamsterrad des Begehrens aussteigen? Und wie AS I 153
retten wir die Welt vor unserem zerstörerischen Begehren? Vor die Wahl gestellt, entweder die Welt
oder den Geist zu ruinieren, entscheidet sich Bataille für Letzteres. Statt sich *dem Besitz der Dinge* zu AS I 181
widmen, wählt er die *Selbstentfesselung*. Dabei

hebt er besonders solche Augenblicke hervor, die
wie die Sensationen der Meditation keine Dauer
haben – und aus denen er seine Theorie der Souve-
AS I 264 ränität ableitet: *Das souveräne Vorgehen [...] ist
nur Ohnmacht, Abwesenheit der Dauer, boshafte
(oder fröhliche) Selbstzerstörung, Unzufriedenheit.*
Die souveränen Augenblicke sind selbstbezügliche
Handlungen, bei denen Energie verausgabt wird,
ohne dass durch Arbeit ein Produkt entsteht. *Ich
AS I 263 kann mir im souveränen Vorgehen dessen bewusst
werden*, heißt es in der *Methode der Meditation*,
*doch das Vorgehen setzt einen souveränen Augen-
blick* voraus, *es kann ihn nicht herstellen.* Es ist
kein Projekt, das man zielgerichtet anstreben könnte; die Sensationen der Meditation, die eroische
Erregung, ein Lachen oder ein poetischer Moment,
geschehen unwillkürlich.

Entsprechend versteht Bataille seine *Methode
M II 156 f. der Meditation* als *Einführung in souveräne Verhal-
tensweisen* – die Erotik, Trunkenheit, Lachen, Op-
AS I 245 fer und Poesie. Die Poesie ist für Bataille souverän,
weil ihr Gebrauch der Sprache vom Bekannten zum
AS I 189 ff. Unbekannten führe. Während die Wörter in der All-
tagssprache bekannt und verständlich sind, würden
sie in der Poesie auf das Unbekannte hin geöffnet.
AS III 27 In der Moderne habe die Poesie den Platz von Trance und Ekstase eingenommen.

Und die Meditation? Obwohl sich das Subjekt
auch in der Meditation *aufs Spiel [setzt]* und *sich*

in Frage [stellt], erscheint sie nicht in Batailles Lis- M II 157
te. Bei den souveränen Operationen unterscheidet
Bataille zwischen solchen, die eine Veränderung in
der Objektwelt hervorrufen wie Opfer oder Poesie, CS 810
weshalb er die Poesie gleich als Opfer deutete, und
solchen, die das Subjekt verändern wie Alkohol
oder die Meditation. *Das aufgebrachte Subjekt* leh- AS I 259 f.
ne, heißt es weiter in der *Methode der Meditation*,
jedoch die äußeren Mittel ab, die in Rauschgiften,
erotischen Partnern oder (komischen, opfermäßi-
gen, poetischen) Objektentstellungen bestehen. […]
Es setzt sich selbst aufs Spiel, keine Objekte, und
vollständiger als durch Rauschgift. So besteht *die*
wirkliche Souveränität darin, *nicht nur sich selbst* M II 159
zum Herrn zu machen, sondern den Herrn in sich
selber abzuschaffen, wie Bergfleth schreibt.

Bei dieser Abschaffung der Unterordnung gibt es
für Bataille Erfahrungen, die noch anzueignen sind,
und solche, die es nicht mehr sind. Während die poetische, die mystische und die Gotteserfahrung zu
Ersteren zählten – *Wir können uns noch aneignen,* AS I 16
was uns überschreitet –, sei die innere Erfahrung
nicht mehr assimilierbar. Sie sei zu verstörend, als
dass ich sie mir aneignen könnte; sie sei nichts, was
ich willentlich anstreben, was ich als Ziel oder
Zweck meines Handelns verfolgen könnte.

Und die Meditation? Kann ich mir die Sensationen aneignen oder nicht? *Wir können*, schreibt AS II 150
Bataille, *aus der Ekstase kein erstrebtes Ziel ma-*

chen. Doch meine Meditation führt nicht zur Ekstase. Dadurch, dass ich die Sensationen begrifflich fasse, werden sie nicht nur angeeignet, sondern auch angesteuert. Die Berührung zwischen Körper und Geist ist das Ziel der Meditation, sie strebt die Sensationen an wie der Witz das Gelächter. Ist die Meditation also wirklich so ziellos wie die souveräne Operation? Verfolgt sie nicht auch einen Zweck und spekuliert auf einen zukünftigen Gewinn?

AS I 233 *Der ins Spiel gebrachte Nutzen*, so heißt es in der *Methode der Meditation*, *ist insofern beachtlich, als es kein schnelleres Mittel gibt, um der »Sphäre der Aktivität« (wenn man will, der realen Welt) zu entkommen*. Diese zentrale Stelle, die ich oben schon einmal zitiert habe, ist in Batailles Druckfahne komplett durchkreuzt und verändert, wobei diese Korrekturen nicht in die Druckfassung übernommen wurden. Jedenfalls erscheint der Vor-
AS I 233 teil der *indischen Konzentrationsübungen* zugleich als ihr Nachteil, denn *gerade weil er [der Nutzen] das beste* Mittel *ist, stellt sich im Blick auf den Yoga die zwingende Frage: wenn die Sphäre der Aktivität durch ein Zurückgreifen auf Mittel definiert ist, wie ist sie dann zu ruinieren, wenn man von vornherein vom* Mittel *spricht? Ohne diese Ruinierung ist der* Yoga *aber nichts*. Mit anderen Worten: Die Meditation war Bataille nicht radikal genug. Sie verfolgt zwar den richtigen Zweck,

wählt aber das falsche Mittel, besser: Sie wählt überhaupt ein Mittel. Doch mit Mittel und Zweck lässt sich die Zweckrationalität kaum bekämpfen. Und so verstrickt sich Bataille immer wieder in die eingestandene Paradoxie, den Zweck zu verfolgen, aus der Zweckrationalität aussteigen zu wollen – die souveräne Operation besteht genau im paradoxen Beharren auf diesem Scheitern. Damit bleibt die Meditation ein sinnvolles Handeln, das sich aneignen und in die Dialektik des Geistes einspeisen und instrumentalisieren lässt – was wahrscheinlich auch die *moralischen oder metaphysi-* AS I 233
schen Auswüchse sind, die Bataille der Meditation unterstellt.

Ich würde anders antworten, schließlich meditiere ich auch ganz anders als Bataille. Meine Meditation ist nicht vollkommen zweckrational, ich sage mir nicht: Mein linker Fuß soll kribbeln, sondern ich frage: Welche Empfindungen hast du im linken Fuß? Was ich dann spüre, beeinflusse ich nicht. Ebenso wenig kann ich beeinflussen, ob ich nach einem Witz lache oder ob ich beim Eintunken einer Madeleine in Lindenblütentee einen poetischen Moment habe oder nicht. Um eine Sensation kann ich mich nicht bemühen, sie erscheint nur, wenn man sich nicht darum bemüht. *Die souveränen Augenbli-* AS I 200
cke stehen, so heißt es entsprechend in der *Methode der Meditation, außerhalb meiner Bemühungen.* Ich kann die Sensationen und inneren Erfahrungen also

nur *empfangen* – und Batailles Beschreibungen sei-
ner souveränen Empfängnis gehören zu den schöns-
ten Stellen des Werks. Wir empfangen die souverä-
AS I 263 nen Momente *wie der Vogel singt*, heißt es in der
Methode der Meditation. Und in der *Freundschaft*
AS II 152 dann: *Ich schreibe, wie der Vogel singt.*

Die souveräne Wissenschaft

Batailles Projekt geht jedoch über die romantische
Feier des Ephemeren hinaus. Er skizziert eine souveräne Wissenschaft, die sich nicht für die Vernunft
starkmacht, sondern für die von ihr marginalisier-
AS I 51 ten Momente. Nach dem *Schiffbruch der Vernunft*
AS I 59 und dem *Zusammenbruch des Vernunftgebäudes*,
den Bataille im Krieg erlebt, soll der klarste Geist
für die unklarsten Momente eingesetzt werden. Die
Philosophie – oder zumindest ihre theoretischen
oder diskursiven Mittel – soll weniger die Vernunft
als ihre Überschreitung erforschen. Sofern die Phi-
AS I 58 losophie *reines Spiel der Intelligenz ohne Angst* sei,
könne sie nur souverän sein, wenn sie ihre Ziele
aufgebe und alle methodischen Vorkehrungen ver-
meide, die am Ende immer einem Projekt oder Vor-
AS I 240 haben dienten. Und da das erste Ziel der Philosophie darin bestehe, Sinn zu erzeugen, müsse das
Ziel einer souveränen Philosophie, die Bataille als
allgemeine Ökonomie bezeichnet, darin bestehen,

diesen Sinn zu vermeiden oder noch besser: ihn zu zerstören. *Die Wissenschaft*, schreibt er in der *Methode der Meditation, die die Denkgegenstände auf* AS I 254 *die souveränen Augenblicke bezieht, ist in der Tat nur eine* allgemeine Ökonomie, *die den Sinn dieser Gegenstände in ihrem Verhältnis zueinander untersucht, letzten Endes aber im Verhältnis zum Verlust des Sinns.*

Wie die Erotik ist die Meditation für Bataille eine Anti-Ökonomie, eine unproduktive Verausgabung des Geistes. In der Meditation wird der betriebsame Geist davon abgehalten, zu arbeiten und Vorstellungen, also Werke herzustellen. Er läuft gewissermaßen leer und wendet sich gegen seine Ziele. In der Meditation bejahe ich den Schmerz, ich liefere mich der *Erosion durch den Schmerz* AS III 187 aus. Ich weigere mich, einer Ökonomie zu folgen, die den Menschen auf *das Prinzip der Erhaltung* AS I 254 festlegt, wie es in der *Methode der Meditation* heißt. Durch seine souveräne *Verweigerung des Erhaltens* partizipiert der Mensch am Austausch des Universums, aus dem er sich kraft seines Denkens hinauskatapultiert hatte. So wird aus der Meditation ein Modell und eine Methode für die Philosophie; die *Methode der Meditation* transformiert die Praxis der Meditation in eine philosophische Methode. Damit macht die Meditation genau das, was Bataille von der Philosophie fordert: Sie hegt den sinnschöpfenden Zeithorizont des transzendenta-

len Bewusstseins ein und ordnet alles dem Augenblick (der Sensation) unter. Die Strenge, mit der die Meditation gegen das transzendentale Bewusstsein vorgeht, wird auf die Philosophie zurückgewendet.
AS I 257 *In erster Linie*, heißt es in der *Methode der Meditation*, *ist diese Disziplin eine Methode der Meditation. Ihre Lehre ist jener der Yogis näher als jener der Professoren.*

Diesen Versuch einer Formalisierung eines Sinnverlusts nennt Bataille bekanntlich *Allgemeine Ökonomie*: Wenn die Ökonomie des beschränkten Bewusstseins darin besteht, Sinn durch eine Unterwerfung der Gegenwart unter die Zukunft zu erzeugen, dann soll dieser Sinn durch eine ebenso rigorose Auflehnung gegen diese Unterwerfung
AS II 123 / verausgabt werden – ein Verlernen, ein *unlearning*
OC V 336 oder *undoing* der Philosophie. Anders als die Wissenschaften – Bataille nennt Theologie und Philosophie –, die jeden Schritt begründen, geht es sowohl bei der Meditation als auch in Batailles
AS I 255 souveräner Wissenschaft *nur um die Setzung eines willkürlich gewählten Seinsaugenblicks (auf den man Denkgegenstände beziehen oder nicht beziehen kann)*. Wenn ich mit meinen Empfindungen meditiere, setze ich einen *willkürlich gewählten Seinsaugenblick* und beziehe mein Denken auf ihn. Weil ich die Sensation nicht kenne und diesen *Denkgegenstand* nicht planen kann, kann er keinem Zweck dienen; er stellt kein Glied in einer

Kette von untergeordneten Gedanken dar, die ein Ziel verfolgen, weswegen Bataille seine souveräne Erkenntnis als *befreit* bezeichnet. AS I 256

Wie die Meditation ist Batailles souveräne Wissenschaft eine Antwort auf die einfach komplizierte Frage: Wie soll man sich denkend vom Denken lösen? Wenn alles Denken Unterordnen bedeutet, kann ich mich innerhalb des Denkens nicht von ihm befreien. *Wenn ich denke*, formuliert die *Methode* AS I 256
der Meditation dieses philosophische Problem, *wenn der Mensch sich nicht von seinem Denken absetzen kann –, nehme ich im Grunde den subordinierten Charakter der gemeinen Denkvorgänge auf mich*. Daher heißt es in den Notizen zum Buch: *Die Tatsache, dass eine Erkenntnisoperation einer ande-* OC V 468
ren untergeordnet ist, heißt es in den Notizen zum Buch, *enthält an sich nichts Erstaunliches*.

Zur *Kritik des Alltagsbewusstseins* hatte Bataille mit der Meditation ein Jahrtausende praktiziertes Verfahren gefunden, das von der Zweckrationalität befreit. Schließlich antwortet die Meditation auf genau dieses Problem, dass *der Mensch sich nicht von seinem Denken absetzen kann*, sie ist der Versuch, seinem Denken innerhalb des Denkens zu entkommen. Sie beantwortet das Problem mit einem streng geregelten Verfahren, das Denkvorgänge von Innen aushebelt und ein anderes Wissen hervortreten lässt. Bataille bezieht sein ganzes Schreiben auf diese souveränen Augenblicke, die vom Schreiben

ausgeschlossen werden, und ent-unterwirft es auf
AS I 264 diese Weise. *Ich schreibe*, heißt es in der *Methode der Meditation*, *um das Funktionieren subordinierter Vorgehensweisen zunichte zu machen.*

Die Flüchtigkeit der Chance

Zu diesem Zweck, alle Zweckverfolgung zunichte zu machen, entwickelt Bataille neben der souveränen Operation und der Meditation weitere philosophische Konzeptionen. Zum Beispiel die Chance, die die Zufälligkeit der Sensationen konzeptionalisiert. Woher kommen die Sensationen? Sie fallen mir zu, sie kommen spontan irgendwo her, sie regnen auf mich und in mir herab. Die Sensationen sind unerreichbar und unanstrebbar, ich kann sie nicht willentlich hervorrufen oder heraufbeschwören. Weil sie ebenso anti-intentional sind wie Prousts *mémoire involontaire*, erhält man Sensationen nur, ohne sie direkt zu wollen. Für diese Spontanität entwickelt Bataille den Begriff der Chance.
AS II 94 Wie die Sensationen entziehe sich die Chance der Regel und der Vernunft. Alle Versuche, Chance oder
AS II 107, Kontingenz zu begründen, bleiben paradox. Daher
130, 236 definiert Bataille die Chance als *Gegenteil einer*
AS II 104 *Antwort auf das Verlangen nach Wissen* und reflektiert seit den ältesten Texten der *Inneren Erfahrung*
AS I 98 auf die *irre Unwahrscheinlichkeit* seines Seins –

ohne sie aber in die Nähe einer *flüchtigen Kombina-*
tion des Absoluten zu rücken, von der ein Ernst
Jünger in seinem *Pariser Tagebuch* berichtet. Zwar
erscheint das Mysterium der eigenen Geburt als ultimative Chance, die jedoch unsubstanzialisiert AS II 114
bleibt. Sie entspringe *aus der Unordnung, nicht aus* AS II 96
der Regel. Sie erfordert den Zufall, ihr Licht flim-
mert in der schwarzen Dunkelheit. Bei der flim-
mernden Dunkelheit habe ich sofort jene dunkle
Zone vor Augen, aus der die Sensationen bei der
Meditation mit geschlossenen Augen in mir aufsteigen. Sie kommen und gehen, weswegen Bataille von
der *Flüchtigkeit* der Chance spricht, von ihrem *auf-*
flammenden Augenblick. Sie wird mit einem *In-* AS II 96
Flammen-Aufgehen und einem *Traumcharakter* AS II 104
verbunden, mit dem *unfassbaren Fall eines Sterns in*
der Nacht. Fallen die Empfindungen mir tatsächlich
zu wie Sternschnuppen, oder ist das Kitsch? Jedenfalls sind sie tatsächlich ungeheuer flüchtig. *Ich su-*
che sie, sie entflieht mir, schreibt Bataille von der AS II 107
Chance, *wie wenn ich sie verfehlt hätte.*

Bataille entwickelt die Zeitlichkeit der Chance AS III 29
ausgehend von Nietzsches Philosophie der Ewigen
Wiederkehr, die durch die *Atheologische Summe*
geistert. Pierre Klossowski wird aus dieser Philosophie in nächster Nähe zu Bataille ein thematisches
Buch mit dem deutschen Titel *Nietzsche und der*
Circulus vitiosus deus machen. Bataille hingegen
lässt sie spektakulär in der ephemeren Chance ver-

AS III puffen. Im weiteren Verlauf von *Sur Nietzsche* fin-
159–167 den sich darüber hinaus zahlreiche Passagen zu
Sein und Chance, die unmittelbar neben *Sein und*
AS III 179 *Zeit* geschrieben scheinen. Neben Reflexionen zu
AS III 175 Zeit und Fall – *Das Individuum ist die Art des Fal-*
lens der Zeit – wird die Frage der Zeitlichkeit der
Chance als Verlangen rekonstruiert, was einen diskontinuierlichen Zeitbegriff erfordert. Ohnehin
wird jeder kontinuierliche transzendentale Zeitbegriff in *Sur Nietzsche* durch die Bombardements
der Alliierten zerschossen.

Heute Morgen der Eindruck, die Sensationen
zu verfehlen, als hätte ich sie nie getroffen. Habe
ich schon mal meditiert? Ich fange immer wieder
neu an, ich baue auf nichts auf. Es ist entnervend.
Und souverän? Schließlich ist nach der Konzeption
der Chance nichts souveräner als meine deprimie-
rend brüchigen Sensationen. Bataille feiert den
AS II 236 f *Glücksfall des privilegierten Augenblicks*, der *als-*
bald entflieht und sich nicht greifen lässt. […] Ver-
gebens erschöpfen sich die Wege, wiederzufinden,
was entflieht. Batailles *Glücksfall* hilft mir nicht.
AS I 28 Ich stecke im Matsch der Empfindung fest. *Es han-*
delt sich, schreibt er, *um verschwimmende innere*
Regungen, die gegenstandslos und intentionslos
sind, um Zustände, die […] sich mit der Klarheit
des Himmels oder dem Duft eines Zimmers ver-
knüpfen, durch nichts Definierbares motiviert sind.
AS II 242 So *erschaffe die Chance auf einmal, ohne Anstren-*

gung und Arbeit, sie komme ebenso spontan hervor
wie die Sensationen. Bataille beschreibt an Prousts
unwillkürliches Gedächtnis erinnernde Sensationen,
wenn er vom *Duft einer Blume* schreibt, der *mit* AS I 156
Erinnerungen verknüpft sei. Oder er beschreibt die
Wonnen im Fond eines fahrenden Wagens, als er
auf die nassen Bäume blickt, die hinter ihm verschwinden. Dabei entwickelt Bataille die Erfahrung
Prousts weiter, die flackernden Impressionen werden zu Zugängen zur inneren Erfahrung der Chance, zum *Geheimnis* einer *schweigenden, unergründ-* AS I 31
*lichen, bloßliegenden inneren Gegenwart, die eine
stets den Worten (den Gegenständen) zugekehrte
Aufmerksamkeit uns entzieht.* Diese Gegenüberstellung zwischen Wort und Erfahrung führt Bataille
einige Jahre später zu dem Proust'schen Paradox,
dass der Mensch erst in der Erinnerung in der Lage M II 190
sei, in der Gegenwart zu leben, weil allein die Erinnerung von jedem Nutzen befreit sei.

Wie die Sensation ist die Chance das Gegenteil
von Arbeit, Notwendigkeit und Projekt; weil die AS II 98
Sensationen spontan kommen (oder nicht) und ich
sie nicht beeinflussen kann, geht sie nicht von einem aktiven und arbeitenden Subjekt aus und richtet sich gegen das Projekt. Meine Sensationen sind
ein Geschehen, sie fallen mir in den Schoß, ich bin
das Gefäß von Sensationen, die ich nur passiv geschehen lassen kann. Das Gewahrwerden der inneren Achtsamkeit, von dem der Therapeut meiner

Gruppentherapie spricht, sei ebenfalls ein Geschehen, das Gegenteil von Arbeit: Das Sein stelle sich ein, wenn ich mich lasse. In seiner Therapie werde nicht viel bewegt, wobei die Nichtbewegung die schnellste Bewegung sei. Er erwähnt auch das Tao, das ebenfalls das Lob des Nichtstuns singe, manche Ziele könne man nur durch Nichttun erreichen.

Auch Sensation und Chance sind Gegenteil des
Tuns, des Handelns, sie sind näher an *Passivität,*
AS III 187 *Abwesenheit der Anstrengung.* Zwar stehe die *ex-*
AS I 220 *treme Bewegung des Denkens* dem Handeln fremd
und kritisch gegenüber, dennoch brauche es ebenso
wie die Meditation geregelte Operationen, um da-
rüber hinauszugelangen. Aus der Perspektive der
Passivität ist Hegels ängstlicher Knecht, der aus
AS II 130 Furcht zu arbeiten beginnt, der natürliche Feind der
Chance. Nicht sein Tun ist gefragt, sondern das Vermögen, etwas geschehen lassen zu können – etwas,
dessen Teil ich bin, das ich aber nicht direkt beeinflussen kann. Weil es der Chance darum geht, sich
in eine Mit- oder Umwelt einzufügen, wird sie als
Berührung, die das Wesen mit seiner Umgebung in
AS II 99 *Einklang brachte*, definiert: *Ein heller Glanz senkt*
sich ins Innerste des Wesens und sein Mögliches hi-
nab. Das Wesen versenkt sich darin, mit angehalte-
nem Atem, dem Gefühl des Schweigens verpflichtet.
In diesen Beschreibungen, die an die europäische
Mystik erinnern, erscheint die Chance als nicht ab-
leitbar oder reduzierbar auf irgendetwas, sie steht

dem Willen fremd gegenüber. Bataille kritisiert Nietzsches *Willen zur Macht*, den er durch einen *Willen zur Chance* ersetzt. Heraus kommt der deutsche Titel des dritten Bandes der *Atheologischen Summe*: *Nietzsche und der Wille zur Chance*.

Der Wille zur Chance

Das Buch, das im Original einfach *Sur Nietzsche* heißt, macht Nietzsche zum Fixstern der *Atheologischen Summe* und die Chance zum philosophischen Begriff. Der *Wille zur Chance* schließt an Nietzsches AS III 175, 263
Konzeption des *Amor fati* an und distanziert sich vom *Willen zur Macht*, der *an sich schon ein armseliges Meditationsthema* sei; er bedeute eine *Rückwärtsbewegung*, mit der Nietzsche *zur unterwürfigen Fragmentierung zurückkehren* würde. AS III 121 AS III 26
Dagegen wird die Chance etymologisch vom Zufall abgeleitet: *Chance hat denselben Ursprung* (cadentia) *wie Vorfall*. Chance *ist das, was vorfällt, was fällt (ursprünglich glückliche oder unglückliche Chance). Es ist der Zufall, der* Fall *eines Würfels*. AS III 103
Nach Batailles enthusiastischem Vortrag der Chance, mit der er Seite an Seite mit Nietzsche die Niedergangsmoral attackiert, frage ich mich, ob ich dem gewachsen bin. Habe ich nicht nach der Depression jegliches Risiko aus meinem Leben genommen? Versuche ich nun nicht, vorsichtig zu sein und so wenig wie mög-

lich aufs Spiel zu setzen? Möchte ich nicht alles
kontrollieren? Bin ich nicht auch Effekt der Niedergangsmoral, einer jener *Geängstigten und Leiden-*
KSA 11/658 / *den unter den Philosophen*, wie Bataille Nietzsche
AS III 179 zitiert, die *äußeren und inneren Frieden* suchen?
Und wie komme ich zurück zu jenem *Ungewissen,*
Wechselnden Verwandlungsfähigen Vieldeutigen,
das Nietzsche als seine *gefährliche Welt* skizziert?
Bataille macht einen überraschenden Vorschlag: Gegen Nietzsches Beschwörung von Willen, Macht
und Stärke setzt er seine Schwäche. In *Sur Nietzsche*
beschreibt er, wie er sich in Zuständen der Erschöpfung nicht einem transzendenten Gott zuwendet,
sondern seiner eigenen Immanenz und Schwäche,
AS III 194 durch die er zu einer *stolzen Souveränität* gelange.
Ich beende meine Meditationen mit einer sogenann-
ten Verbeugung vor mir, bevor ich mich vor dem
Universum verbeuge. Doch wenn ich mich vor mir
verbeuge, verneige ich mich nicht vor meinem stolzen Begriff, sondern vor meiner mickrigen Materialität. Ich bin verblüfft, dass auch Bataille von einer
AS II 34 *Verneigung vor dem Universum* spricht. Wird man
davon gleichmütig? *Jedes Leben ist aus subtilen*
AS III 194 *Gleichgewichten komponiert*, lese ich weiter in *Sur*
Nietzsche, noch verblüffter darüber, ausgerechnet
AS III 212 bei Bataille auf die *equanimity* zu stoßen: *Die*
Gleichmütigkeit der Welt bleibt unerschütterlich.

Das Spiel der Chance

Am konkretesten wird die Konzeption der Chance AS III 120
im Spiel. Wenn Bataille schreibt, die Chance sei *der*
Zufall, der Fall *eines Würfels*, sind sowohl das Fal- AS III 103
len als auch der Würfelwurf buchstäblich zu verste-
hen. Zwar leitet Bataille seine Konzeption des
Spiels weniger von Mallarmé und dem Würfelwurf
her, der ihn nie sonderlich interessierte; seinen
philosophischen Spielbegriff wird er erst in den
1950er-Jahren im Anschluss an Johan Huizingas
Homo Ludens entwickeln. In der *Atheologischen* M II 371 ff.
Summe wird das Spiel eher mit dem Zarathustra
verbunden, der *mit den Göttern Würfel spielte. Die* AS III 194
Innere Erfahrung feiert die *Kinderei*, *Die Freund-* AS I 62
schaft die *Naivität* und *Unbefangenheit eines Kin-* AS II 194 f.
des. In *Sur Nietzsche* schließlich wird das Kind zum
Schlüssel der Chance und zur späteren Theorie der
Verausgabung. *Nietzsche drückte*, so schreibt Ba- AS III 199 f.
taille, *durch die Idee des Kindes das Prinzip des of-*
fenen Spiels aus, in dem der Verlauf über das Gege-
bene hinausführt. Und so stimmt Bataille schließlich
in die berühmten Gesänge des *Zarathustra* ein,
denn *Unschuld ist das Kind und Vergessen, ein* KSA 4/31
Neubeginn, ein Spiel, ein aus sich rollendes Rad,
eine erste Bewegung.

Mit Nietzsche integriert Batailles Spielbegriff AS II 100
auch das Offene, Zufällige und Passive. Man wird
gespielt, meine Sensationen spielen mit mir, die Me-

AS III 195 ditation spielt mich. Bataille verabschiedet sich von
einer disruptiven Meditationspraxis, die mit den
Überlegungen zur Chance und zur Ewigen Wieder-
AS III 187 f. kehr zyklischer wird und auch dem Spiel und der
AS II 112 Kontingenz Raum lässt. *Ich gehöre dem Spiel*,
AS II 143 schreibt er, und weiter: *Ich bin ein Würfelwurf*. Und
poetischer in der *Orestie*: *Der Spieltisch ist diese*
M II 67, *Sternennacht, in die ich falle, als wäre ich ein Wür-*
118 / *fel, geworfen auf das Feld flüchtiger Möglichkeiten.*
AS III 309 Oder: *Ich bin das Ergebnis eines Spiels, das es –*
wenn ich nicht wäre – nicht gäbe, nicht geben könn-
te. An anderen Stellen wird die Chance hingegen
mit der christlichen Gnade assoziiert, sie sei *ein*
AS II 104 *Gnadenstand, eine Himmelsgabe, sie erlaubt, unwi-*
derruflich und angstlos zu würfeln. Zufall und Kontingenz werden hier noch radikaler affirmiert als im
Zarathustra, der zwar schon davon gesprochen hat-
KSA 4/181 te, *was Bruchstück ist und Räthsel und grauser Zu-*
fall. Bataille versieht den *Zufall* jedoch mit rückhaltlos positiven Vorzeichen. Das Leben erscheint
wie in meiner Gruppentherapie nicht länger als Problem, das es zu lösen gilt, sondern als Ereignis, das
AS II 144 es zu erfahren gilt. *Der Mensch ist nicht geboren,*
die Probleme der Welt zu lösen, zitiert Bataille ausgerechnet aus Goethes späten Gesprächen mit
Eckermann, *wohl aber zu suchen, wo das Problem*
angeht. Mich geht das Problem der Angst an.

Liefere ich mich nicht der Angst aus, wenn ich nicht handeln kann? Die Chance richtet sich gegen

den Ernst des verwundeten Schreibens, Würfelwurf AS III 66
und Zufall sollen mich nicht in die Angst vor einem planlosen Universum führen, das mich einsam wie Nietzsche zurücklässt. Während Bataille Goethes *Munterkeit und Ausgewogenheit* gegen Hegels AS II 144
Hässlichkeit ausspielt, führe die Chance zum Anderen; sie soll mich mit einem anderen verbinden, zu dem ich die Verbindung nicht beeinflussen kann: *Die Chance spielt die Wesen in Konjunktio-* AS II 115
nen aus.

Das Schreiben der Chance

Es gibt aber noch einen weiteren Weg zur Chance: Batailles Notizhefte zur *Methode der Meditation*. Im zweiten *Carnet* wechselt der philosophische Text mit Spielen ab, vor allem mit einfachen Kreuzworträtseln, mit ein paar Strichen selbst gemachten *mots croisés*. Das ist die Entdeckung: In der Zeit, in der Bataille die ersten Notizen zur Chance und zum (Glücks-)Spiel aufzeichnet, spielt er Spiele – im selben Heft! Das Heft mit den ersten Aufzeichnungen zu einem philosophischen Spielbegriff dient auch als Unterlage für konkrete Spiele (mit sich?). Vielleicht gibt es keinen direkteren Beleg für die Ablehnung der Professoren-Philosophie als dieses Spielen neben dem Philosophieren, das Hand-in-Hand von
Spiel und Philosophie. *Ich schreibe normalerweise* OC V 467

nach dem Zufallsprinzip, notiert Bataille am Beginn des zweiten Hefts. *Ich kann schlecht Ergebnisse schreiben*. Ist die Philosophie nicht auch ein Spiel? Wie spielt man die Philosophie? Und bei welchem anderen Philosophen gehen Schreiben und Spielen derart ineinander auf wie in diesem Heft, in dem Denken direkt in Spielen übergeht und umgekehrt? Die Philosophie steht kopf, sodass ich mich überhaupt nicht wundere, wenn eine Seite im zweiten Heft plötzlich verkehrt herum weitergeschrieben wird. Einmal steht dort quer über eine Seite geschrieben: *Dies ist nicht die souveräne Operation, sondern ein Moment der Zerrissenheit von dort aus. Es gibt offensichtlich verworrene Ursprünge, aber ohne im letzten Moment den Zorn* ... Oder stimmt etwas nicht mit mir, dass ich mich mehr für die Spiele als für die Philosophie begeistere?

Die größere Unmittelbarkeit der Notizen birgt das Versprechen eines direkteren (Auf-)Schreibens der Sensationen. Ebenso wie meine Toilettenpapierrolle versprechen Batailles Notizen eine größere Nähe des Autors – und eine Antwort auf die Frage, ob sich die flackernden Sensationen der Chance (auf-)schreiben lassen? Und wie soll ich – während der Meditation! – das Kommen und Gehen der Sensationen notieren? Wie schreibt man die Flüchtigkeit der Chance? In der *Methode der Meditation* erzählt Bataille die Anekdote, wie er als Schulkind beim Diktat aus der geschriebenen Schriftsprache immer wieder in seine privaten Kritzeleien abglitt: *Ich sehe noch mein Schulheft: ich begnügte mich* AS I 250 *sehr bald damit, zu kritzeln (ich musste so tun, als schrieb ich).* Könnte das *Kritzeln* ein Schreiben der Chance darstellen? Schließlich gehe das Kritzeln, wie Bataille weiter schreibt, ganz materiell und buchstäblich *bis ans Ende der elenden Möglichkeit der Worte*, um dann mit dem berühmten Statement zu enden: *Ich will solche [Worte] finden, die [...] das souveräne Schweigen wiedereinführen, das die artikulierte Sprache unterbricht.*

Wie lässt sich der Zufall in ein intentionales Schreiben integrieren, ohne das Andere, das *souveräne Schweigen* zu verraten? Aleatorische Schreibverfahren werden von Bataille ebenso abgelehnt wie die surrealistische *Écriture automatique*, die das Andere ans Unbewusste delegiert, das damit zur transzendentalen Referenz aufsteigt. Meine Sensationen schreiben sich nicht automatisch. Aber wie kann ich *von* oder *mit* den Sensationen schreiben, wie kann ich die Sensationen *mit-schreiben*, ohne sie zu verändern oder ihnen meinen Sinn aufzudrücken? Wie kann ich in der Aktivität einer Schrift die passiv empfangenen Sensationen bezeugen? Wenn ich über meine Meditation spreche, muss ich befürchten, sie *in ein totes Objekt und die* AS I 14 *Sache der Theologen* zu verwandeln. Dennoch schreibe ich dieses Buch, dennoch schreibe ich Sätze über meine Sensationen.

Im letzten Teil der *Methode der Meditation* macht Bataille den Versuch, aus der inneren Erfahrung heraus zu sprechen und der Meditation eine Stimme zu geben. Seine *Entblößung*, wie der Teil heißt, besteht darin, die diskursive Vermittlung aufzugeben, die philosophische Sprache zu verwerfen und sich der *Einsamkeit* zu überantworten: *Am*
AS I 265 *Ende setzt mich alles aufs Spiel, ich bleibe suspendiert, entblößt, in einer definitiven Einsamkeit.* Das
AS I 119 ist Batailles Kehre: *Das Sein wird ihm vermittelt durch die Wörter, die nur willkürlich als »autonomes Sein« zu betrachten sind, in der Tiefe aber als »Sein in Beziehung«.*

Batailles Notizen lösen nicht das Problem, wie ich mein *»Sein in Beziehung«* in einer autonomen Sprache schreiben kann. Was schreibt in mir? Wessen Medium bin ich? Bataille zitiert dazu Nietzsches Theorie der Inspiration, seinen Eindruck aus dem *Ecce Homo, bloss Incarnation, bloss Mund-*
KSA 6/339 / *stück, bloss medium übermächtiger Gewalten* zu
AS III 129 sein. Jedoch distanziert sich Bataille sogleich von der unter Transzendenzverdacht stehenden Formel der *übermächtigen Gewalt* und ersetzt sie durch das Spiel der Chance: *Ich stelle mir keine*
AS III 129 f. *»übermächtigen Gewalten« vor. Ich sehe die Chance in ihrer Unkompliziertheit, die unerträgliche, gute, glühende … und ohne welche die Menschen wären,* was sie sind. *Was im Schatten vor uns* erraten *werden will: der betörende Reiz eines*

opalenen Jenseits, die Gewissheit eines Sees der Wonnen.

Die Bande der Immanenz

Während ich diese Zeilen zitiere, schreibe ich an einem Aufsatz über Nietzsches Autotheorie im *Ecce Homo*. Ich frage mich, ob nicht die Gefahr lauert, das *opalene Jenseits*, von dem Bataille spricht, wieder religiös aufzuladen und am Grund des *Sees der Wonnen* wieder eine Transzendenz zu entdecken. Dagegen gibt es Vorkehrungen bei Bataille, die über ein Schreiben als Spiel hinausgehen. Am Ende der *Atheologischen Summe* wird deren Lehre in verschiedenen Schemata präsentiert, die um die Konzeption der Immanenz kreisen. Die Immanenz sei die Negation des Nichts und damit auch Negation jeder Transzendenz. Bataille skizziert zwei Wege der Negation des Nichts: Ein- AS III 192
mal den passiven Weg des Schmerzes, den er bei Nietzsche und Proust rekonstruiert, bei denen der integrierte Schmerz jede Transzendenz versengt hätte. Bei Nietzsche, der das Tragische gesehen AS III 196
und darüber gelacht hätte, sei *die gottlose Imma-* AS III 329
nenz ein *Geschenk des Leidens* gewesen. Durch AS III 186
ihre Integration oder *Resorption* des Abgrunds hätten Nietzsche und Proust jede Transzendenz neutralisiert, was Bataille *die Resorption des trans-*

AS III 231 *zendenten tragischen Elements in die Immanenz* nennt.

Ein zweiter Weg der Negation des Nichts bestehe darin, sich seiner *Bande der Immanenz* zu versi-
M II 125 / OC VI 170 chern. *Sur Nietzsche* entwickelt die Skizzen zu einer Philosophie der Immanenz aus der *Methode der Meditation* weiter. Dort hatte Bataille bereits die *Bande der Immanenz* ausformuliert, die an die Stelle des transzendentalen Weltverhältnisses treten sollten: *Diese Welt von Objekten*, heißt es in der
AS I 245 *Methode der Meditation*, *die mich transzendiert […], schließt mich in ihrer Sphäre der Transzendenz ein […]. Damit vernichtet mich meine eigene Aktivität, etabliert in mir eine Leere, der ich unterworfen bin. Doch überlebe ich diese Entstellung, indem ich Bande der Immanenz knüpfe*. Die *Bande der Immanenz* sind nicht immateriell, negativ und abstrakt wie die Reflexion, sondern physisch, materiell und positiv wie die Sensationen der Mediation. Meditation und Immanenz haben also den gleichen Gegner: Die Repräsentationsmaschine der Erkenntnis, die dafür sorgt, dass die Welt in meinen Kopf gelangt. Mit dieser Einstülpung werde unser Inneres zu einem Außenraum, der das innere, füh-
AS I 248 lende Wesen *vernichte* und *entstelle,* weswegen Bataille und die Meditation Gegenmaßnahmen ergreifen. Zu ihnen gehört, die arbeitende Intelligenz *einzuschläfern,* wie es in der *Methode der Meditation* heißt, und die innere Welt durch besagte *Bande*

der Immanenz gegen die Leere der Transzendenz AS III 317
abzudichten. *Ein Band der Immanenz*, heißt es in
der *Methode der Meditation*, *verlangt ein vorgän-* AS I 248
giges Zerreißen des transzendenten Netzes der Ak-
tivität. Das wäre *das Vorgehen, in dem das Denken* AS I 253
die Bewegung, die es subordiniert, anhält und sich
lachend – oder sich irgendeiner anderen souverä-
nen Ergießung hingebend – identifiziert mit der
Sprengung der Fesseln der Subordination.

Die Meditation hält nicht nur das aktionistische Bewusstsein an, sie befragt schon das Verlangen, das überhaupt erst zur Aktion führt. Schon indem ich meinem Verlangen nachgebe, mich zu kratzen und die Fliege zu verscheuchen, unterwerfe ich mich mir selbst und mache aus meinem offenen Zeithorizont ein Projekt. Ich knüpfe hingegen ein Band der Immanenz (mit der Fliege?), wenn ich meinen Juckreiz wahrnehme und durch Nichtstun bestreite, womit ich aus dem zweckrationalen Bewusstseinszustand aussteige. *Souveränität ist die sich selbst zerstörende Transzendenz* steht im zweiten Notizheft.

Die Ontologie der Sensation

Eine weitere Konzeption im Umkreis von Souveränität und Meditation ist das Neutrale: *Diese Erkenntnis*, heißt es in der *Methode der Meditation*,

AS I 256 f. *die man befreit nennen könnte (die ich aber lieber neutral nenne) […]. Die neutrale Erkenntnis stürzt im wesentlichen die Denkbewegung innerhalb des gemeinen Bereichs um.* Während die Souveränität sich noch stark auf die Hegel'sche Dialektik des Subjekts bezieht, erscheint das Neutrale bereits – wie die Sensationen – diesseits oder jenseits davon. Neutral sind Sensationen, die sich nicht auf das Subjekt beziehen; neutral ist eine innere Erfahrung, die das Subjekt weder herstellen noch repräsentieren kann und bei der es sich eher als passives Objekt denn als aktives Subjekt erlebt; neutral ist schließlich Nietzsches *Resorption* der Transzendenz durch die Erfahrung der Immanenz des Leids. Ist das subjektlose Neutrale am Ende nicht ein anderer Begriff für das Sein, auf das sich Bataille unaufhörlich zuzubewegen scheint? Ist Batailles Ästhetik der Sensation
Vgl. AS I 41 f., 257 / OC V 472, 474 / OC VIII 666/ M II 153–155 nicht eigentlich eine Ontologie der Sensation?

Tatsächlich avanciert Heidegger in *Innerer Erfahrung* und *Methode der Meditation* zur ersten zeitgenössischen philosophischen Referenz. Auch die Notizen zur *Methode der Meditation* enthalten zahlreiche gestrichene und unpublizierte Bemerkun-
OC V 470, 472 gen zu Heidegger. Bataille wolle zwar nicht *als*
OC V 474 *Fortsetzung Heideggers* gelten, wobei das *wenige, das er von* Sein und Zeit *kenne*, ihm gleichzeitig *klug, hassenswert* erscheint. Obwohl Heidegger sowohl eine Konzeption der Souveränität als auch die
OC VIII 568 *Bejahung einer Wahl gegen die Philosophie* fehle,

lässt Bataille sich zu der Bemerkung hinreißen:
Mein Denken stammt möglicherweise in einigen OC V 474
Punkten von seinem ab. Während ihre Methoden
verschieden seien, weist Bataille auf die Ähnlichkeit
ihrer Ergebnisse hin: Heidegger und der acht Jahre OC V 472
jüngere Bataille wollen beide die Subjektphilosophie hinter sich lassen; beide vernachlässigen die
Logik, beide wollen vor die Subjekt-Objekt-Spal-
tung zurück und die Konzeption des Bewusstseins
überwinden; beide denken die Existenz als *Dasein*
(Heidegger) oder als *Kommunikation* (Bataille).
Und so überrascht es nicht, dass Bataille sein Projekt gelegentlich als *Feld der Ontologie* beschreibt, AS III 298
auf dem Unterscheidungen wie zwischen Körper
und Geist unangebracht seien, weswegen die innere
Erfahrung als ontologische Vermeidung des Kör- AS III 300
per-Geist-Dualismus gedeutet wird. Einem Dichter
wie Paul Éluard empfiehlt er, nicht sichtbar zu machen, was *er* ist, sondern *was ist*, also das Sein. M II 181
Aber man gelangt durchaus auch von der Medita-
tion zur Ontologie, schließlich entspringen die Sensationen einem Horizont diesseits des Subjektiven:
Es gibt die Sensationen, die unablässig und spontan aus uns entspringen wie die *actes gratuits* der
Surrealisten. Die Sensationen sind reines Dasein,
sie sind da oder nicht – und wenn sie da sind, dann
in einer bestimmten Weise, einer Schattierung, einer spezifischen Verfasstheit und Existenzweise. Sie
gelangen auf einem nichtsubjektiven und nichtvor-

gestellten Weg zu mir, sie werden nicht von mir gestiftet, ich verfüge nicht über sie, sie kommen über mich wie die erotische Lust. Sie über- oder unterschreiten die Repräsentation meiner Aussagen. AS I 264 *Nicht dass man sagen müsste oder könnte*, heißt es deswegen in der *Methode der Meditation*, *sondern* es sagt, *indem es das Ganze des »Meditierenden« versammelt …*

Foucault sah in Batailles Denken bekanntlich eine *kritische Öffnung*, die mit Kant ihren Ausgang genommen habe und durch Nietzsche radikalisiert worden sei, ein Denken, *das absolut und in ein und derselben Bewegung eine Kritik und eine Ontologie wäre*, wie er in seiner »Vorrede zur Überschreitung« schreibt. Diese kritische Ontologie ist uns heute vertrauter, wo mit zeitgenössischen Strömungen wie der *Object Oriented Ontology*, Spekulativem Realismus oder Neuem Materialismus diverse Bewegungen existieren, die Kritik und Ontologie verbinden. Dieser ontologische Moment der Gegenwartsphilosophie überrascht kaum, verdankt er sich doch dem Versuch, einen Objekt-Subjekt-Dualismus zu überwinden, der die Welt an den Rand der Katastrophe gebracht hat, indem seine Subjekte massenhaft Objekte von sich abspalteten und unterwarfen. Dennoch muss eine Überwindung dieses Denkens nicht zwangsläufig zu einer Ontologie und zu Heidegger führen, wie der Vorwurf Sartres an Bataille lautete – auch wenn sie tatsächlich

diverse von Batailles philosophischen Problemen
löste. Um sich gegen diesen Vorwurf zu verwahren,
bringt Bataille in der *Methode der Meditation* eine
Reihe philosophischer Einwände gegen die *Professoren-Philosophie* Heideggers vor: Während der von
Angst und Sorge ausgehe, gehe er vom Lachen aus;
das schreibende Subjekt verstehe sich bei Heidegger
als Produzent von geordneten Gedanken und nicht
wie bei Bataille als Gefäß von Erfahrungen. Während er ungelenk und unsystematisch schreibe, wirke Heidegger *professoral*; während er wie ein *Glas* AS I 257
Alkohol schreibe, als *Heiliger* und *Irrer*, schreibe
Heidegger wie eine *Alkoholfabrik*. Daher sei seine
Lehre *jener der Yogis näher als jener der Professoren*, schreibt Bataille und bringt die Position Nietzsches ins Spiel. Schließlich habe der *als Philosoph*
nicht die Erkenntnis zum Ziel, sondern […] das Le- AS I 45
ben, sein Extrem, *mit einem Wort die Erfahrung selber, Dionysos philosophos*. Bataille geht es nicht nur
um eine Philosophie oder Theorie, an der ihn nur ihr
Straucheln interessiere. Wodurch Heidegger ihm pa- AS I 42
radoxerweise dann doch *nahe rückt*, sei dessen *Unvermögen, den zweiten Band zu schreiben* – Bataille
bezieht sich auf die in Frankreich angekündigte
Fortsetzung von *Sein und Zeit*. Zu einem *Heidegger-* OC V 472, 474
Vorfall kommt es tatsächlich einmal, als Heidegger M II 189
in einem Vortrag in Freiburg Bataille mit Blanchot
verwechselt, der von ihm 1953 als *bester denkender
Kopf Frankreichs* bezeichnet worden sein soll.

Das Zeichen der Leere

Das Neutrale (Sein) stellt die gleiche Frage wie vorher schon Chance und Souveränität: Wie soll man das Neutrale schreiben, wenn jeder Schreibakt eine Unterwerfung unter die zweckgerichtete Arbeit des Schreibens darstellt? Wie soll ich es repräsentieren, wenn jede Repräsentation das Neutrale der arbeitenden Sprache unterwirft? Kann es ein Zeichen geben, das nicht zweckmäßig ist, das nicht arbeitet, nicht repräsentiert? Ein Zeichen, das der Augenblick *ist*? Auf diese Fragen antwortet ein Experiment auf den letzten Seiten der *Methode der Meditation*. Dort folgt auf die Klage der Unmöglichkeit der Repräsentation des souveränen Augenblicks nicht der Verzicht auf sie, sondern seine Verkörperung – als Feld von Punkten, die zwar Zeichen sind, aber keinen Sinn erzeugen:

....

AS I 266 .... *dies ist gleichwohl der* Augenblick ....

....

....

.... *dieser gegenwärtige, weder meine Abwesenheit noch ich* [...]

AS II 157 In *Die Freundschaft* erscheint ebenfalls eine Interpunktion des Schweigens. Und in *Madame Edwarda* folgte 1942 auf ein Szenario erotischer Überschreitungen das Schweigen eines gepunkteten

Feldes. Anders als bei diesen Varianten wird die Punktierung in der *Methode der Meditation* durch Worte unterbrochen, die um den Augenblick kreisen. Wenn es hier, wie Bataille schreibt, weder um das Subjekt noch um seine Abwesenheit geht, ist das punktierte Feld nicht mehr Hegel'sches System, sondern Raum des Neutralen. Es bejaht die Negation der Bedeutung und ist für Blanchot *die Art* M II 92
und Weise, in der sich diese radikale Verneinung bejaht, wie es in *L'Entretien infini* heißt.

Mir erscheint das punktierte Feld als schriftliches Äquivalent der Meditation, ich sehe in den blinden Punkten das Beharren auf den kahlen Stellen und *blind spots* der Meditation. Das Denken, die Zeichen insistieren, obwohl keine Antwort kommt. Das Begehren (oder Flehen) nach Sinn bleibt unbeantwortet und stumm. Keine Sensation im rechten Ellbogen. Ebenso wie ich in der Meditation die kahlen Stellen als Präsenz aushalte, ohne weiterzugehen, verkörpern die Punkte auf der Seite die Abwesenheit von Bedeutung, also Transzendenz, bleiben aber präsent – die Punkte stehen dort, wie die Abwesenheit von Sensationen spürbar bleibt. Ebenso wie ich mich bei der Meditation jedes subjektiven Gedankens enthalte, bestreitet Bataille mit seinem punktierten Feld sowohl das Ich als auch seine Abwesenheit – das punktierte Feld ist ein Entschreiben in der Schrift, ein *unlearning*
des Schreibens und *undoing* seines Sinns. Aber wa- OC V 336

rum schreibt Bataille dann überhaupt noch? In der
AS II 204 *Freundschaft* spricht Bataille von einem *Zeichen der Leere*: *Das Nichts,* das nicht ist, *kann nicht eines Zeichens entbehren ... Ohne welches es, als nicht seiend, uns nicht anziehen könnte.*

Offenbar hat Bataille das punktierte Feld als Äquivalent der Meditation von vornherein mitgedacht. In den Notizen zur *Méthode de méditation* gibt es im ersten Heft eine eingelegte Seite, die jene in Punkte auslaufenden Sätze andeutet: *Je marche* ...... *J'incarne* ..... steht dort, Notizen, die offenbar nicht in die Druckfassung aufgenommen wurden. Im zweiten Heft erscheinen die neutralen Punkte dann auf Seite 78: *de telles opérations, de tels soucis an ...... le jeu, sans lequel l'action (le travail) enfermerait la connaissance* ....

....

Ein weiterer Unterschied zu Heidegger besteht darin, dass der souveräne Akt bei Bataille nicht konstitutiv oder vorgängig ist wie das Sein. Heideggers Sein verbleibt, wie oft kommentiert, in der westlichen Metaphysik, weil es die Abfolge von Erfahrung und Schrift konstituiert und hierarchisiert – erst das vorgängige Sein, dann die nachträgliche Schrift. Dagegen wandert Batailles souveräner Akt nicht in die transzendente Vorgängigkeit ab, sondern wird erfahrbar – zwar der Bedeutung entzogen, aber als Feld von Punkten sichtbar. In der *Methode der Me-*
AS I 256 *ditation* bleiben die Punkte als *Rückstände* oder

Ruinen einer Erfahrung in der Schrift erhalten. Diese Reste werden nicht mit der in der westlichen Philosophie üblichen negativen Wertung versehen;
Bataille bleibt neutral und *gleichgültig* gegenüber AS I 256
den Ruinen und *macht sich nichts aus ihnen.*

Die Praxis der Punkte

Aber Punkte erscheinen bei Bataille noch an vielen anderen Stellen – und zwar als Objekte der Meditation. Allein drei Exkurse der *Atheologischen*
Summe – »Erste Abschweifung über die Ekstase AS I 159–171
vor einem Objekt: der Punkt«, »Zweite Abschwei- AS I 171–180
fung über die Ekstase in der Leere« und »Der Punkt
der Ekstase« – kreisen um das Verfahren der Pro- AS II 40–54
jektion von Punkten, worauf auch Bruno hinweist. Vgl. B 707
Der Punkt ist die einfachste Form eines Schriftzeichens, das eine Bündelung der Aufmerksamkeit erlaubt, wie Wolfgang Schäffner beschreibt. Er ist die konzentrierte Form einer objekthaften Welt, die als
solche anerkannt wird als das, *was da ist. Dies* AS I 171
bleibt vom Punkt, schreibt Bataille, *selbst wenn er*
verblasst ist, dass er der Erfahrung eine optische AS I 165
Form gegeben hat. Sobald er den Punkt setzt, ist der Geist ein Auge. Und tatsächlich heißt es wenig
später: *Der Geist ist ein Auge* – ein Auge, das eine AS I 173
Fokussierung benötigt. Der Punkt bewirke, so Bataille, dass die Meditation trotz der geschlossenen

AS I 173 f. Augen einen *optischen Rahmen* habe, selbst dann noch, wenn er die Augen schließe: *Es ist ein Schauspiel, es sind Augen, die den Punkt suchen, wenigstens konzentriert sich bei diesem Verfahren die Existenz des Zuschauers in den Augen. Dieser Charakter hört nicht auf, wenn die Nacht hereinbricht*. Im Gegenteil, wenn ich die Augen schließe, benötige ich umso mehr ein Objekt der Meditation: *Der Geist, der zum inneren Leben erwacht, ist gleichwohl auf der Suche nach einem Objekt*, schreibt er, der die Fixierung auf ein Objekt der
AS I 164 Meditation vorführt: *Er verzichtet auf das Objekt, das das Handeln anbietet, zugunsten eines Objekts von anderer Natur, kann aber das Objekt nicht entbehren*. Der Meditierende braucht also ein Objekt, einen Punkt, auf den er seine Konzentration fixieren kann, gleichgültig, ob das irre Visionen oder Körperpunkte sind.

Auch in meiner Meditation spielen imaginierte Punkte eine Rolle. Wenn ich mich auf Punkte meines Körpers konzentriere, führe ich ein *Schauspiel* mit geschlossenen Augen auf. Bei der zentralen *Operation des Geistes* bündele ich die Konzentration auf einen Punkt des Körpers – den Bereich zwischen Nase und Mund – und übertrage sie auf den Rest des Körpers. So heißt es in der *Ersten Ab-*
AS I 165 *schweifung über die Ekstase vor einem Objekt: der Punkt*: *Die inneren Bewegungen nehmen in der Projektion des Punktes die Rolle der Lupe ein, die*

das Licht in einem sehr kleinen Brandherd konzentriert. Bataille nimmt seine Rede vom *Brandherd* wörtlich, wenn er diesen Punkt in seinen Meditationen regelmäßig in Flammen aufgehen lässt. Doch meditiert er auch vor dem Bild einer Blume, die bis zum Einklang zwischen Subjekt und Objekt betrachtet werden will, oder vergleicht die Meditation mit einer Blüte. Bataille unterscheidet zwischen verschiedenen Stufen der Meditation: An den Anfang stellt er die *Ekstase vor einem Objekt: der Punkt*, dann folgt ein Objektverlust, die eine *Ekstase des Nichtwissens* zum Effekt habe. Das sei der *Weg […] der allgemein vom gewöhnlichen Zustand unserer Weltkenntnis zum »Unbekannten« führt.* Dieses *»Unbekannte«* und der Objektverlust, der zu ihm führe, werden von Bataille als die zentralen, Angst auslösenden Schritte definiert. Vielleicht korrespondieren sie mit dem wichtigsten Schritt meiner Meditation: Während ich anfangs meine Aufmerksamkeit auf bestimmte Körperpunkte richten sollte, soll ich sie anschließend ungebündelt in meinem Körper umherwandern lassen.

AS II 232

AS II 42

AS I 159–180

AS I 173 f.

Die Grausamkeit der Meditation

Batailles Praxis der Projektion ist schon in seinen ersten Meditationen präsent. Dabei schlagen seine Objekte der Projektion regelmäßig in Objekte der

Grausamkeit um. In der *Einübung der Todesfreude* stellt er sich einen Punkt vor, auf den er seine Ängs-
T 242 f. te und Visionen projiziert: *Ich fixiere einen Punkt vor mir und stelle mir diesen Punkt vor als geometrischen Ort aller Existenz und aller Einheit, aller Trennung und aller Ängste, alles ungesättigten Verlangens und allen Todes. Ich verharre bei diesem Punkt, und eine tiefe Liebe für das, was in diesem Punkt versammelt ist, verzehrt mich so sehr, dass ich mich weigere, für irgend etwas anderes am Leben zu sein als für das, was da ist, für diesen Punkt, der Leben und Tod des geliebten Wesens zugleich ist und den Glanz des Kataraktes hat. Der Punkt vor mir*, heißt es dann in der *Inneren Erfahrung*,
AS I 164 *der auf die ärmste Einfachheit reduziert ist, ist eine Person. In jedem Augenblick der Erfahrung kann dieser Punkt mit Armen erstrahlen, schreien, sich in Flammen setzen.* Die Neutralität von Punkten schlägt bei Bataille regelmäßig in Szenarien der Grausamkeit um. Batailles berühmtestes Meditationsobjekt ist zugleich das befremdlichste – jenes Bild eines gemarterten Chinesen, mit dessen Leiden
AS I 170 er sich identifizierte. Mit *aufwühlenden Bildern*
AS I 168 wie diesem gelingt es ihm zu *kommunizieren*. Ob psychopathologisch oder nicht, jedenfalls zeigt diese Kommunikation, wie ein Objekt der Meditation von Bataille aufgebrochen und als Gegenstand
M II 16 aufgelöst wird. *Gelingt es dem Meditierenden*, kommentiert Mattheus, *sich in dem Gegenstand*

seiner Kontemplation zu verlieren und dabei seine innere Partikularität aufzubrechen, dann bleibt es sich gleich, ob das Objekt nun eine nackte Frau, eine Marterung oder das »lächerliche Universum« ist. Diese Gleichgültigkeit gegenüber dem Meditationsobjekt kann ich heute ebenso wenig nachvollziehen wie die schrillen Praktiken der Männergesellschaft *Acéphale*. Ist das alles einfach nur komisch, sollen wir heute darüber lachen? *Die Meditation ist eine Komödie*, heißt es in der *Methode* AS I 260
der Meditation, *in der der Meditierende selber komisch ist.*

7. TAG oder *Die Gemeinschaft der Meditation*

Die letzten Tage der Meditation werden durch einen Aufruf des Lehrers dramatisiert: *Stay true to your sensations!* Um die höchste Stufe der Meditation zu erreichen, sollen wir die Sensationen unseres Körpers permanent beobachten und die Verbindung zu unseren Empfindungen auch in den Pausen nicht abreißen lassen; wir sollen unermüdlich sein, der Geist soll vollständig an die Leine der Sensationen gebunden werden, um alle überschüssigen Gedanken zu kappen; er soll nichts anderes mehr tun als die körperlichen Empfindungen begleiten und sein Eigenleben komplett einstellen. Der Geist wird an einen Körper zurückgebunden, der ihm die Denkinhalte durch seine Sensationen vorgibt. Die Sensationen sollen nicht mehr nur an den Körpergrenzen wahrgenommen werden, sondern ins Körperinnere und in die Organe eindringen. In diesem vollendeten Materialismus der Meditation lässt sich der Geist vollkommen vom Körper durchdringen: Ich verwirkliche eine Utopie in meinem Körper, indem ich den Körper denkend und das Denken verkörpernd die Körper-Geist-Grenze auflöse. Geist und Materie durchdringen sich restlos, Innen und Außen lösen sich ineinander auf. Und doch schreibe ich diese Auflösung auf, der nichts abträglicher ist als die Benutzung meines Geistes. Allein der Bewusstseinszustand meines Schreibens ist Gift für eine Meditation, meine Denkinhalte verstopfen meinen Kopf, der nicht aufhört, nicht frei zu sein für seine eigene Befreiung.

Kann man diese Methode der Meditation zusammenfassen? Ich soll mir nichts aus meinen Gefühlen und meinem Begehren machen. Ich soll ihnen so gleichmütig und neutral gegenüberstehen wie einem Feld von Punkten. Die Sensationen sind eine innere Erfahrung, die ich nicht als subjektive Empfindungen, sondern als Objekt betrachten soll. Ich soll auch meinen Geist als Objekt betrachten, denn mein Geist und mein Bewusstsein sind weder Eigentümer meiner Seele noch meiner Person. Ich bin nicht aus Geist gemacht. Die Philosophie ist nicht die einzige Autorität der Erklärung meines Ichs. Auch mein Körper denkt. Auch meine Empfindungen haben ein Sein. Ich soll meine Erfahrung nicht als innerlich und die äußere Welt nicht als äußerlich betrachten. In der Meditation betrachte ich meine Sensationen, Kälte oder Kitzel sind Objekte, die meine Aufmerksamkeit wahrnehmen kann oder nicht. Die Sensationen der Meditation sind mir so nah wie Sterne am Himmel. Ich verstehe sie wie die Wörter im Surrealismus weniger als subjektive Aussagen denn als Objekte von Verfahren. Die Meditation kämpft gegen die Repräsentation. Die Sensationen repräsentieren nicht, sie verkörpern. Mit den Sensationen als Objekt tritt nicht mehr ein Subjekt einem Objekt gegenüber, das Subjekt neutralisiert sich mit seinen exteriorisierten Empfindungen. Die Empfindungen entreißen meine Gedanken und mein Sein dem Werk, sie entwerken mein Bewusstsein.

Die Werklosigkeit der Erfahrung

Doch wenn die Subjektivität in der Meditation entwerkt und ausgehöhlt wird, was bedeutet das dann für ein Subjekt, das in der Achtsamkeitsindustrie ein so großes Comeback feiert? In der Meditation geht es nicht darum, auf sich zu achten, indem man seinen Bedürfnissen nachkommt, sondern umgekehrt darum, diese Bedürfnisse als Objekte eines Bewusstseins im Hamsterrad zu sehen. Achtsamkeit bedeutet nicht, dass ich mir Wünsche erfülle und in diesem Sinn auf mich achte – in meiner Meditation bedeutet es, dass ich diese Wünsche als Effekte einer wunschproduzierenden Maschine wahrzunehmen lerne, deren Subjekt ich nicht länger sein soll. Wenn *Subjekt und Objekt Perspektiven des Seins im Augenblick der Trägheit sind*, wie

Bataille in der *Marter* schreibt, dann bestünde Achtsamkeit darin, diese Trägheit am Grunde des Seins zu bemerken und zu bekämpfen, darin, *dem*
AS I 80 *Objekt wie dem Subjekt den Stuhl weg[zu]ziehen.* Genau das macht die Marter der Meditation: Sie zieht einem gegenstandsgebundenen Bewusstsein mit seinen Objekten den *Stuhl weg* und exteriorisiert innere Empfindungen zu Objekten der Meditation. Eine Marter ist die Meditation deshalb, weil es ein gegenstandsgebundenes Bewusstsein quält, auf seine Gegenstände verzichten zu müssen. In der Meditation arbeite ich mit einem exteriorisierten Innen, mit veräußerten Empfindungen – mit Sensationen, die mir mein Inneres als Objekt zeigen. Darin besteht auch der Clou der *Inneren Erfahrung*, dass sie diejenige Erfahrung ist, die die Unterscheidung zwischen Innen und Außen, Subjekt und Objekt überschreitet. Dabei besetzt Bataille den Begriff des Außen nicht so positiv wie Blanchot und Foucault mit ihrem *Denken des Außen* – das Außen bedeutet für Bataille eine entfremdete innere Aktivität, vor der innere Erfahrungen wie die Meditation retten. Dann strömen, schreibt Bataille,
AS I 163 seine inneren *Bewegungen in eine äußere Existenz: da verlieren sie sich, sie »kommunizieren« mit dem Außen.* Weil die Sensationen der Meditation nicht innen, sondern außen sind, meint die innere Erfahrung nicht die Innerlichkeit von Subjekten. Das Ich erschließt nicht eine Welt aus fremden Objekten,

die es sich aneignet, die Objekte erschließen es als Äußerlichkeit, wie es in der *Methode der Meditation* heißt. AS I 245 Damit stellt die innere Erfahrung zwar wie Heideggers Sein einen Gegensatz zur modernen wissenschaftlichen Objektivität her, doch ohne diese Erfahrungen zu ontologisieren, sodass der Selbstbezug weder über ein Sein noch über ein Subjekt läuft, sondern über neutrale Sensationen und Empfindungen, die so subjektiv sind wie der Schmerz eines Wespenstichs.

Aber ist es nicht unmenschlich, Gefühle wie Freude oder Enttäuschung zu neutralisieren? Die *Methode der Meditation* cancelt keine Emotionen, sie lässt sie frei. Wenn meine Affekte der Effekt eines sich selbst unterworfenen Bewusstseins sind, weist sie einen Ausweg aus diesem Käfig. Und ich habe nichts dagegen, meine Affekte ein wenig in den Griff zu bekommen, die mich regelmäßig an den Rand der Depression gebracht haben. Um diese Kontrolle zu erhalten, geht es der Meditation letzten Endes nicht um innere Gefühle, sondern – ebenso wie der *Inneren Erfahrung* – um Empfindungen, die das Innere exteriorisieren und es sichtbar machen. Das Innere der inneren Erfahrung ist nicht die Totalität eines subjektiven Befindens, dem wir ausgeliefert wären wie Heideggers *Stimmungen* – die Sensationen sind neutrale Empfindungen hinter dem Rücken des Subjekts, die zwar ich empfinde, deren Träger aber dennoch nicht meine Subjektivität

ist: *Nichts ist mir fremder*, heißt es in der *Freund-*
AS II 145 *schaft*, als *eine persönliche Denkungsart*, die Rede
ist vom *Hass auf das individuelle Denken*. Und: *Die*
AS I 21 *Erfahrung erreicht schließlich die Verschmelzung*
von Subjekt und Objekt, indem sie als Subjekt
Nichtwissen ist, als Objekt das Unbekannte. Und in
AS I 78 der *Marter* heißt es dann: *Aufhebung des Subjekts*
und des Objekts: das einzige Mittel, nicht beim Be-
sitz des Objekts durch das Subjekt zu enden.

Aber bin ich nicht letzten Endes auch nur ein
kleines Subjekt, das auf einem Retreat Erfahrungen
macht, die ich dann als meinen *Besitz* abtranspor-
tiere und kapitalisiere? Und schreibt Bataille nicht
AS II 157 davon, er könne sich *auch nicht ausstreichen*? Ich
mache hier sicher keine reine Erfahrung, meine
Sensationen werden gelenkt und gemacht, durch
Architekturen, Apparaturen und Prozeduren – sie
werden von Medien der Meditation gemacht, so
wie die Meditation selbst als ein archaisches Medium der Selbsterfahrung erscheint. Aber wie verhindert man in diesem Machen der Meditation, dass
AS I 39 die Erfahrung wieder zu einem *Mittel* und Projekt
wird? Ich wiederhole Batailles Frage: Ist die Meditation hier nicht auch ein Mittel zum Zweck, unterscheidet sie sich tatsächlich von den Meditations-Apps? Und beutet die Meditation nicht
wiederum die Sensation aus? Gewiss stürzt sich die
Meditation auf die Sensationen, und natürlich trifft
AS I 41 es zu, dass man *in der ruhigen Ausbildung der inne-*

ren Regungen, wie Bataille schreibt, *aus der Innerlichkeit selbst einen Gegenstand [macht]; man sucht ein »Resultat«*. Alle, die hier zusammen mit mir meditieren, suchen dieses *Resultat*. Wir meditieren, um etwas zu erreichen. Damit diese Suche, dieser Zweck sich aber nicht gegen sich selbst wendet, damit die Meditation nicht zum Mittel wird, geht Bataille über eine Methode der Meditation hinaus, die sich selbst als Mittel definiert. Seine *Methode der Meditation* kämpft philosophisch gegen eine Philosophie, deren Subjekte sich Objekte unterordnen. Und so lautet das vierte seiner Prinzipien einer souveränen Methode in der *Methode der Meditation*:
Jedes Vorgehen, das das Denken auf die Position AS I 251
eines Soliden bezieht, subordiniert es. Nicht nur durch seinen besonderen Zweck, sondern durch die verfolgte Methode: der solide Gegenstand ist ein Gegenstand, den man machen und anwenden kann. Erkannt ist, was man machen und anwenden kann.

Der ganze Mensch

Draußen – und nicht im Innern eines unheilbaren Subjekts – soll auch die Wandlung und (Selbst-) Heilung stattfinden, die Batailles Meditationen in *Sur Nietzsche* anzeigen. Bataille entlehnt Nietzsche
die Vision des *ganzen Menschen*, die in den späten AS III 22
Fragmenten entwickelt wird. Der ganze Mensch, KSA 12/520

AS III 26 Zarathustra, bedeutet für Bataille ein souveränes
und unfragmentiertes Dasein, das sich nicht seiner
Projekthaftigkeit unterwirft und sich aus seiner
Selbstunterwerfung befreit – der *ganze Mensch* ist
sich selbst Freund. Er lebt eine *totale Freundschaft*
AS III 25 *des Menschen sich selbst gegenüber*. Im Collège de
Sociologie hatten noch die Formen der Gemein-
CS 795 schaft im Vordergrund gestanden; Batailles Beitrag
CS 269–287 »Der Zauberlehrling« analysierte die fragmentierten
Figuren des Wissenschaftlers, des Politikers oder des
Schriftstellers. *Man muss wählen*, heißt es dann in
den Notizen zur *Methode der Meditation* insbeson-
dere von der Figur des modernen Philosophen: *Ent-*
OC V 468 *weder man bleibt ein ganzer Mensch und verzichtet*
auf die Erkenntnis oder Erkennen und sich absicht-
lich auf eine Funktion beschränken. Am Beispiel
Nietzsches stellt Bataille klar, was dieser spezialisierende Verzicht auf die Erkenntnis bedeute. Nietzsche habe seine geistige Gesundheit für eine authentische und persönliche Philosophie der Selbstfreundschaft aufs Spiel gesetzt, die nicht weiter von der Selbstfürsorge unserer Tage entfernt sein könnte. Er existierte am Rand des Wahnsinns – was deutlich macht, dass der *ganze Mensch* weniger konservativ und restaurativ ist, als es scheinen mag, dass er sich drastisch von geläufigen Kritiken der Moderne unterscheidet, die ebenfalls die Spezialisierungen des modernen Menschen angreifen. Der *ganze Mensch* nimmt die Moderne (Philosophie) in sich nicht zurück, sondern

überschreitet sie. Seine Heilung heißt nicht Regression, sondern Transgression. Weil seine *entwaffnende* AS III 180
Erfahrung jede Funktionalisierung des Geistes anfechte, sei er Effekt einer *Krise* und *Äquivalent des Wahnsinns*, was heißt: *Gleichwohl muss gesagt wer-* AS III 25
den, dass ein erster Aufbruch zum ganzen Menschen das Äquivalent des Wahnsinns ist. […] ich öffne den Abgrund unter meinen Füßen […]. Zumindest ist das Bewusstsein der Ganzheit zunächst Verzweiflung und Krise in mir. […] Ich bin in der Welt ohne Zuflucht, ohne Stütze, ich breche zusammen.

Der ganze Mensch verkörpert nicht die Vernunft, sondern integriert den Wahn. Er wird nicht wahnsinnig, weil er auf die Vernunft verzichtet, sondern weil er die wilde sinnliche Seite der Sensationen verkörpert, die das moderne Subjekt negiert hatte. Statt Werke zu schaffen und sich am Werk seiner Gedanken zu erfreuen, entwerkt er sein Tun und sein Bewusstsein, bis nur noch die rohen Nerven von Artauds *Nervenwaage* übrig sind, über die er in seinen *Frühen Schriften* schreibt. Auch bei Blanchot heißt es einige Jahre später in *Das Unzerstörbare*, das *Fehlen des Werks* sei *der andere Name des Wahnsinns*. Aber ist die Meditation nicht eine Praxis, die auf das Werk verzichtet, ohne den Wahnsinn zu riskieren? Ist sie nicht jene *entwaffnende Erfah-* AS III 24 f.
rung, in der der Mensch *nichts zu tun hat als zu sein, was er ist*? Sind wir heute nicht weiter als die männlichen Märtyrer der heroischen Moderne von

Nietzsche bis Artaud, die die Werklosigkeit nur als
Selbstverlust verstehen konnten? Diese Fragen sind
nicht neu. Sie wurden schon von den Teilnehmern
AS III 334 einer Diskussion über Batailles *Innere Erfahrung*
besprochen, die sie bereits mit dem Wahnsinn Nietzsches in Zusammenhang brachten: Ist Nietzsches
letztes Aufbäumen in Turin als souveränes Gelächter
zu verstehen oder als Gelächter eines Wahnsinni-
gen? Ist Nietzsches Wahnsinn lohnenswert oder
nicht? Bedeutet er das Opfer eines Subjekts, das sich
selbst preisgibt? Roland Barthes zitiert in *Die Lust
am Text* ein Wort Batailles, der schrieb: *»Ich schreibe, um nicht wahnsinnig zu werden«*, und folgert
daraus: *Das bedeutete, er schrieb den Wahnsinn.* Für
AS III 266 Bataille hat Nietzsche wie Kierkegaard den *Sprung*
in ein anderes Dasein gewagt. Er hat sich *durch Lei-
AS I 45 den und Verlassenheit* der Immanenz geöffnet.
AS III 192 Nietzsche sei *ein glühender einsamer Mensch* gewesen, nach dem man die diskursive *leichte, lächerliche
AS I 182 Kommunikation* des *Durchschnittsmenschen* zugunsten seiner nichtdiskursiven Kommunikation
zurückweisen müsse. Und so blicke Nietzsche aus
der Perspektive der Souveränität auf das Durch-
schnittsleben und aus der Unmöglichkeit seiner
Krankheit auf die Möglichkeit der Heilung: *Er sagte
AS III 262 Nein zum Leben, solange es leicht war; ja hingegen,
wo es die Gestalt des Unmöglichen bekam.*

Früh beschäftigt sich Bataille mit Fragen der praktischen Philosophie der Lebensführung und der Selbsttechniken Nietzsches, lange vor Klossowski berührt er die Philosophie der Affirmation und Ewigen Wiederkehr – von der er *denkt, dass Nietzsches Erfahrung der Ewigen Wiederkunft eigentlich eine mystische war, die er mit diskursiven Vorstellungen verwirrte*. Und lange vor Foucault thematisiert Bataille die Selbsttechniken Nietzsches, er schreibe *ohne Ablenkung für zu viel Kraft*, heißt es schon in der *Inneren Erfahrung*, *mit einem seltenen Gleichgewicht zwischen der Intelligenz und dem unbedachten Leben*. Bataille entreißt der Philosophie den wichtigen Begriff des *Gleichgewichts*, wenn er es nicht mehr wie die philosophische Tradition als Balance innerhalb des Geistigen denkt, sondern als Gleichgewicht zwischen Denken und Fühlen, Körper und Geist, Sensation und Reflexion – als irres Gleichgewicht, das für den modernen Menschen paradoxerweise gleichbedeutend mit dem Wahnsinn ist und das der Philosophie keineswegs zuträglich ist: *Dieses Gleichgewicht ist der entwickelten Ausübung intellektueller Fähigkeiten kaum günstig (denn diese verlangen Ruhe, siehe die Existenz Kants, Hegels): Er [Nietzsche] verfuhr nach Einfällen, in alle Richtungen seine Fähigkeiten ausspielend, sich an nichts bindend, immer wieder anfangend, nicht Stein auf Stein setzend.*

AS III 264

AS I 45

Bataille bemerkt an Nietzsche ferner eine Logik der Verausgabung. Gesten der Verausgabung, die sich gegen die Vernutzungen und Ausbeutungen

der Moderne richten, erscheinen heute gerade in ihrer Radikalität aktuell – und ich schreibe in dem Winter, in dem die »Letzte Generation« Ölgemälde von Van Gogh bewirft oder sich auf Autobahnen klebt. Wie kann man mit einer Welt umgehen, ohne sie zu benutzen? Wie kann man vermeiden, dass sie zum Mittel von Zwecken wird und dass unsere Vernunft zur Kapitalgeberin unvernünftiger Ziele wird? Welche Praktiken lassen sich nicht von der kapitalistischen Maschine assimilieren und in Wachstum verwandeln? Wie können wir verhindern, dass die Welt zum Werk und Objekt eines Menschen wird, der sie hemmungslos ausbeutet und vernutzt? Müssen wir aus dieser Perspektive nicht die »Letzte Generation« rückhaltlos unterstützen, weil sie versucht, nicht-negative Handlungen zu erfinden, die nicht wieder vom Geist angeeignet und kapitalisiert werden können? Muss man dann nicht nur Ölgemälde opfern, Dichtung und Philosophie opfern, sondern vielleicht auch das
AS I 211 Subjekt, wie Bataille mutmaßt? In der Einsamkeit von Vézelay scheint ihm mitten im Krieg die Ausweglosigkeit der Vernutzungslogik der Moderne deutlich vor Augen gestanden zu haben; allein die Vormodernen hätten gespürt, dass man nicht alles endlos benutzen und ausbeuten kann.

Aus der Perspektive des ganzen Menschen kritisiert Bataille auch Heideggers Sorge, die die moderne Philosophie und noch den aktuellen Care-

Diskurs geprägt hat. In der *Inneren Erfahrung* greift er die *Sorgen des heutigen Menschen* an, der AS I 46
sich immer nur um die nächsten Dinge zu sorgen in der Lage sei. In der *Freundschaft* kommt es zu Überlegungen zu Heideggers Verschränkung von Sorge und Angst, wobei Bataille die *nackte Angst* AS II 124
als von innen hervorgerufen, die Sorge aber als von außen evoziert beschreibt. Kurz: Die Sorge ist für Bataille eine Sache des Knechtes, der sich um seine Existenz sorgt und daher mit Projekten vor-sorgt. Dem Herrn ist die Sorge um sich fremd. Weil seine Sorge nicht seine eigene Existenz betrifft, weil er immer schon Teil einer letzten Generation ist, die beispielsweise die Sorgen des Planeten ebenso hört wie seine eigenen, vermag er direkt zur Aktion überzugehen. Aber wie kann dieser tatkräftige Herr meditieren, wenn die Meditation doch das Gegenteil der Tat ist? Wie kann eine Meditation jene Sorge verachtende *Aktion* sein, die Bataille in der *Einübung der Todesfreude* fordert? T 238

Ich lese *Sur Nietzsche* noch einmal – dieses Buch ohne Leser über einen Philosophen ohne Publikum, wie Denis Hollier bei einem Seminar einmal bemerkt – während der Arbeit an diesem Buch. Mein Rückzug während der Lektüre aufs Land scheint mir auf Batailles Rückzug von Vézelay zu antworten – dabei hatte er nicht erst in *Sur Nietzsche,* sondern bereits in der *Freundschaft* Szenen AS II 142
des Landlebens geschildert. Wird Batailles Theorie

AS III 20 der meditierenden *Aktion* eines *ganzen Menschen* nicht von einem Landleben verwirklicht, bei dem beim Feuermachen und Holzhacken die Fragmentierungen der Moderne zurückgenommen werden? Bin ich hier ein *ganzer Mensch*? Ist das hier ein Leben in der Immanenz – oder einfach der Landhauskitsch privilegierter Akademiker? Man darf den *ganzen Menschen* nicht mit vulgärer Modernekritik verwechseln. Der *ganze Mensch* haust nirgendwo weniger als in Schnellroda. Schließlich sei
AS III 23 er, wie es in *Sur Nietzsche* heißt, *nur ein Wesen, in dem die Transzendenz außer Kraft gesetzt und von dem nichts mehr geschieden ist: ein wenig Hampelmann, ein wenig Gott, ein wenig Irrer … Es ist die Transparenz.*

Die Gemeinschaft mit Nietzsche

Bataille beschäftigt sich aber nicht nur mit vergangener Radikalität, er entwickelt auch Selbsttechniken für seine Gegenwart. Seine Theorien der Freundschaft und Kommunikation beziehen sich nicht nur auf erotische oder spirituelle Praktiken, Bataille kommunizierte auch mit anderen Autoren, selbst mit vergangenen, und praktizierte die Freundschaft mit ihnen – allen voran mit Nietz-
AS I 45 sche. *Der Wunsch, mit ihm zu kommunizieren*, heißt es in der *Inneren Erfahrung*, *entspringt bei*

*mir aus dem Gefühl der Gemeinschaft, die mich
mit Nietzsche verbindet, nicht aus einer isolierten
Originalität.* In der *Freundschaft* heißt es entsprechend, die Wahrheit sei nur in der Gemeinschaft zu AS II 62 f.
erreichen und nie in der Isolation. Blanchot hat in
seinem Buch, das die Gemeinschaft im Titel trägt,
darauf hingewiesen, dass bei Bataille die *Freundschaft des einen zum anderen als Übergang* meine, BG 44
jedoch keineswegs aus der Einsamkeit erlösen oder
retten solle. Das sei beispielsweise der Fall von
Acéphale gewesen, jener Gemeinschaft, die in der BG 49
Inneren Erfahrung ausgewertet und fortgeführt
wird – jener Männergemeinschaft also, *die nur die* AS I 46
Erfahrung zum Gegenstand habe und die zum Anlass so vieler Spekulationen wurde, wie Alex Gross
zeigt. Dagegen weist Isabelle Graw in *Vom Nutzen
der Freundschaft* auf die Problematik von Freund-
schaftsbegriffen hin, die nur Männerfreundschaf-
ten meinten. Das gelte nicht nur vom Freund-
schaftsbegriff Derridas – sondern auch, so müsste
man hinzufügen, weitaus klischeehafter für den
Batailles. Dem gegenüber untersucht Graw Freund-
schaftspraktiken soziologisch als Form des kultu-
rellen Kapitals.

Bataille macht sich zum *Übergang* und Nietzsche zum Gefährten seiner Erfahrungen; die gesamte *Innere Erfahrung* hindurch wird aus den späten
Fragmenten sowie dem *Zarathustra* zitiert. In der AS I 37
Freundschaft wiederholt er Nietzsches Ekstasen AS II 233

der Ewigen Wiederkehr. Er erlebt Eruptionen der
Affirmation an einem oberitalienischen See, eine
AS I 108 f. Bewegung *vom Jubel zur Zerrüttung*. In Vézelay
stellt er sich vor, selbst am See zu wandeln, bleibt
AS I 218 jedoch *gleichgültig beim inneren Gehalt der Vision*.
Selbst wenn die Gemeinschaft Batailles mit Nietz-
sche in den ersten beiden Bänden der *Atheologi-
schen Summe* bereits sichtbar war, wird sie erst in
Sur Nietzsche thematisch – einem Buch, das kein
Buch *über* Nietzsche darstellt, sondern aus einer
Gemeinschaft *mit* Nietzsche heraus geschrieben
AS III, 230, 390 / M II 127 / OC VI 442 wurde. Weil Bataille sein Buch zwar *Über Nietzsche* nennt, es jedoch mit ihm schreibt, führt er sei-
ne Leser erneut in die Irre: *Mein Leben in der Be-*
AS III 41 *gleitung Nietzsches ist eine Gemeinschaft, mein
Buch ist diese Gemeinschaft*. Entsprechend versteht
sich das Buch nicht als Kommentar zu einem Objekt, sondern als eine subjektive Wiederholung, in
der Nietzsche von der Objekt- an die Subjektstelle
M II 121 eines Schreibens rückt. Batailles Lösung des Problems, wie man nach Nietzsche noch authentisch
philosophieren könne, bestand bekanntlich darin,
selbst Nietzsche zu werden, wie er in »Nietzsche
im Lichte des Marxismus« verkündete: *Niemand
kann Nietzsche authentisch lesen, ohne Nietzsche*
AS III 391 *zu »sein«*. In dieser *Nietzsche-Nachfolge* könne
OC V 536 / M II 31 man jedoch nur noch mit Nietzsche von ihm
schweigen. *Ich spreche nicht einmal von Nietzsche*,
schreibt Bataille in einer Tagebuchnotiz, *wenigs-*

tens einmal ist das Schweigen die einzige Art zu lieben, die nicht verrät.

Weil Bataille jeden objekthaft-distanzierten Umgang mit Nietzsche als Verrat versteht, schweigt er sich über philosophische Interpretationen aus. Und so kommt es zu dem Paradox, dass in einem Buch, das sich *Über Nietzsche* nennt, kaum eine philosophische Auseinandersetzung mit Nietzsche
stattfindet, von dem es heißt, er sei *ein am Licht* AS III 144
verbrannter Vogel. Die einzige These zu Nietzsche besteht in der Annahme einer Vorläuferschaft zur *Inneren Erfahrung* – in der These, dass Nietzsche innere Erfahrungen und Ekstasen gekannt habe.
Entsprechend äußert Bataille die *Absicht, Nietz-* AS III 261
sches innerer Erfahrung eine Tragweite zu geben, die man ihr bisher noch nicht zuerkannt hat. Zwar sei Nietzsche mit der Mystik unvereinbar, jedoch habe er profane Erleuchtungen und *hohe* beziehungsweise *mystische* Zustände gehabt, was mit
einer Collage aus Nietzsche-Zitaten belegt wird. AS III 230–232
Im *Ecco Homo* beispielsweise berichte Nietzsche über seine ekstatischen Erfahrungen und stilisiere
sich als *medium übermächtiger Gewalten.* Bataille, AS III 129
der sogar Nietzsches Dynamometer kommentiert,
deutet das als *Mystik der Ahnung* und *mystische* CS 809
Art der Empfindung, die jedoch von einer *philoso-*
phischen Mystik unterschieden sei. Weil sich diese AS III 231
Zustände dem menschlichen Willen und seiner Macht entzögen, verschiebt er Nietzsches *Willen*

zur Macht zu einem *Willen zur Chance*, wie der deutsche Untertitel des Buches lautet – und damit zu einer schenkenden und verausgabenden Geste: Die *Figur des Zarathustra*, erklärt er abschließend, AS III 232 gehe sogar *aus dieser Gemütsbewegung hervor*.

Was sind die Konsequenzen einer so affirmativen und enthusiastischen Konzeption der Gemeinschaft? Praktiziert Bataille nicht das Gleiche mit Nietzsche wie Heidegger mit Hölderlin? Was unterscheidet Ersteren von den völkischen und kriegerischen Gemeinschaften, die heute wie Pilze aus dem Boden schießen? Und warum verstand Bataille seinen Begriff der Gemeinschaft ebenfalls immer nur als Männergemeinschaft, wie es *Acéphale* und CS 192 / KSA 11/88 Nietzsche demonstrierten – der immerhin vor Geheimbünden gewarnt hatte? Man hat aus Batailles Verbindung mit der Poetin Laure (Colette Peignot) herausgelesen, dass er nicht nur mit toten männlichen Autoren in der Lage war, eine Gemeinschaft zu bilden, sondern auch mit lebenden weiblichen Autorinnen. Doch während Laure nicht an den Ritualen von *Acéphale* teilnahm, war an der Gruppe nur noch Isabelle Waldberg beteiligt, die später mit ihren modernistischen Skulpturen berühmt wurde. Ihr widmete Bataille unter dem Titel *L'Étoile alcool* (»Der Stern Alkohol«) eine frühe Version des dritten Kapitels von *Die Einübung der Todesfreude*, der eine explizite Meditationsanleitung vorangestellt ist.

Batailles Theorien der Gemeinschaft entstanden sowohl aus dem Scheitern der Praktiken von *Acéphale* als auch aus den umfangreicheren Überlegungen zu sakralen und völkischen Gemeinschaften im Rahmen des Collège de Sociologie, in dem ebenfalls keine Frauen vortrugen. Selbst die Absetzung von Heideggers Praktiken der Gemeinschaft ist augenfällig. Deswegen zeigt sich Bataille auch von einem Satz *überrascht,* in dem der Professoren- AS I 41 f.
Philosoph in *Was ist Metaphysik?* eine Verbindung zwischen *Dasein* und *Gemeinschaft* herstellt und von der *Gemeinschaft von Forschern* spricht: *Die Sanyasin Indiens haben untereinander weniger förmliche Bindungen als die Forscher Heideggers. Das Dasein, das bei ihnen durch Yoga bestimmt wird, ist darum nicht weniger das einer Gemeinschaft; die Kommunikation ist ein Tatbestand, der nicht zum Dasein hinzukommt, sondern der es konstituiert.* Kurioserweise spielt Bataille verschiedene Gemeinschaften und ihre Praktiken gegeneinander aus – die *scientific community* gegen die Meditierenden und formale versus emotionale Praktiken. Diese Figur einer Kritik der Funktionalisierung der Moderne ist auch aus dem Collège de Sociologie CS 794
bekannt. Dabei frage ich mich, zu welcher Gemeinschaft ich eigentlich gehöre: Was ist mit Forschern, die meditieren, und was mit einem meditierenden Forschen? Was für eine Gemeinschaft konstituiert sich unter den Meditierenden meines Retreats? Tat-

sächlich kommt die Kommunikation hier, wie Bataille schreibt, nicht zum Dasein hinzu, sondern konstituiert es. Wenn wir nicht meditieren und über die Meditation stumm miteinander kommunizieren würden, wären wir nicht hier. Wir sind hier aus dem gleichen Grund und finden uns in der gleichen Hingabe, dem gleichen Gehorsam gegenüber den hier geltenden Regeln zusammen. Wir unterwerfen uns freiwillig dem gleichen Kodex. Wir kommunizieren hier miteinander, ohne zu kommunizieren. Die tiefe Kommunikation zwischen den Meditierenden ereignet sich hier nicht, obwohl wir nicht sprechen, sondern weil wir nicht sprechen; sie geschieht paradoxerweise nicht trotz, sondern wegen des Schweigens. Alles lehrt uns hier wie Bataille, dass es in der Kommunikation nicht nur um das diskursive Reden und Blicken geht, sondern dass auch Körper und Energien miteinander im Austausch sind. Sympathien und Antipathien gibt es auch, ohne miteinander zu sprechen.

Die Erotik der Durchdringung

Weil Bataille Nietzsche iteriert und nicht kommentiert, kann er den gesamten dritten Teil seines Buchs
m II 112 als Tagebuch abfassen oder gleich selbst in Nietzsche-Zitaten schreiben. Heraus kommt ein von Nietzsche-Zitaten durchsetztes Denktagebuch der

Kriegsjahre. Bereitwillig stellt Bataille sein Leben
unter Motti von Nietzsche. Als sei er selbst *Herr
Nietzsche*, wird eine Ästhetik der Durchlässigkeit
oder Erotik der Durchdringung mit einem anderen
Denken bis zur Ununterscheidbarkeit praktiziert.
Es ist hier nicht das Denken, das aktiv einen Gegenstand oder einen Sachverhalt durchdringt, ein
Schreiben lässt sich passivisch von einem anderen
durchdringen. Die Erotik der Durchdringung besteht gerade darin, *keine Mauer zwischen Erotik* AS III 175
und Mystik! zu errichten. Während Bataille sich
systematisch durchlässig macht und sich von Nietzsche durchdringen lässt, beginnt er plötzlich, von
sich in der dritten Person zu sprechen: *Wenn das
Wesen selber die Zeit geworden ist – dermaßen im* AS III 193
*Innern zerfressen –, wenn die Bewegung der Zeit
aus ihm durch Leiden und Verlassenheit lange jenes
Sieb gemacht hat, durch das die Zeit verrinnt, dann
ist es […] offen für die Immanenz.* Bataille macht
sich also nicht nur zum Gefäß des Anderen. Er geht
so weit, sich wie ein *Sieb* durchlöchern zu lassen
und damit das Gefäß zu zerstören, das er aus sich
gemacht hat. Dementsprechend sucht er in der Einsamkeit von Vézelay die Gemeinschaft mit der Musik oder er leidet wie Nietzsche an der Unerwidert- AS III 42
heit seiner Ideen. Dieses Leiden an ausbleibender AS III 40
Resonanz hat nicht zuletzt zur Gründung anderer
Gruppen geführt – zu denen nicht nur *Acéphale* gehörte, sondern auch die Gruppe derjenigen Freun-

de, die Bataille nach Brunos Bericht zur Meditation hatte bewegen können.

Der Masochismus der Meditation

In der Meditation gelange ich am Ende zu so etwas wie Nietzsches *Umwertung aller Werte*. Ich bin so weit umgepolt und auf die Seite der inneren Erfahrung gewechselt, dass ich nicht nur meinem Denken und Schreiben misstraue, sondern auch den glückenden Sensationen. Ich freue mich auf die Lücken und Abwesenheiten. Ich stürze mich auf sie, um mich an ihnen zu erproben. Ich gehe nach draußen und fliehe nicht vor der eingebrochenen Kälte. Ich vergrabe nicht sofort die Hände in den Taschen, sondern lasse die Kälte an mich heran und durch mich hindurch. Ich spüre die Kälte und sehe mein Verlangen nach Wärme. Ich stelle mich der Kälte und Kahlheit. Eine neue Vitalität kündigt sich an. Bin ich in der Berührung zwischen Körper und Geist, Denken und Fühlen jetzt ein *ganzer Mensch* oder bin ich einfach nur *brainwashed*?

Ich laufe meine Runden in der Morgendämmerung, hungrig auf das Frühstück, meine Hand schreibt diese letzten Zeilen auf das Toilettenpapier. Schreiben bedeutet nicht, seinen Gedanken Ausdruck zu verleihen, einen Ausdruck, der alle anderen Kräfte kassiert – umgekehrt müsste Schreiben all die Energien sichtbar machen, die an seiner Niederschrift beteiligt sind, all die Regungen, die für die Schrift auf- und für ihre Niederschrift abgewendet werden müssen, all das, was das Schreiben überschreibt. Gewiss sind meine inneren Stimmen noch da, die nach irgendetwas streben und verlangen. Auch sie gehen in dieses Schreibpalimpsest ein, das nicht nur das Kommen und Gehen der Sensationen notiert wie einen Wellengang. Soll ich nur noch darüber schreiben, wie ich auf der Toilette sitze und ein Begehren nach dem anderen kille? Muss ich nach dieser Umwertung aller Werte immer das Gegenteil dessen tun, wonach mich verlangt? Endet das alles im Masochismus der Meditation? Am Morgen nach dieser letzten Infragestellung weise ich mein Verlangen ab, direkt zum Frühstück zu gehen. Ich nehme einen Umweg durch das Wäldchen vor der Tür, in dem ich plötzlich – obwohl ich alle Wege im Wald zu kennen meine – einen neuen Pfad entdecke. Der Umweg bringt mich pünktlich zum Frühstück.

Mir kommt das Mantra der Gruppentherapie in den Sinn: Die Wahrheit ist ein unbetretener Pfad. Tatsächlich hatte auch der alte Konvent über dem Gardasee, in dem die Therapie stattfand, einen großen Garten. Auch in diesem terrassierten Garten entdecke ich immer neue Terrassen. Eines schönen Nachmittags entdecke ich einen Garten unterhalb des Gartens – ein Reich, das vorher verborgen war, ein verborgenes Reich wie das Unbewusste, das sich plötzlich öffnet. Auf einem Pfad, den ich noch nicht gegangen bin, entdecke ich noch eine Terrasse nach unten und noch eine – selbst hinter der scheinbar letzten Terrasse nach unten verbirgt sich noch eine weitere. Als sei ich in der Archäologie, in der es immer noch eine Schicht unter der Schicht gibt, entdecke ich an einem der letzten Abende tatsächlich noch eine tiefere Schicht im Garten, von der wiederum noch ein tieferer Grund abgeht. Der archäologische Trieb: den Dingen *auf den Grund gehen*.

Erwachen

Am letzten Tag der Meditation erwachen wir schrittweise aus der Versunkenheit. Wie komme ich nach der Weltabgewandtheit wieder in die Welt, wie schleuse ich mich zurück? Die entzogene Realität wird in Gaben verabreicht. Die Welt draußen wird uns langsam wieder zugemutet. Dabei weiß man hier wie Proust und Benjamin, dass das Erwachen nie endet, weswegen der Traumzustand behutsam zurückgenommen wird – und dass am Ende keine Realität steht, in der man wieder ankommt. Ebenso gut kann man sagen, dass wir am Ende langsam wieder in den unachtsamen Dämmerzustand einer Realität versetzt werden, deren Anforderungen und Zwänge weit weniger real sind als die Empfindungen der Meditation. Ein anderer Grund dafür, dass ich nicht wieder in der alten Realität ankomme, ist der, dass sie sich mit mir verändert hat. Ich kehre in eine neue Welt zurück, die es noch nie gegeben hat. Ist das die Ewige Wiederkehr?

Gierig stürzen wir uns auf alles Geschriebene, und sei es auch nur der an eine Tafel geschriebene Tagesablauf. Alle scharen sich um das Schreiben, das als solches ein Ereignis ist. Es enthält ein paar Änderungen im Tagesablauf sowie die Lockerung der Geschlechtertrennung. Erster Schritt ist das Ende des Schweigens. Nach der Morgensitzung dürfen wir wieder sprechen, Zeichen machen, gestikulieren. Wir sind wieder symbolische Wesen. Die Projektionen über die anderen Schüler in der Stille weichen lautstarken Unterhaltungen. Angeregtes Geschwätz überall, die Stille weicht einem angenehmen Murmeln. Beim Sprechen dürfen wir uns sogar anblicken; aus der Nähe sehen alle ganz anders aus. Die Frauen plötzlich uninteressant, die Männer keine Heiligen mehr. Der Film, den ich mir von ihnen machte, endet jäh, ein Sturz in die Banalität. Die Seifenblasen platzen massenweise, die auratischen Bilder brechen reihenweise zusammen. Alle sind gewöhnliche Leute. Um die Profanierung auf die Spitze zu treiben, gibt es eine Führung über das gesamte Gelände. Plötzlich werden die unbetretbaren Zonen (der Frauenunterkünfte) gezeigt und die unsichtbaren Territorien (der Küchen und Keller) zugänglich gemacht. Der Frauenbereich sieht so aus wie der Männerbereich. Bei der abschließenden Meditation überströme ich vor Wärme. Im Nirwana fülle ich mich mit *compassionate love*. Sie leuchtet wie ein strahlendes Juwel. Der *final flow* durch einen organlos gewordenen Körper macht mich benommen.

Ich erwache, zugleich benebelt und vollkommen klar. Der Krieg in meinem Kopf ist wie weggeblasen. Aber die Kriege in der Welt sind noch da, sie sind von Batailles Epoche in unsere gesprungen, wo sie aufbrechen wie alte Wunden. Während ich in einer Zeit zu meditieren begann, in der ich den Krieg in meinem Kopf mit der Meditation bekämpfte, ist nun auch der reale Krieg wieder in der Welt aufgeflammt. Soll ich die aktuellen Kriege wie Bataille mit der Meditation bekämpfen?

Tatsächlich meditiere ich heute, wo ich dies schreibe, kaum noch, immer neue Ausreden türmen sich in meinem Kopf. Das Schreiben über die Meditation hat das Meditieren überschrieben. Bei Bataille verlieren sich umgekehrt die Spuren der Meditation nach dem Zweiten Weltkrieg. Hat er noch meditiert, als der Horror vorbei war und nicht mehr mit meditierten Horrorbildern pariert werden musste? Die Meditation scheint aus seinem Leben ebenso zu verschwinden, wie sich die Kriege scheinbar für eine Weile aus Europa zurückzogen. Erst später wird er auf seine meditierende Zeit zurückblicken, wie wir heute auf ein Europa ohne Krieg zurückblicken. Nach dem Ende der Meditation gehe ich in die nächste Dorfbäckerei, wo ich die *compassionate love* mit der Verkäuferin teile.

Editorische Notiz & Dank

Dieses Buch besteht aus zwei verschränkten Teilen: den spärlichen Notizen eines Meditations-Retreats und den nachträglichen Überlegungen zur Meditation bei Georges Bataille. Beide Teile sind nicht gleichzeitig entstanden, die Überlegungen zur *Methode der Meditation* sowie die Aufzeichnungen einer Gruppentherapie wurden anschließend hinzugefügt.

Ich danke den Meditationslehrern und Meditationslehrerinnen dieser und anderer Meditationen sowie allen Helfern und Helferinnen, die während dieser Zeit für die Meditierenden gesorgt und damit ihre Meditation ermöglicht haben. Ich danke allen, die mich zum Meditieren angeregt und mich dabei unterstützt haben, sowie allen, die mit mir gemeinsam meditiert haben.

Ich danke Barbara Junge für erste Ermunterungen zum Meditieren, Charlotte Bonjour und Romain Löser für kritische Diskussionen des Buches sowie Alex Gross für unsere Gespräche über *Acéphale* und das »Denken im Matsch«. Ich danke meinen Töchtern Elsa, Helene und Iulia für ihre Geduld, wenn ihr Vater mal wieder stumm auf dem Boden hockte und nicht ansprechbar war. Und ich danke Hanna Hennenkemper für unerschütterliche Begleitung in erschütterten Zeiten.

Für die Möglichkeit erster autotheoretischer Experimente und Vortragsmöglichkeiten danke ich folgenden Institutionen und Personen: Simone Weil Denkkollektiv (Martina Bengert und Max Walther), Graduiertenkolleg »Kulturen der Kritik« Leuphana-Universität Lüneburg (Rebecca Hanna John und Malte Fabian Rauch), DFG-Netzwerk »Anderes Wissen – in ästhetischer Theorie und künstlerischer Forschung« (Kathrin Busch und Christoph Brunner), Nietzsche-Stiftung Naumburg (Renate Reschke und Ralph Eichberg). Im Rahmen dieser Institutionen sind bereits Skizzen einiger Passagen dieses Buches in folgenden Publikationen erschienen:

Knut Ebeling, »War in the Head: Meditating with Bataille«, in: Sebastian Eduardo Davila, Hanna Rebecca John (Hg.), *On Withdrawal. Scenes of Refusal, Disappearance and Resilience in Art and Cultural Practices,* Zürich 2023, S. 93–113.

Knut Ebeling, »›Medium übermächtiger Gewalten‹. Nietzsche und die Autotheorie«, in: Knut Ebeling, Renate Reschke, *Nietzsche und die Medien*, Berlin/New York 2023, S. 217–236.

Schließlich danke ich Magdalena Schrefel für ihr wunderbares Lektorat dieses Buches.

Siglen

Georges Bataille

AS I Georges Bataille, *Die innere Erfahrung nebst Methode der Meditation und Postskiptum. Atheologische Summe 1*, übersetzt von Gerd Bergfleth, München 1999.

AS II Georges Bataille, *Die Freundschaft und Das Halleluja. Atheologische Summe 2*, übersetzt von Gerd Bergfleth, München 2002.

AS III Georges Bataille, *Nietzsche und der Wille zur Chance. Atheologische Summe 3*, übersetzt von Gerd Bergfleth, München 2005.

OC Georges Bataille, *Œuvres complètes I–XII*, Paris 1970–1988.

T Georges Bataille, »Die Einübung der Todesfreude«, in: *Der Pfahl I. Jahrbuch aus dem Niemandsland zwischen Kunst und Wissenschaft*, München 1987, S. 237–245.

TE Georges Bataille, *Die Tränen des Eros*, übers. von Gerd Bergfleth, München 1993.

Quellen

B Jean Bruno, »Les techniques d'illumination chez Georges Bataille«, in: *Critique 195–196* (1963), S. 706–720.

BG Maurice Blanchot, *Die uneingestehbare Gemeinschaft*, übersetzt von Gerd Bergfleth, Berlin 2007.

CS *Das Collège de Sociologie 1937–1939*, hg. von Denis Hollier, Frankfurt am Main 2012.

KSA Friedrich Nietzsche, *Sämtliche Werke. Kritische Studienausgabe in 15 Bänden*, hg. von Giorgio Colli und Mazzino Montinari, München/Berlin/New York 1980.

M I Bernd Mattheus, *Georges Bataille – Eine Thanatographie I*, München 1984.

M II Bernd Mattheus, *Georges Bataille – Eine Thanatographie II*, München 1988.

Übersetzungen

Bei der Angabe OC handelt es sich um Übersetzungen des Autors aus Georges Batailles *Œuvres complètes*, Paris 1970–1988.

Bei der Angabe OC/M I–II handelt es sich um Übersetzungen aus den OC von Bernd Mattheus aus der *Thanatographie* I–II. Es wird sowohl die Originalstelle der *Œuvres complètes* als auch die Übersetzung bei M I–II angegeben.

Literaturverzeichnis

(In Klammern gesetzte Seitenzahlen nach dem Eintrag geben die zitierte Stelle aus dem Werk in der Reihenfolge ihrer Nennung in diesem Buch an. Alle Zitate im Buch aus anderssprachigen Werken: Übers. d. A.)

Anderes Wissen – in künstlerischer Forschung und ästhetischer Theorie, {https://www.andereswissen.de/de}, letzter Aufruf 21.11.2023.

Atmen, hg. von Brigitte Kölle und Sandra Pisot, Berlin 2022 (S. 27, 157, S. 72–75).

Antonin Artaud, »Die Nervenwaage, in: ders., *Frühe Schriften*, hg. von Bernd Mattheus, München, S. 79–94.

Antonin Artaud, »Schluss mit dem Gottesgericht«, in: ders., *Schluss mit dem Gottesgericht. Das Theater der Grausamkeit. Letzte Schriften zum Theater*, hg. von Elena Kapralik, München 1993 (S. 29).

Trijit Pico Banerjee, *Encountering Impossibility: Georges Batailles Acéphalic Lifework*, BA-Arbeit 2023, {https://scarab.bates.edu/honorstheses/426}, letzter Aufruf 17.11.2023.

Bettina Bäumer, *Vijnana Bhairava – das göttliche Bewusstsein. 112 Weisen der mystischen Erfahrung im Sivaismus von Kashmir*, Frankfurt am Main 2008.

Roland Barthes, *Das Neutrum*, Frankfurt am Main 2005.

Roland Barthes, *Tagebuch der Trauer*, Frankfurt am Main 2010.

Roland Barthes, *Die Lust am Text*, Frankfurt am Main 1974 (S. 72).

Georges Bataille, »Menschliche Gestalt«, in: *ZMK Zeitschrift für Medien- und Kulturforschung*. Medienphilosophie 1/2 (2010), S. 61–69.

Georges Bataille, »Nietzsche im Lichte des Marxismus«, in: ders., *Wiedergutmachung an Nietzsche. Das Nietzsche-Memorandum und andere Texte*, hg. von Gerd Bergfleth, München 1999, S. 257–270 (S. 263).

Georges Bataille, »Spiel und Ernst«, in: Johan Huizinga, *Das Spielelement der Kultur. Spieltheorien nach Johan Huizinga von Georges Bataille, Roger Caillois und Eric Voegelin*, hg. von Knut Ebeling, Berlin 2014, S. 75–110.

Georges Bataille, *L'Étoile alcool*, hg. von Michel Waldberg, Paris 1998.

Gerd Bergfleth, »Umnachtung und Erleuchtung«, in: *Aufgang*, Bd. 4: *Eros, Schlaf, Tod. Jahrbuch für Denken, Dichten, Musik*, hg. von José S. de Murillo und Martin Thurner, Stuttgart 2007, S. 125–154 (S. 149).

Maurice Blanchot, »L'expérience-limite«, in: ders., *L'Entretien infini*, Paris 1969, S. 300–342.

Maurice Blanchot, *La part du feu*, Paris 1949.

Maurice Blanchot, *Faux-Pas*, Paris 1943/1971 (S. 47–53).

Maurice Blanchot, *L'Entretien infini*, Paris 1969 (S. 310, S. 305, S. 305).

Maurice Blanchot, *Das Unzerstörbare. Ein unendliches Gespräch über Sprache, Literatur und Existenz*, München 1991 (S. 94).

Emily Brontë, »The Prisoner«, übers. von Cornelia Langendorf, in: Georges Bataille, *Die Literatur und das Recht auf den Tod*, München 1987 (S. 26).

Andreas de Bruin, *Achtsamkeit und Meditation im Hochschulkontext*, Bielefeld 2021.

Susan Buck-Morss, *Hegel und Haiti*, Frankfurt am Main 2011.

Kathrin Busch, Christoph Brunner, Knut Ebeling (Hg.), *Permeationen – Durchdringungen zwischen ästhetischer Theorie und künstlerischer Forschung*, Leipzig 2021.

Judith Butler, »Violence, Mourning, Politics«, in: dies., *Precarious Life. The Powers of Mourning and Violence*, London/New York 2004, S. 19–49.

Judith Butler, »Politik, Körper, Vulnerabilität. Ein Gespräch mit Judith Butler«, in: Gerald Posselt, Tatjana Schönwälder-Kuntze, Sergej Seitz (Hg.), *Judith Butlers Philosophie des Politischen*, Bielefeld 2018, S. 299–321 (S. 306).

Emmanuel Carrère, *Yoga*, Berlin 2022 (S. 69).

Leonora Carrington, *Das Haus der Angst*, Frankfurt am Main (S. 167).

Leonora Carrington, *The Milk of Dreams*, New York 2013.

Sebastian Eduardo Davila, Hanna Rebecca John (Hg.),

On Withdrawal. Scenes of Refusal, Disappearance and Resilience in Art and Cultural Practices, Zürich 2023.

Carolyn Dean, *The Self and its Pleasures. Bataille, Lacan and the History of the decentered Subject*, Ithaka 1992.

Gilles Deleuze, *Spinoza. Praktische Philosophie*, Berlin 1988.

Gilles Deleuze, *Unterhandlungen. 1972–1990*, Frankfurt am Main 1993 (S. 159).

Jacques Derrida, »Von der beschränkten zur allgemeinen Ökonomie. Ein rückhaltloser Hegelianismus«, in: ders., *Die Schrift und die Differenz*, Frankfurt am Main 1976, S. 380–421 (S. 406).

Jacques Derrida, »OTOBIOGRAPHIEN – Die Lehre Nietzsches und die Politik des Eigennamens«, in: Jacques Derrida, Friedrich Kittler, *Politik des Eigennamens*, Berlin 2000 (S. 24).

Georges Didi-Huberman, *Formlose Ähnlichkeit oder die Fröhliche Wissenschaft des Visuellen nach Georges Bataille*, München 2010.

Georges Didi-Huberman, *Schädel sein. Ort, Kontakt, Denken, Skulptur*, Berlin/Zürich 2008.

Knut Ebeling, Alex Gross, »Denken im Matsch. Gespräch zu Georges Batailles surrealistischem Aktivismus«, in: Kathrin Busch, Christoph Brunner, Knut Ebeling (Hg.), *Permeationen – Durchdringungen zwischen ästhetischer Theorie und künstlerischer Forschung*, Leipzig 2024, S. 90–124.

Knut Ebeling, »Gleiten«, in: Kathrin Busch, Christoph Brunner, Knut Ebeling (Hg.), *Permeationen – Durchdringungen zwischen ästhetischer Theorie und künstlerischer Forschung*, Leipzig 2024, S. 95–107.

Knut Ebeling, »Fallen«, in: Kathrin Busch, Christoph Brunner, Knut Ebeling (Hg.), *Permeationen – Durchdringungen zwischen ästhetischer Theorie und künstlerischer Forschung*, Leipzig 2024, S. 64–80.

Knut Ebeling, »Alles Gedächtnis der Welt«, in: ders., *Wilde Archäologien II. Begriffe der Materialität der Zeit von Archiv bis Zerstörung*, Berlin 2016, S. 11–31.

Knut Ebeling, *Wilde Archäologien I. Begriffe der materiellen Kultur von Kant bis Kittler*, Berlin 2012.

Knut Ebeling, *Wilde Archäologien II. Begriffe der Materialität der Zeit von Archiv bis Zerstörung*, Berlin 2016.

Knut Ebeling, »›Medium übermächtiger Gewalten‹. Nietzsche und die Autotheorie«, in: Knut Ebeling, Renate Reschke (Hg.), *Nietzsche und die Medien*, Berlin/New York 2023, S. 217–236.

Knut Ebeling. »Kommentar zu Georges Batailles ›La figure humaine‹«, in: *ZMK Zeitschrift für Medien- und Kulturforschung*. Medienphilosophie 1/2 (2010), S. 71–76.

Knut Ebeling, *Sorge. Autotheorie der Trauer*, Hamburg 2021.

Knut Ebeling, »Die Souveränität der Ästhetik. Georges Bataille an der Grenze der Wissenschaft«, in: *Weimarer Beiträge* 64 (2000), S. 261–273.

Knut Ebeling, *Die Falle – Zwei Lektüren zu Georges Batailles »Madame Edwarda«*, Wien 2004.

W. Y. Evans-Wentz, Lama Kazi Dawa-Samdup, *Le yoga tibétain et les doctrines secrètes*, Paris 1938.

Bengt Früchtenicht, »Nietzsche und der Vedanta«, {https://www.youtube.com/watch?v=16VBaRSoxKM}, letzter Aufruf 17.11.2023.

Michel Foucault, »Über sich selbst schreiben«, in: ders., *Schriften 4. Dits et Écrits*, hg. v. Daniel Defert und François Ewald, Frankfurt am Main 2005, S. 503–520.

Michel Foucault, »Vorrede zur Überschreitung«, in: *Dits et Écrits I*, hg. v. Daniel Defert und François Ewald, Frankfurt am Main 2001, S. 320–342 (S. 328).

Lauren Fournier, *Autotheory as Feminist Practice in Art, Writing and Criticism*, Cambridge/MA 2021.

Isabelle Graw, *Vom Nutzen der Freundschaft*, Leipzig 2022.

Alex Gross, *Denken im Matsch. Materialismus, Akzidenz, Unfall in Kunst und Ästhetik 1921–1939.* Univ. Diss. TU Berlin 2022.

William Hart, *Die Kunst des Lebens. Vipassana-Meditation nach S. N. Goenka*, München 2006 (S. 202).

Saidiya Hartman, *Aufsässige Leben, schöne Experimente: Von rebellischen, schwarzen Mädchen, schwierigen Frauen und radikalen Queers*, Berlin 2022 (S. 293).

Nadine Hartmann, *Denken wie ein Mädchen – das Mädchen denken: Figuration, Fil(l)iation, sexuelle Differenz*, Univ. Diss. Siegen 2023.

Denis Hollier, »Nietzsche 2/13: Bataille«, {https://www.youtube.com/watch?v=ZWaH2HwipvI}, letzter Aufruf 26.10.2023.

Amy Hollywood, *Sensible Ecstasy. Mysticism, Sexual Difference and the Demands of History*, Chicago 2002.

Johan Huizinga, *Das Spielelement der Kultur. Spieltheorien nach Huizinga von Georges Bataille, Roger Caillois, Eric Voegelin*, hg. von Knut Ebeling, Berlin 2014.

Edmund Husserl, »Descartes' Meditationen als Urbild der philosophischen Selbstbesinnung«, {https://www.textlog.de/husserl/abhandlungen/cartesianische-meditationen/titel}, letzter Aufruf 17.11.2023.

Ernst Jünger, *Das erste Pariser Tagebuch*, *Sämtliche Werke in 18 Bänden. Band 2: Strahlungen I*, S. 223–405, Stuttgart 1979 (S. 401).

Dietmar Kamper, Denken nach Bataille, {https://vimeo.com/148204617}, letzter Aufruf 26.10.2023.

Constant Kerneïz, *Le yoga de l'occident*, Paris 1938.

Pierre Klossowski, *Nietzsche und der Circulus vitiosus deus*, übers. von Gerd Bergfleth, München 1986 (S. 349).

Chris Kraus, *Aliens & Anorexie*, übersetzt von Kevin Vennemann, Berlin 2021.

Alexandre Kojève, »Lettres à Georges Bataille«, in: *Textures 70/6* (1970), S. 61–71 (S. 61).

Gabriel Marcel, »Le refus du salut et l'exaltation de l'homme absurde«, in: ders., *Homo Viator*, Paris 1945, S. 259–278 (S. 268).

Kristin Marek, Carolin Meister, *Berührung. Taktiles in Kunst und Theorie*, Paderborn 2022.

Maurice Merleau-Ponty, *Sinn und Nicht-Sinn*, München 2000 (S. 36 f.).

Christian Metz, *Kitzel. Genealogien einer menschlichen Empfindung*, Frankfurt am Main 2020.

Thomas Metzinger, *Der Elefant und die Blinden. Auf dem Weg zu einer Kultur der Bewusstheit*, Berlin 2023.

Georges Perec, *Versuch, einen Platz in Paris zu erfassen*, Lengwil 2010.

Malte Fabian Rauch, *Ästhetiken des Zerfalls. Begegnungen zwischen Kunst und Philosophie*, Univ. Diss. Leuphana Universität Lüneburg 2023.

Rainer Maria Rilke, »Atmen, Du unsichtbares Gedicht«, in: ders., *Sämtliche Werke*, hg. vom Rilke-Archiv, Band 1: *Die Sonette an Orpheus*, Wiesbaden u. a., 1955 (S. 751).

Andreas Reckwitz, »Für eine Kultur der emotionalen Abkühlung«, in: *Frankfurter Allgemeine Sonntagszeitung*, 24.11.2019.

Wolfgang Schäffner, »Die Macht des Punktes. Euklid mit Proklos«, in: O. Budelacci, G. Boehm, G. Wildgruber, E. Alloa (Hg.), *Imagination. Suchen und Finden*, Paderborn 2014, S. 113–124.

Dieter Thomä, Vincent Kaufmann, Ulrich Schmid, *Der Einfall des Lebens. Theorie als geheime Autobiographie*, München 2015 (S. 13 f.).

Swami Vivekananda, *Raja Yoga ou conquête de la nature intérieure*, Paris 1930.

Daniel Wolter, *Humussphärenreservat. Eine akustische Kartografie*, Stallmuseum Groß Fredenwalde 2023.

Knut Ebeling pendelte in den 1990er-Jahren zwischen Berlin und Paris, wo er nicht meditierte, sondern studierte. Er entdeckte Georges Bataille und schrieb sein erstes Bataille-Buch *Die Falle – Zwei Lektüren zu »Madame Edwarda«*. Heute ist er Professor für Medientheorie und Ästhetik an der weißensee – kunsthochschule berlin. Er begann 2018 zu meditieren.

Erste Auflage Berlin 2024

Matthes & Seitz Berlin Verlagsgesellschaft mbH
Großbeerenstraße 57 A, 10965 Berlin
info@matthes-seitz-berlin.de

Umschlaggestaltung: Jennifer Kroftova, Berlin
Umschlagmotiv: Cyanografie von Jennifer Kroftova
nach einem Selbstportrait von Cornelius, 1830
Satz und Layout: Monika Grucza-Nápoles, Alicante
Druck und Bindung: Pustet, Regensburg

ISBN 978-3-7518-6500-5
www.matthes-seitz-berlin.de

Georges Bataille bei Matthes & Seitz Berlin

Georges Bataille
Charlotte d'Ingerville
69 Seiten, gebunden mit Schutzumschlag
ISBN 978-3-7518-0904-7

Georges Bataille
Der verfemte Teil
254 Seiten, gebunden mit Schutzumschlag
ISBN 978-3-95757-795-5

Georges Bataille
Die Erotik
475 Seiten, Paperback
ISBN 978-3-95757-910-2

Georges Bataille
Der Fluch der Ökonomie
238 Seiten, Klappenbroschur
ISBN 978-3-95757-807-5

Georges Bataille
Hegel, der Mensch und die Geschichte
331 Seiten, Klappenbroschur
ISBN 978-3-95757-353-7

Georges Bataille
Das Blau des Himmels
235 Seiten, Paperback
ISBN 978-3-95757-643-9

Georges Bataille
Die innere Erfahrung
282 Seiten, gebunden mit Schutzumschlag
ISBN 978-3-95757-354-4

Georges Bataille
Sade und die Moral
129 Seiten, Klappenbroschur
ISBN 978-3-95757-026-0

Georges Bataille
Die Aufgaben des Geistes
165 Seiten, Klappenbroschur
ISBN 978-3-88221-597-7

Georges Bataille
Die Literatur und das Böse
262 Seiten, gebunden mit Schutzumschlag
ISBN 978-3-88221-756-8

Georges Bataille
Henker und Opfer
96 Seiten, Klappenbroschur
ISBN 978-3-88221-726-1